谨向60年来为推进我国人文学科的发展作出重大贡献的《文史哲》致以衷心的敬意！

——裘锡圭

热烈祝贺山东大学《文史哲》创刊60周年！《文史哲》这份学术杂志在20世纪对海外从事汉学研究的学者和青年学生而言，是憧憬的对象、指路的明灯。这部杂志给予我们的鼓舞和激励、抚慰和喜悦，是怎么形容都不为过的。

——池田知久

摘　　要

　　《文史哲》杂志是新中国成立后创办最早、影响最大的高校文科学报和人文社会科学杂志。60年来，《文史哲》秉承"百家争鸣"的办刊方针，勇于引领学术风尚，在波澜壮阔的当代中国学术画卷中绘就了最为浓墨重彩的篇章。作为20世纪后半期乃至21世纪前十年文史哲领域各种学术思潮的领导者和参与者，《文史哲》杂志反映了当代中国学术的风风雨雨和起起落落，更以其卓然不群的学术水准成为当代中国学术界最具影响力的领军刊物。《文史哲》杂志的历程，最能折射出当代中国学术发展的轨迹。

目录 Contents

1951 年 001

1952 年 017

1953 年 028

1954 年 036

1955 年 056

1956 年 070

1957 年 082

1958 年 094

1959 年 101

1961 年 102

1962 年 105

1963 年 110

1964 年 116

1965 年 123

1966 年 128

1967 年 130

1973 年 131

1974 年 135

1975 年 137

1976 年 138

1977 年 140

1978 年 144

1979 年 148

1980 年 153

1981 年 158

1982 年 163

1983 年 169

1984 年 175

1985 年……179
1986 年……185
1987 年……191
1988 年……197
1989 年……203
1990 年……207
1991 年……211
1992 年……217
1993 年……221
1994 年……226
1995 年……231
1996 年……237
1997 年……244
1998 年……252

1999 年……265
2000 年……273
2001 年……281
2002 年……290
2003 年……303
2004 年……315
2005 年……324
2006 年……331
2007 年……349
2008 年……356
2009 年……365
2010 年……375
2011 年……388

1951 年

1949年10月1日，中华人民共和国成立。马克思主义毛泽东思想成为主流意识形态，人文社会科学的研究风气为之一变。

1950年6月6日，毛泽东在中共第七届中央委员会第三次全体会议上发表《不要四面出击》讲话。毛泽东说："对知识分子，要办各种训练班，办军政大学、革命大学，要使用他们，同时对他们进行教育和改造。要让他们学社会发展史、历史唯物论等几门课程。"其后，大批知识分子开始接受马列主义，接受新思想教育。12月29日，《人民日报》重新发表毛泽东的《实践论》，学术界迅速掀起宣传学习的热潮。

5月20日，《人民日报》发表毛泽东撰写的社论《应当重视电影〈武训传〉的讨论》，在全国开展了声势浩大的批判《武训传》运动。这是新中国成立后第一次大规模的政治批判运动，开以政治批判解决学术争论之先例，形成了此后一系列思想与政治批判的模式。这次大批判的后果是在思想文化界确立了革命意识形态，把改良主义打倒在地。

9月，知识分子思想改造运动在全国展开。

10月12日，《毛泽东选集》第一卷出版，在全国掀起了学习毛泽东著作的热潮，毛泽东思想的权威地位开始确立。《毛泽东选集》第二卷、第三卷和第四卷，也相继于1952年4月、1953年4月、1960年4月出版发行。

11月30日，中共中央发出《关于在学校中进行思想改造和组织清理工作的指示》，在教育界、文艺界和整个知识界发动思想改造运动。

3月，山东大学和华东大学合并，成立新的山东大学，中共早期职业革命家、著名的马克思主义理论家、革命活动家和教育家华岗任校长兼党委书记。

山东大学创建于1901年，是继京师大学堂之后我国第二所国立大学，为我国现代大学教育的重要发祥地之一。早在20世纪三四十年代，坐落在青岛的山东大学就迎来了第一次辉煌，学校奉行"兼容并包"、"科学民主"的办学方针，一时间人才荟萃，名流云集，杨振声、闻一多、黄敬思、黄际遇、任之恭、傅鹰、沈从文、梁实秋、闻在宥、游国恩、曾省、汤腾汉、老舍、洪深、张煦、丁山、王淦昌、童第周、曾呈奎、王统照、陆侃如、冯沅君、黄孝纾、赵纪彬、杨向奎、萧涤非、丁西林、杨肇、王普、郭贻诚、王恒守、李先正、刘遵宪、朱树屏、严效复、杨宗翰、郑成坤、李士伟、沈福彭等著名学者都在这里执掌教鞭。可谓群星璀璨，秀冠群伦。1949年6月2日青岛解放，王哲、罗竹风、高剑秋率领军管小组进校，对学校进行接管整顿，山东大学从此进入新的时期。

1945年，中共华中局决定，在华中党校基础上，创办华中建设大学。1945年8月，山东抗日人民政府在解放区临沂，创办了山东大学（为了区别国立山东大学，称"临沂山东大学"）。1948年夏，中共华东局决定，以原临沂山东大学渤海地区的部分留守人员为基础，并集中原来的一些教师，会同华中建设大学的部分干部教师，在潍县组建成立华东大学。济南解放后，华东大学于11月迁入济南。1950年冬奉命迁青岛。华中建设大学、临沂山东大学和华东大学，都是中国共产党在战争年代建立的短期训练班式的政治大学，在战火纷飞的年代，为中国革命培养了近1万名干部。

1951年3月，山东大学和华东大学合校，仍称山东大学。华岗任校长兼校党委书记，童第周、陆侃如为副校长。设文、理、工、农、医五个学院，分中国文学、历史学、外国文学、数学、物理学、化学、动物学、植物学、地质矿物学、水产学、土木工程学、机械工程学、电机工程学、农艺学、园艺学、病虫害学、政治学、艺术学18个系。

华岗，1903年10月12日出生于浙江省龙游县（今衢县）。1924年加入中国社会主义青年团，任青年团宁波地委宣传部长。1925年6月，任青年团南京地委书记。同年8月加入中国共产党，从事职业革命活动，历任青年团上海沪西区委书记、浙江省委书记、江苏省委书记和顺直（河北）省委书记。1928年5月，赴莫斯科出席中国共产党第六次代表大会和中国共产主义青年团第五次代表大会，同时参加共产国际第六次代表大会和少共国际第五次代表大会。回国后任青年团中央宣传部长、团中央机关刊物《列宁青年》主编、中共湖北省委宣传部长、党中央华北巡视员。1943年初，任中共中央南方局宣传部长。1945年8月，任国共谈判中央代表团顾问。1946年5月，任中共上海工作委员会书记。1947年3月，国共和谈彻底破裂后，随中共代表团一起撤到延安。1949年9月，华岗应召到北京出席全国政协会议，因病滞留青岛，被安排以山东大学教授身份讲授"社会发展史"。1950年4月，华岗被任命为山东大学校长兼党委书记。

合校后的山东大学迅速呈现出一派生机勃勃的新气象。华岗既是革命家又是理论家的独特禀赋也很快体现在山东大学的办学风貌上。紧紧跟随新生政权的前进步伐，建设社会主义的新型大学成为山大人的共同追求。为了提高全校师生的政治思想觉悟，华岗利用政治大课的形式，向全体师生宣讲马列主义、毛泽东思想的基本原理。通过学习马列主义，用唯物历史观点和科学方法来从事学术研究成为整个山大人的共识。同时，新生的山东大学还把重点放在了煅造自己的学术风格和学术特色上面。早在合校之初，具有战略眼光的华岗校长就已经开始考虑山东大学的学科设置和布局。据《山东大学校史》记载：1952年11月，华岗会同童第周、陆侃如两位副校长提出，要把山东大学办成有自己重点、有自己个性的学校，要打造自己的特色。他们一致认为中文、历史两系师资阵容齐整，水平较高，教学和科研都已打开局面，并取得了重大成绩，可以作为学校发展的重中之重。半年后，高教部指示各直属高校，研究并确定本校的重点学科与发展方向，山东大学遂将中文、历史等专业上报。从此,"文史见长"成为山东大学的学术名片而享誉海内外学界。

这一时期的华岗还把重点放在大力延聘学界名流上,除新中国成立前旧山东大学学术队伍的老班底完整保留外,童书业、郑鹤生、吴大琨、赵俪生、吕荧、陈同燮、许思园、乔裕昌、张维华、高亨、黄云眉、黄嘉德、王祖农、方宗熙、文圣常、束星北、陈机、莫叶、唐世风等一大批各自领域中的一时之选也纷纷踏进山东大学的校园,其中多数是饮誉文史两界之翘楚。

新山东大学成立后,迅速由旧大学向社会主义新型大学转变,学习马列主义、毛泽东思想一时成为风尚。据时任山东大学军代表的罗竹风回忆:"遵照中央指示,新解放区的高等院校开设两门政治课:一是社会发展史;二是新民主主义论。两门政治课都是全校性的大课,华岗讲社会发展史,我讲新民主主义论。此外,还学习毛泽东同志新发表的《论人民民主专政》。除政治学习外,还结合土地改革、抗美援朝、镇压反革命三项政治运动,山大人的思想觉悟迅速提高,很快地就和党的方针政策'合拍'了。这是不难设想的,在国民党暴政熬煎下,一旦解放,便释放出无穷无尽的活力,大家变成了社会的主人,理所当然地要充分发挥主人翁的作用了。"(罗竹风:《回顾以往,激励未来》,《文史哲》1986年第5期)

新山东大学容纳了民国时期几乎所有有影响的学统和学派,具有雄厚的古典学术研究力量。同时又以与华东大学的合并为中介很快地接受了新观念、新思潮。彻底扔弃旧包袱的社会主义新学术思想和济济一堂的杰出文史人才,为《文史哲》的创办准备了优良的条件。

5月1日,《文史哲》杂志创刊。

《文史哲》杂志是中华人民共和国成立后创办最早、影响最大的高校文科学报和人文社会科学杂志。创刊伊始,《文史哲》就以"百家争鸣"为办刊原则,勇于引领学术风尚,在波澜壮阔的当代中国学术画卷中绘就了最为浓墨重彩的篇章。作为20世纪后半期乃至21世纪前十年文史哲领域各种学术思潮的领导者和参与者,《文史哲》杂志见证了当代中国学术的风风雨雨和起起落落,更以其卓然不群的学术水准成为当代中国学术界最具影响力的领军刊物。《文史哲》杂志的历程,最能折射出当代中国学术发展的轨迹。

新成立的《文史哲》杂志是同人杂志,由华岗任社长,杨向奎任主编,文、史两系著名学者如陆侃如、冯沅君、高亨、萧涤非、杨向奎、童书业、王仲荦、张维华、黄云眉、郑鹤声、赵俪生等构成了最初的编辑班底。"那时,数以十计的文科骨干教师,都是《文史哲》的热心发起者、组织者、撰稿者。他们写稿不取稿酬,有的甚至拿出自己的薪金,为刊物代付校外作者的稿酬,还无偿地承担刊物的审稿、改稿、校对、发行等一系列工作。靠着文科广大教师热爱刊物的一颗心,《文史哲》才得以顺利地降生和茁壮地生长起来。"(萧涤非:《总结经验,继续前进》,《文史哲》1986年第5期)

《文史哲》自打创刊,就把"扶植小人物"当成自己的学术使命,大力发掘和推举学术新秀。社长华岗规定,《文史哲》每期要尽可能推出一个新作者,每期至少要有一篇与现实相关的文章。在《文史哲》的识拔和鼓励之下,一批青年学者脱颖而出,从《文史哲》走上了学术研究的道路。李希凡、蓝翎、李泽厚、汝信、庞朴、张传玺、葛懋春、汤志钧等著名学者的成长足迹均在《文史哲》的历程上留下了深深的印痕。他们或在《文史哲》上发表了处女作，或在《文史哲》上发表了成名作，成为当代中国学术的中坚力量，构成了当代中国学术中具有特殊标记——由《文史哲》推出——的一个学术群体。改革开放以后，《文史哲》杂志继续恪守"扶植新人"的办刊方针，又培植了大量学术新秀，把包括山东大学大量青年教师在内的一大批学术新秀推到了不同学科的前沿地带。《文史哲》杂志以善于扶植学术新人、识拔"小人物"而闻名于学界。

"延揽大学者"也是《文史哲》从创刊就形成的优良传统。《文史哲》甫一创刊，就展露出大刊气象，一大批著名学者，像王亚南、吕振羽、顾颉刚、周谷城、杨宽、罗尔纲、黄药眠、陈登原、陈直、杨超、陈子展、齐思和、严北溟、周汝昌、程千帆、日知（林志纯）、阴法鲁、任继愈、季羡林、何兹全、傅振伦、谭丕模、孙作云等先生都慷慨赐稿，把自己的得意之作，首选在《文史哲》发表。60年来，这一传统一直为《文史哲》所执守，成为《文史哲》质量的保证。1998年，季羡林先生曾不无感慨地说："全国有关人文社会科学的杂志为数极多，但真正享有盛誉者颇不多见，山大《文史哲》系其中之一，在上面发表一篇文章，顿有一登龙门之感。"

20世纪50年代的山东大学"以不守旧、趋时而著名"，这一特征也鲜明地体现在《文史哲》杂志上。《文史哲》创刊后，发表了大量阐述马克思主义经典作家理论和以唯物史观为指导研究具体历史问题的文章，并在一系列重要历史问题上展开争鸣，在国内外产生了广泛影响。"1951年初秋，华岗同志作为山东大学上任不久的校长，他应华东局和华东军政委员会邀请，曾到上海'述职'。陈毅元帅在一次宴请会上，曾盛赞《文史哲》开风气之先，各高等院校都应当仿效。他还语重心长地说：一个综合性大学就是要做到教学与科研并重，并随时将成果公之于众，而校刊、学报正是传播的最好工具。"（罗竹风：《回顾以往，激励未来》，《文史哲》1986年第5期）正是因为受到中央高层的关注，当时的《文史哲》引起了日本学术界的注意。郭沫若赴日考察时，应日本方面的要求，曾专门携带50本《文史哲》进行交流。1955年12月，高教部来函要求山东大学赠送《文史哲》给苏联科学院图书馆，以代表国家进行书刊交换。1956年2月，高教部同意山东大学与英国伦敦大学东方与非洲学院交换《文史哲》。同年，高教部又来函要求山东大学以图书馆的名义向日本名古屋大学文学部古川道雄等学者赠送《文史哲》，并来函同意山东大学以《文史哲》与越南的《文史地》及日本《中国年鉴》等进行学术交流。在当时文化领域相对隔绝的时代，《文史哲》充当了国际汉学界了解中国文化的一扇窗户，为中国文化步出国门、让世界了解新生的共和国在文化事业的发展作出了突出的贡献。

《文史哲》对繁荣新中国成立初期的学术起到了巨大作用。《文史哲》创刊之时，正值新生的共和国百废待举之际，一大批民国时期的杂志随着政权的更迭而纷纷停刊，在新形势下应运而生的学术杂志只有1949年创刊的《新建设》、《学习》以及1951年1月创刊的《新史学通讯》等少数几家。在学术界有着广泛影响的《历史研究》要迟至1954年才创刊,《学术月刊》是更后面的1957年创刊,著名的《北京大学学报》是1955年创刊,《文史哲》创刊时学术杂志可谓寥寥无几。而新意识形态在学术领域的流布与贯彻、新研究方向的开辟、新学术成果的交流、新中国学术人才的培养都亟须高水平的学术杂志作为支撑,对民国旧学术的改造,更使刊行新学术杂志成为当务之急。所以,《文史哲》甫一问世,就超越山东大学的围墙,迅速聚拢了全国学术界的力量,成为新中国成立后全国范围内的一个学术中心,从而一举奠定了《文史哲》在现代中国学术杂志的领先地位。"它在当时是与北京的《新建设》、上海的《学术月刊》鼎足而三的"。(罗竹风:《回顾以往,激励未来》)这一点从《文史哲》不断攀升的发行量上也可以得到充分体现。创办时期,邮局拒绝发行,编辑部只得依靠朋友和同行推销。1953年后,销路大增。1954年时,印数已达1.3万册。1955年,这一数字又激增至2.7万册。到1973年,竟演出《文史哲》发行史上空前绝后的一幕:邮局征订数飙升至70多万册(但因纸张供应不足,仅限量发行24万册)。"文革"结束后,发行量长期稳定在3万—4万册。迄今,《文史哲》发行量仍居全国同类社科期刊之首。

引领重大学术论争是60年来《文史哲》最重要的学术品格。自20世纪50年代以来,《文史哲》就以"预"学术潮流为使命,不断发掘新的选题,展开大规模的争鸣,并因此而蜚声于海内外。在她迄今60年的生命里程中,50年代发起史学领域的"五朵金花"大讨论以及"红楼梦研究"的大讨论,80年代发起"文化热"大讨论,90年代发起"儒学是否宗教"的大讨论,近几年发起的"疑古与释古"大讨论、"中国古代社会形态问题"大讨论,无不声势浩大，风起云涌，谱就了60年来中国学术史上的华彩乐章。尤其需要特别指出的是，构成新中国成立后17年史学发展主体的"五朵金花"讨论（中国古史分期问题讨论、中国历代土地制度问题讨论、封建社会农民战争问题讨论、资本主义萌芽问题讨论、汉民族形成问题讨论）至少有"三朵"（古史分期、农民起义、资本主义萌芽讨论）是由《文史哲》播下种子、并盛开在《文史哲》杂志上的，这在中国人文社会科学期刊中可谓笑傲天下，独领风骚。著名学者蔡尚思曾评价道："《文史哲》致力于百家争鸣、百花齐放，因而繁荣学术，功不可没！"山东大学之所以形成"文史见长"的学术传统，也是与《文史哲》的创办密不可分的。

《文史哲》素被学界称为"高等学校文科学报"之王，现今已发行至30多个国家和地区，海外发行量一直高居国内学报界之榜首，2008年海外订户高达545家，世界著名大学图书馆大都有订阅、收藏《文史哲》，哈佛大学更将《文史哲》与《历史研究》、《考古》、《文物》列为所认可的四家中国大陆学术期刊。2010年，教育部副部长李卫红在高校哲学社会科学第三批名刊工程座谈会讲话中将《文史哲》作为高校学报国际化的典型予以嘉许。由原国家新闻出版署署长于友先、副署长梁衡主编的《新中国期刊五十年》赞扬《文史哲》是"求实求真的学术名刊"。于友先在《百刊风采：全国百种重点社科期刊巡礼》（人民出版社2000年版）一书的序言中还对《文史哲》的贡献给予高度评价，说："可以理解一本《考古》或《中国社会科学》、《文史哲》等对一个学术文化工作者的重要意义。"

《文史哲》侧重于中国古典学术研究，古典性和高端性是其所着力打造的特色；坚持"百花齐放，百家争鸣"是其一贯的办刊风格，尊奉"昌明传统学术，锻铸人文新知，植根汉语世界，融入全球文明"则是其始终不渝的办刊宗旨。《文史哲》的最终目标，是传承本土人文研究的学统，进一步深入世界汉学学术圈，跻身世界汉学名刊之林。

杨向奎在创刊号上发表了《学习"实践论"——一个史学工作者的体会》，文章对考证与理论指导之间的关系进行了探讨，指出了胡适考据学的局限性，并提出要在历史研究中掌握辩证唯物论的武器，站稳阶级立场。这一要求反映了新中国成立初期史学研究正在从民国考据学向唯物史观史学的转变。作为《文史哲》首任主编，杨向奎大部分学术生涯都与《文史哲》紧密相连，共在《文史哲》上发表了51篇学术论文。

创刊号上还刊登了华岗的《鲁迅思想的逻辑发展》和孙昌熙的《鲁迅与高尔基》两篇文章，开新中国鲁迅研究之先河。后又在1951年第2至4期和1952年第1期的《文史哲》上连续刊发了华岗的《鲁迅论中国历史》、《鲁迅论科学》、《鲁迅论文艺》、《鲁迅论妇女问题》等文章，刘泮溪、孙昌熙、韩长经等也在《文史哲》发表了大量的鲁迅研究论文，使《文史哲》成为新中国成立后鲁迅研究的一个重要阵地。

这一期的杂志上还刊载了郑鹤声的《天王洪秀全状貌考》。该文系作者应南京博物院之约，对洪秀全的面部特征作了详尽的考证，特别是对他长没长胡子进行了追考。1958年"史学革命"期间，该文受到批判，被当成烦琐考证的代表。

7月1日，童书业在《文史哲》第2期发表《中国封建制的开端及其特征》，提出了中国封建社会开始于西周的观点，在学术界拉开了旷日持久、影响深远的中国古史分期讨论的大幕。

童文发表后，杨向奎、杨宽、吴大琨、赵俪生、王亚南、王仲荦等著名学者纷纷在《文史哲》上发表论文参与讨论，就中国封建社会到底出现于西周还是春秋战国之交或者是魏晋以后展开长时间的争鸣，并就此引发了全国性的学术讨论。早在新中国成立前，古史分期问题已经引起了学术界的广泛争论，分别在20世纪30年代和40年代形成了两次讨论高潮。童书业的文章，拉开了古史分期讨论第三阶段的大幕。这一阶段的讨论，所涉及的问题数量之多，方面之广，争鸣之激烈，都是前两个阶段所不能比拟的。由于中国社会形态问题的讨论关系到中国发展规律的认知，更关系到如何用马克思主义历史理论来解释中国历史发展的实际，所以吸引了几乎整个历史学界的力量来参与讨论。可谓诸说蜂起、百家争鸣。郭沫若、吕振羽、范文澜、翦伯赞、侯外庐、白寿彝、尚钺、日知、何兹全、李亚农、唐兰、黄子通、夏甄陶、金景芳、周谷城、郑昌淦、梁作干等著名学者都是这场论战中的风云人物。而其中来自山东大学的杨向奎、吴大琨、赵俪生、童书业、王仲荦等以《文史哲》为阵地，成为这场讨论中实力最为整齐雄厚、贡献最为卓越的方面军。无论是西周封建说、战国封建说，还是魏晋封建说，《文史哲》都贡献了这场讨论中最具有代表性的文章，并成为五六十年代刊载古史分期讨论文章最多的杂志。古史分期讨论是《文史哲》创刊后引发的首场全国性的学术大讨论，正是凭借此次讨论，新生的《文史哲》迅速获得了全国学人的广泛赞誉和认同。

黄云眉在这期杂志上发表了《考证在史学上的地位》，针对学术界"矫枉过正"、一边倒地把考证学推到唯物史观对立面的做法，力排众说，反对对考证方法的过分贬低和排斥，认为考证在新中国成立后仍然需要，尤其在编纂新史的资料问题上更显出它的重要性。并呼吁在批判继承传统考证学遗产的基础上，再来一次更新的考证高潮。

该期杂志还刊登了顾颉刚《穆天子传及其著作时代》。该文是新中国成立后关于《穆天子传》研究的第一篇文章，打破了《穆天子传》研究的沉闷局面，提出《穆天子传》成书于战国说，并考证了穆王西征的路线。

9月1日，赵俪生在《文史哲》第3期发表《武训当时鲁西北人民的大起义》。这是《文史哲》刊发的第一篇农民战争史研究的论文，随后《文史哲》又刊发了大量农战史研究论文，成为20世纪五六十年代中国农民战争史讨论中一个令人瞩目的中心。

作为新中国成立后中国农民战争史学科的拓荒者，仅在20世纪50年代中前期，赵俪生就先后在《文史哲》连续登载了《北宋末的方腊起义——"中国农民战争史"之一节》、《明初的唐赛儿起义——"中国农民战争史"之一节》、《北魏末的人民大起义——"中国农民战争史"之一节》、《论有关隋末农民大起义的几个问题》、《明正德间几次农民起义的经过和特征》、《南宋金元之际山东、淮海地区中的红袄忠义军——"中国农民战争史"之一节》、《记卢兼三同志关于"红袄军"遗址的来信》、《李自成地方政权所遭地主武装的破坏——"明末农民大起义"专题研究之一》、《试略论清代农民起义中神秘主义的加重》、《论明末大农民军对货币财富的积累——"明末农民大起义"分题研究之二》、《靖康、建炎间各种民间武装势力性质的分析》、《通过五代十国到宋初的历史过程认识唐末农民大起义之更深远的社会意义》、《武训当时鲁西北人民的大起义》等13篇研究农民起义的论文,被学术界公认对农民战争史研究有筚路蓝缕之功,代表了"1950年代初期高校农民战争史研究的最高水平"(臧知非:《生存与抗争的诠释——中国农民战争史研究》,河南大学出版社2010年版)。秦晖在《教泽与启迪:怀念先师赵俪生教授》中说:"这一时期赵先生形成的中国农民战争史研究范式,直到上世纪80年代仍主导该领域。"除赵俪生外,山东大学的高昭一、王仲荦、卢振华、华山等人也纷纷在《文史哲》杂志发表了农民战争史研究论文,成为中国农民战争史研究领域的重要学者。1951年至1965年间,《文史哲》共发表60余篇研究农民战争史的论文,引发了全国的关注与响应。农民战争史研究中一些重要问题的争鸣,诸如农民政权性质问题、皇权主义问题、农民战争与宗教的关系问题、农民战争与统一战争的关系问题等,都是从《文史哲》杂志发起并在全国引起激烈争论的。

杨向奎在该期《文史哲》上发表了《从周礼推论中国古代社会发展的不平衡性》。该文认为,中国古代分期问题之所以难以解决,关键是对中国古代社会发展的不平衡认识不足,犯了以部分代全体,以后来的发展情况说明古代的错误。在战国以前,就黄河流域上下游各国的社会结构来说,如果能对于史料加以严格甄选的话，会发现那并不是整齐一致的向前发展。根据西周某一地区的铜器文字而概括地说明当时所有地区的社会性质，或者是对于某一种材料的时代还弄不清楚，而用以判断某一时期社会发展的特色，这是违背马列主义的方法的。西周以后中国的疆域扩大，包含的部族增多，彼此的历史条件不同，地理环境不同，在社会的发展上也不一致，而史学工作者说到中国古代社会的时候，往往不考虑这些问题，而笼统地说，西周是什么社会，春秋是什么社会，实际上是挂一漏万，以片面代全体。为了矫正这种错误，杨向奎认为，应当做这些工作：一、必须注意史料的地域性，比如齐国的史料只能说明齐国的社会性质，而不能概括地说明春秋或战国时一般国家的社会情况；二、必须明了史料的来源及成书时的条件；三、必须弄清楚史料的时代，最好能找出它的绝对年代。

该期杂志还刊登了冯沅君《季布骂阵词文补校》。第4期杂志上刊登了黄云眉、郑静远与冯文进行商榷的文字，冯沅君对二人的辩难作了答辩。

11月1日，李希凡在《文史哲》第4期发表《典型人物的创造》，这是《文史哲》最早登载的一篇在校学生的论文，也是李希凡公开发表的第一篇学术论文。《文史哲》善于"扶植小人物"的传统由此发端。

发表该文时，李希凡是山东大学中文系二年级学生。该文原为文艺学课程的一篇作业，由授课老师、文艺理论家吕荧推荐发表。

童书业在该期杂志上发表了《论"亚细亚生产方法"》，提出

"马克思所说作为生产方法之一的'亚细亚生产方法',就是原始共产社会"。由于"亚细亚生产方式"具有重大的理论价值和实践意义,关系到如何认识人类社会的发展规律,如何正确完整地理解马克思主义的历史科学理论,因而童文一出,争议鹊起,就此拉开了波及整个社会科学界的亚细亚生产方式大讨论的序幕,并在20世纪50年代和八九十年代形成了两个讨论高潮。

亚细亚生产方式讨论意义重大,绵延数十年。虽然诸说并陈,未能定于一尊,但却极大地促进了中国古史研究具体问题的解决,帮助学界加深了对中国社会的认识,因而在学术史上具有重要的意义。除童书业坚持的亚细亚生产方式为"原始社会说"外,还有古代东方奴隶社会说、东方型封建社会说、特殊经济形态说、特大混合形态说、独立生产方式说、经济形式说等。田昌五、日知、学盛、王亚南、侯外庐、吴泽、林甘泉、庞卓恒、杨向奎、王敦书、吴大琨、雷海宗、赵俪生等在几十年间发表了大量论文,这一问题也成为马克思主义史学的一个中心话题。

1952 年

1月，中共中央相继发出《关于立即限期发动群众开展"三反"斗争的指示》、《关于在城市中限期展开大规模的坚决彻底的"五反"斗争的指示》，在全国开展了大规模的"三反"、"五反"运动。

6月中旬至9月下旬，教育部对全国高等院校进行了院系调整工作。调整的总方针是：以培养工业建设人才和师资为重点，发展专门院校与专科学校，整顿和加强综合性大学，逐步创办函授学校和夜大学，并在机构上为大量吸收工农成分学生入高等学校准备条件。

1月1日，杨宽在《文史哲》第1期发表《战国时代社会性质的讨论》，从多个方面对战国的社会性质进行了考辨。

作者认为战国奴隶不从事主要生产；战国时代的剥削者为地主，从事主要生产而被剥削的为农民；战国的"变法"表示封建社会的量的变化；战国的奖励"耕战"政策是奖励农民尽力生产和当兵杀敌。作者由此认为，战国社会绝非奴隶制，而是地主制封建社会。

杨向奎在该期杂志上发表了《学习"毛泽东思想"与自我改

造》。文章认为,上层知识分子,尤其是大学教授们,因为出身及经常接近反动的阶级,所以思想多是非马克思列宁主义的。必须广泛深入学习毛泽东思想的学习,否则思想会落后于现实而开倒车。

3月1日,日知在《文史哲》第2期发表《与童书业先生论亚细亚生产方法问题》,提出有关亚细亚生产方式的"古代东方奴隶社会说",引发学术界热烈讨论。

作者主要针对童书业《论"亚细亚生产方法"》一文进行商榷。依据苏联学术界的有关见解,作者认为:"确认亚细亚生产方式之为奴隶制的生产方式,这已是十多年来苏联史学界一致的结论了。所谓亚细亚生产方式的奴隶制,也就是古代东方的奴隶制",它"在历史发展中与古典的奴隶制前后相承"。"亚细亚的或东方的财产形态是以集体所有与公社成员的劳动力为基础",这表明"古代东方是奴隶制的原始阶段或低级阶段"。彼时学术界以苏联学术为圭臬,此说遂占据亚细亚生产方式讨论的主流。

童书业在同期杂志上也发表《答日知先生论亚细亚生产方法问题》,为自己的观点进行辩护。

这一期的杂志上还刊登了童书业的《"古史辨派"的阶级本质》及杨向奎的《"古史辨派"的学术思想批判》,二人对老师顾颉刚展开批判。童文表达了与"古史辨派"一刀两断的决绝立场。文章说,所谓"疑古派史学"是美国实验主义传到中国后的产物,它的首创者是"五四"时代资产阶级的代言人、当前的战犯胡适。顾颉刚所说的一系列不反对人们运用唯物史观的话,"其实都只是抗拒唯物史观的一种手段"；反对唯物史观的"方法不必一致；或者尽情诋毁，或者托词抗拒，或者截取变质；而这三种方法我们这批人之中就都用过的"。童文认为，疑古派史学的真实企图，最初是右面抵抗封建阶级，而左面抵抗无产阶级，到后来，"这派的史学家多数与封建阶级妥协，只坚决抗拒无产阶级了"。"古史辨派"的作品，"在考据学上说，也没有什么价值"。"我的结论是：当前的思想改造运动，是要肃清封建思想和改造资产阶级意识，疑古派的史学思想是资产阶级阶级斗争的工具，正是应改造的对象之一，同志们赶快起来改造自己罢！"杨文对顾颉刚展开了更为猛烈的批判，认为顾颉刚"是一个彻头彻尾的唯心论者……这一派的治学方法，彻头彻尾是唯心论的"。"层累地造成的古史说，有没有学术上的价值呢？肯定地，没有。层累地造成的古史说根本不能成立。……这一'发现'，没有说明任何问题，没有解决任何问题。"文末强调说："顾颉刚教授生在半封建半殖民地的中国，接受了开明地主阶级的改良主义思想，又接受了买办资产阶级的实验主义方法，造成了他的疑古学说，因而没有解决任何古史问题，反而造成了混乱。"两文发表后，顾颉刚在1952年3月12日的日记中写道：此两文"均给予无情之打击"。

华岗的《清算教育工作者中的资产阶级思想》也刊登在这一期杂志上，文章认为，资产阶级思想在教育阵地上的表现之一就是在表面上标榜"为学术而学术"和"纯技术主义"，而在实际上则利用各种方式和方法，对人民散播资产阶级的反动政治观点，借以毒害人民和维持资产阶级的剥削地位。有不少的教育工作者，特别是被资产阶级思想意识所侵蚀过的大学教育工作者，还在有意地或者盲目地提倡什么"纯科学"和"纯学术",而事实上正是这些提倡"纯科学"和"纯学术"的教育工作者,却在科学讲授中替资产阶级散播反动政治观点。最欢喜高唱"超阶级"、"超政治"、"纯科学"和"纯学术"的论调,实际上都是透顶的虚伪,或者简直是透顶的荒唐。

5月1日,陆侃如在《文史哲》第3期发表《纪念五四,批判胡适》。

文章说,三十多年来,在文化教育界散播资产阶级反动思想最厉害而至今还保存一定程度的坏影响的,就是那个冒充"五四"运动"领袖"、甘心做帝国主义和蒋匪帮的走狗、一贯出卖祖国人民利益的战犯胡适。在"三反"、"五反"运动中间纪念"五四",批判胡适是完全必要的工作。

吴富恒发表了《文艺学教学改进意见》,提出文艺学应以马克思列宁主义和毛泽东思想的文艺理论和政策为内容,密切结合中国革命斗争、文艺运动(创作、研究、活动……)、学生的思想水平等实际情况,建立正确的工人阶级文艺思想和理论体系,并以它为武器,批判一切资产阶级、小资产阶级的文艺观点和理论,改造资产阶级、小资产阶级出身的文艺青年的思想。

杨向奎在本期发表了《康有为思想批判》。文章采取"二分法"对康有为进行了评价,一方面认为康有为是开明地主阶级,要求维新变法,要在封建统治集团中取得政治权力,因为没有广大群众作他的斗争基础,最后失败了,然而在当时是有进步意义的。但是当封建皇权已经消灭,封建秩序日渐崩溃的时候,他却在惋惜这夕阳西下的封建社会了,他要挽救这封建僵尸,要在僵尸中富强起来,所以距离他所处的时代越来越远了。文章认为,康有为的《大同书》好像是一种"乌托邦"的理论,实际上,他所谓据乱世实际是封建社会,所谓升平世是君主立宪的资本主义社会,而太平世则如瑞士等国的民主共和的资本主义社会。康有为站在开明地主的立场,以教主的姿态,好像否定了一切阶级社会,实际上是为资本主义社会开辟道路。其后,作者又在《文史哲》上发表了大量的中国思想史研究论文,成为中国思想史研究的一代宗师。这些论文包括《五行说的起源及其演变》(《中国哲学史纲》中之一章)、《曹雪芹的思想》、《论西汉新儒家的产生》、《中国奴隶制萌芽时期的天道观》、《孟子的思想》、《法家与韩非》、《孔子的思想及其学派》、《庄子的思想》、《荀子的思想》、《墨子的思想与墨者集团》、《唐宋时代的经学思想——〈经典释文〉、〈十三经正义〉等书所表现的思想体系》、《论葛洪》、《论张载》、《唯物主义思想家王夫之》、《王阳明哲学的历史地位》、《谈谈〈墨经〉的研究》、《说"理"》等。

7月1日,为配合思想改造运动,《文史哲》第4期发表了一组"思想改造"文章,标志着这一时期学术思想开始巨大的转型。

童书业在《学习"矛盾论",认识思想改造的真义》中说,一般从旧社会来的史学工作者,有人没有自觉的史观、自觉的政治思想,因为旧中国的史学是考据的史学,典型的考据家往往是专钻故纸堆,"没有"(其实是有的)任何思想的人,他们为考据而考据,自以为绝对客观，绝对科学，看不起史观，看不起思想，更看不起政治，他们认为史学如沾染上了政治色彩，便立刻变成"宣传的工具"，没有任何"学术上的价值"。典型的考据家往往拒绝接受马列主义的理论，拒绝接受史学为政治服务的观点，在新中国成立后依旧关起门来，自以为是地抱住考据包袱不放。在表面上，他们也许会说几句马列主义的理论，讲课时插上几个马列主义的名词，事实上还是满脑子"考据至上"、"史料至上"，讨厌开会，讨厌政治活动。他们自以为站在政治圈子之外，谈不上前进和落后，革命和反动，"天不变道亦不变"，在思想改造中，自己乱扣上几顶帽子，乱骂自己一顿，就算过关大吉。像这样典型的考据家是一个类型——旧史学工作者中的主要类型。此外还有一个重要的类型，就是自高自大的类型，这一类型中的代表者往往是抱着显著唯心论思想的人。他们往往是所谓"学术上的成就比较高"的人，他们不像前一类型中的人那样循规蹈矩，他们有自己的一套，绝不接受别人的意见，他们之中的多数，也抗拒新思想、新理论，或者曲解新思想，新理论，自以为是，目空一切地抗拒思想改造，自我检讨起来浮皮擦痒，完全不接触思想实际，对于别人的批评，不是面红耳赤地争辩，就是一笑置之。另外，还有少数人，是所谓"无所谓者"，他们觉得自己并没有"考据包袱"或"学术包袱"，这样说也好，那样说也好，反正跟着大家走，总不会错。随波逐流，毫无主见，是这类人的特征。这类人的思想改造，表面上看来似乎比较容易，其实其困难并不亚于上面两类型的人。总结起来，旧史学工作者，不论属于哪一类型，其共同的特征，就是极严重地脱离实际，脱离群众。

赵俪生在《学习"矛盾论",联系史学工作的一点体会》中说,在史学界中,还有一个最突出地表现了片面性的处所,即关于理论与史料的关系、马列主义原理与文献学的关系。由于过去在封建统治下、在资本主义国家输入思想的影响下,大多数的中国史学工作者都曾或多或少地沉溺于考据,受到过不同系统的考据学的锻炼和麻醉。因而当马列主义思想传来,特别是在新中国成立以后,马列主义已不是"地下"的先进思想,而是被公认为"置诸四海而皆准"的真理之时,有不少人对于马列主义与考据学的关系,即它们的矛盾与可能联系、可能结合的契机,依然认识不清楚。于是,在这里又容易发生片面性。一些人认为,既然历史总不能脱离具体的史料,那么不管旧日的考据学家、文献学家曾为什么人忠实地服务过,他们的"辛勤业绩"就应该"原封不动"地拿去与马列主义相结合。持这样主张的人们的著作中,也的确表现了除以个别马列主义词句来偶作点缀以示对新事物的敷衍外,其实还是旧日考据学的老一套东西。这显然是一种顽固的倾向。另外一些人认为,既然过去的主要经过整理的史料是为封建统治者忠实服务的考据家所遗留,那么这些史料便应该全部抛弃。而且持这样认识的史学工作者们的著作中,也的确有过空洞地、粗枝大叶地传布社会发展理论的表现。这显然是一种教条主义倾向。而这两种不同倾向之所以存在,其原因就在于这些人没有掌握马列主义与考据学中间的矛盾,及这一矛盾的主要点之所在。马列主义的方法是唯物辩证法,而旧考据的方法则是形而上学,这二者是完全敌对的,没法调和的。一方面要彻底认识旧考据学形而上学方法的错误,把这种方法和它的影响从根本上拔除抛弃;另一方面又应当以历史唯物主义的方法去把旧考据学留下的"遗产"（即材料）加以检查、鉴别和分析，还原或补充其被斫丧的部分，矫正其被歪曲的部分，然后把这些材料连同我们重新发现、重新发掘的材料，一同组织起来，拿去说明历史的发展，拿去充当推广历史唯物主义与爱国主义的丰富资源。只有这样，才既不至于再度蹈袭考据学的形而上学方法的旧轨道，又不至流于忽视史料而堕入空洞教条主义史学的道路。

张维华在《清除我的封建、买办思想》中写道：因为我的思想本质是封建思想和买办思想的结合体，所以表现在教学思想和作风上，是最严重的自私自利个人主义的名利观念。同样我也是把神圣的教育看作是商品交易所。"比货色""抬高货价"的思想是常有的。过去每到一个新学校，头两周总是大吹大擂的炫耀一番，拼命地炫耀自己学问的渊博，存货多，货色好，以期达到哗众取宠的地步。在教学中，从没有考虑学生的水平、实际的需要。认为我有什么存货，就卖什么货色，买不买由你。在讲课时，时而搬弄一番考据的本领，时而搬弄一番广博的本领，讲讲土产货，讲讲外来货，一门课总是讲到半路里就完了，从来没有讲完过，觉得不这样不足以表示自己的臭架子。就这样年复一年地欺骗、蒙蔽学生，消耗了他们的宝贵光阴。对于同事们呢？比我好的就要抗一抗，争一争。实在抗不过争不过的，就奉承一番。像过去反动政府御用的"历史学者"萧一山、钱穆之流，都在我奉承拉拢之列。对于不如自己的呢，就摆摆架子，不然就虚伪地鼓励，表示自己是前辈，从不曾想到团结起来，互助合作搞好教学，教好下一代的青年。对于领导者，不是拍就是骂，不是明争就是暗夺，总是事事结合到个人的名利观念。到了实在与自己的利益矛盾而不可解脱时，就利用时机鼓动风潮,胜利了呢,则算达到了自己的目的,不胜利则一走了之。这是我20余年来在教育界中一贯的恶劣作风。毒害了教育界,毒害了青年。

同期杂志还刊登了赵俪生《我的初步检讨》,对自己进行严厉批判,说自己非集体主义甚至反集体主义的精神,还表现在对抗同学和对抗领导的方面,严重时就会"敌友不分",丧失立场。之所以如此,是与自己的名位方面的暴利思想分不开的,也与其"进步包袱""功臣思想"分不开的。因为有名位思想,所以达不到目的时便要打击别人;又因为背了"进步包袱",有"功臣思想",于是就"别人不敢说,我敢说",敢于肆无忌惮,纵横捭阖。

9月1日,杨向奎在《文史哲》第5期发表《关于西周的社会性质问题》,对郭沫若、刘大年的古史分期观点提出批评。

文章提出,根据斯大林指示的原则,结合毛主席的"矛盾论"的精神,解决西周社会性质的问题,首先应当解决物质资料生产者的地位变化问题,究竟谁是剥削者,谁是被剥削者的问题。这剥削者与被剥削者之间曾经有不断的阶级斗争,也就是说有不断的矛盾发生过。要找出什么是当时的主要矛盾,什么是次要的矛盾,然后把因矛盾而发生的阶级斗争和作为历史过程之基础的生产方式结合起来。这样西周的社会性质问题也许可以解决了。作者认为,"《周礼》中的社会绝不是奴隶社会,而是封建社会"。

本期发表了冯沅君《批判我的封建的、资产阶级的思想》。文章说:在治学目的与方法上,封建思想与资产阶级思想也支配着我。和对待文艺创作差不多,我治学的目的是为着兴趣、荣誉,甚至于金钱。方法是前后不同的,但都不正确。大体上说,1935年以前,我的治学方法是偏于概论式的。这是当时整理国故者的风尚。如果向好处说,这种方法是大刀阔斧,总揽全局,应是"五四"的文化启蒙运动的余波。但实际上,大多数人都因此而犯着粗枝大叶、空洞、肤浅而且不切合实际的毛病。战犯胡适是这种错误倾向的代表,我就受了他的影响。我和陆侃如合著的《中国诗史》与《中国文学史简编》就是这样写成的。1930年前后,整理国故的风尚有了转变,大家趋向于"小题大做"。这种方法好像是比较细致、深入,但它造成的后果多是狭隘,繁琐,"拾了芝麻,落了方瓜"。这种方法的来源,在国内可上溯到乾嘉"汉学",是封建性的;在国外则是资产阶级性的,而资本主义国家的"汉学"家们尤其如此。它之所以风行是与国民党的背叛革命、加紧反动统治有密切关系。因为这样的治学方法是比较少接触思想,一些学者都钻到牛角尖里去,和现实日益隔离,这对于反动统治阶级是有利的(所以好作概论式论文的胡适在1930年左右也改变方法)。这种风尚也侵袭到我(这当然与胡适有关),特别是到资本主义国家,和资产阶级学者直接打交道之后。我和陆侃如合著的《南戏拾遗》,我自己单独著的《古剧说汇》、《古优解》等等都是这样写成的。这些作品只是为反动统治的粪堆上插上花朵。我在牛角尖里直钻到青岛解放,所以现在手边还有几篇未完全脱稿的这类论文。学生们说我教书时考据太多,就是受这样的治学方法毒害了。不管是概论式的,或"小题大做"式的,这些方法都是唯心的,因而研究所得的结果都是片面的,表面的,发掘不到问题的本质。本来,在1930年前后，我已初步地接触到进步的理论，但由于客观条件的限制与主观的努力不够，我只能"断章取义"地征引它的词句，而不能用它改变我的思想方法与工作方法。在处世接物的态度上，我经常采取的是"明哲保身"、"独善其身"的方式。这种方式的形成是由于资产阶级的个人主义、封建社会的儒道思想和"以顺为正"的妇女教育。

11月1日，萧涤非在《文史哲》第6期发表《学习人民语言的诗人——杜甫》。这是《文史哲》刊登的第一篇杜甫研究论文，其后，杜甫研究一直是《文史哲》关注的重点之一，成为刊发杜甫研究成果的一个主要园地。

文章从体裁、手法和词汇三方面说明了杜甫学习人民的语言的实际情况，认为这三方面的总和造成了杜甫诗的一个特质，便是生动性与素朴性。

本期还发表了华岗的《学习斯大林论语言学著作的意义》、吴大琨的《向毛主席的近代中国社会阶级结构理论学习》、王亚南的《政治经济学和一般科学的关系》、韩长经的《学习鲁迅先生的反帝精神》等文章。

1953 年

1月，中共中央决定成立马克思、恩格斯、列宁、斯大林著作编译局，开始有计划地、系统地翻译出版马恩列斯的全部著作。

3月5日，斯大林逝世，中国展开大规模悼念活动。

6月15日，毛泽东在中央政治局扩大会议上提出党在过渡时期的总路线和总任务。

从本年第2期开始，《文史哲》改由山大学报委员会领导编辑出版，成为"山东大学学报之一"，不再是"同人刊物"。"文史哲杂志社"宣告"于二月一日结束"，编委会也进行了改组。

1月1日，《文史哲》第1期发表杨向奎的《中国历史分期问题》和吴大琨的《论前资本主义地租的三种基本形态》，分别提出亚细亚生产方式的"特殊经济形态说"和"过渡形态说"。

杨文不同意把亚细亚生产方式简单地看作是古代东方的奴隶制度，认为亚细亚生产方式并不是独立的经济形态，而是一种生产方式或制度，它实际上是指残留在奴隶社会或封建社会里的原始公社制度。

吴文认为马克思在提出奴隶制与农奴制以外还提出了一种存在于亚洲和埃及的"代表共同体的个人"的特殊的土地所有形态。从时间上说，它处于原始公社末期向阶级社会的过渡时期。刘毓璜在《试论农村公社的过渡性质与中国农村公社的发展》中对吴文提出质疑。后吴大琨放弃己说，改信"古代东方奴隶社会说"。

童书业在本期发表了《从古代巴比伦社会形态认识古代"东方社会"的特性》，将中国古代社会分成几个阶段：殷和西周大体相当于埃及的旧王国时代，希腊、罗马的"王政时代"，都是奴隶制和国家开始形成，部族领袖窃取政权，开始统治人民的时代；春秋大体相当于埃及的中王国时代早期，希腊、罗马的贵族政治时代，都是奴隶制和国家进一步发展，地方政权争雄，贵族势力跋扈，平民起来与他们斗争的时代；战国大体相当于埃及的中王国时代晚期，希腊、罗马的"民主政治"时代，都是国家开始凝固，地方政权逐渐集中，贵族势力逐渐衰败，奴隶制更进一步发展，新兴奴隶主逐渐抬头的时代；秦汉大体相当于埃及的帝国时代，希腊的马其顿时代，"希腊化"时代，罗马的帝国时代，都是大帝国形成，专制主义发展，奴隶社会全盛（相对的），并由极盛转衰落以至崩溃的时代。

从本期开始，三期连载了日知翻译的马克思的《前资本主义生产形态》。因《马恩选集》尚未出版发行，该文的翻译对于学术界学习经典作家原著，用以指导学术研究产生了重要影响。"译后记"说，翻译该文的动机主要是配合古代世界史教学工作的需要，因为在苏联教育部颁布的有关古代史的教学大纲或审定的大学教本（如

《古代东方史》、《古代希腊史》、《古代罗马史》等),都把马克思这份草稿列入最主要的经典参考书中。有关古代东方的专著或论文,尤其常常引用这篇草稿中的指示。而在国内,除侯外庐所著的《中国古代社会史》曾引译这篇经典著作的几段外,其他古代史有关的作品中还很少(或没有)引用到。

本期杂志还发表了王承祒的《周代社会史试论》。

3月1日,王仲荦在《文史哲》第2期上发表《从茶叶经济发展历史看中国封建社会的一个特征》,从茶叶经济发展这一特殊角度来论证中国在鸦片战争前为什么不会出现资本主义社会,中国的封建社会为什么延续得比较久。

文章认为,中国封建社会的一个显著特征是高利贷资本、商业资本与封建经济政治体制的强固结合,由于这种结合,更加强了封建阶级对于茶农与制茶手工工人的残酷剥削,阻碍了手工业向工场工业的发展,阻碍了中国资本主义的生长,后来更由帝国主义的侵略,而保持了封建统治。

杨向奎发表了《读"马克思、恩格斯论中国"兼论中国封建社会的历史分期问题》。作者提出:"社会历史分期,应当以物质资料直接生产者的地位变迁为主要因素",并将封建社会分为四个阶段:即封建社会前期,西周到西汉——公元前10世纪到公元;封建社会的成熟期,东汉到晚唐——1世纪到9世纪;封建社会后期,宋到鸦片战争——10世纪到19世纪中;半封建半殖民地时期,鸦片战争到新中国成立——1840年到1949年。作者认为,从宋朝到清中叶中国封建社会发展之所以迟滞，主要源于手工业与农业的顽固结合、中国农村封建统治与商人资本存在的结合、外族不断地入侵、封建垄断经济。

吴大琨的《论地租与中国历史分期及封建社会的长期阻滞性问题》也发表在这一期杂志上。该文在《论前资本主义地租的三种基本形态》基础上对东方式地租的蓄积过程及其影响进行了进一步论证。文章从广义政治经济学的角度，提出了"中国封建社会的长期阻滞性，与中国的地租性质及其为统治阶级所分割蓄积的方式有关"。根据东方式地租的蓄积方式看，可以得出一条法则来：那就是在前资本主义社会中的"东方社会"能否昌盛实有待于地租的征收数量（不超过侵犯再生产的限度）及其在使用上，完成社会经济职能部分的数量的多寡而决定。但因在征收地租与使用地租的过程中，地权的集中与使用的分散是成相反的方向发展的，同时国家征收地租增多的数量与其在经济职能上的有效使用部分也是成相反的方向发展的（即社会租赋愈苛重时，由于官僚机构的庞大，贪污，真正花在社会经济职能上的数量就反愈少），所以一个东方王朝的由"昌盛"到"衰落"，几乎是成了有一定的法则可循的事情。东方地租的蓄积法则，不受人们的意志所左右，坚决地、无情地在整个中国的封建制阶段都贯彻了它的作用。它具体地代表了"东方社会"的特征，使"王朝不绝变更"，但"社会却毫无变化，社会经济基本要素的结构，不因政治风云的袭来，受丝毫影响。"这也是中国封建社会不仅长期受阻滞而且不断更换朝代的基本理由。

5月1日，厦门大学校长、著名经济学家王亚南在《文史哲》第3期发表长篇论著《由封建的领主经济和地主经济引论到中国社会发展史上的诸问题》。该文是新中国成立初期中国经济史研究的代表性论文，发表后引起学术界的普遍关注。

该文近4万字，从中国地主经济封建制度，引论到中国社会发展史上具有重要意义的一些问题，如中国集权官僚政治问题、天道观念的政治思想问题、民族产生问题、中国封建社会长期停滞问题、亚细亚生产方式问题等，并且较广泛地说明了中国社会发展过程中社会经济、政治、文化的内在有机联系。1954年第2期、第7期的《文史哲》分别刊发了这篇文章的中、下部分。

为了"哀悼中国人民最敬爱的朋友与伟大导师斯大林同志，深入学习斯大林学说"，本期杂志发表了华岗、吴大琨、赵俪生、葛懋春、陈云章的论文，分别是《沿着斯大林所指示的道路前进》、《学习斯大林在资本主义利润率法则上的贡献》、《斯大林与民族问题》、《学习斯大林关于基础和上层建筑理论的笔记》、《学习斯大林论由社会主义向共产主义逐渐过渡的条件和途径》。

陆侃如在该期杂志发表了《我们为什么纪念屈原？》，指出屈原的伟大之处，同时也指出了屈原的局限性，认为"毛泽东时代的新中国的文艺工作者，必须用马克思列宁主义与毛泽东思想武装自己，必须掌握社会主义现实主义的创作方法，不但要能够继承历史上的光荣传统，而且要能够发扬光大，超越前人"。

7月1日，高昭一在《文史哲》第4期发表《试论中国农民战争的特点》，提出了此后农战史讨论中涉及的几乎所有理论问题。

该文认为，中国农民战争具有四个特点：其一，中国的农民起义和农民战争，其基本群众虽然都是农民，但由于革命的对象往往是反对暴政，即所谓"官逼民反"，因此在革命农民的影响下，所发动起来的群众，就不只包括手工业工人，而且包括了城市贫民，甚至小作坊主、知识分子和中小地主等等，这就形成了以农民阶级为首的中下层社会人民的联合战线。其二，从起义的敌对方面来观察，统治阶级之不可消解的内部矛盾，是中国农民起义的一个经常性的有利条件。其三，宗教与秘密结社供给了中国农民起义的组织条件。其四，由于中国历史上经常有异族的入侵，中国的许多次农民战争便不可避免地要与种族斗争相结合，而每一次的结合又给农民战争带来更加复杂与更加深化的内容。

本期刊登了两篇华岗在全校"辩证唯物论与历史唯物论"学习报告会上的报告纲要。一篇是《辩证唯物论——马克思列宁主义政党的宇宙观》，另一篇是《哲学上的两大阵营——唯物论和唯心论》。其后，《文史哲》分8期刊登了华岗在"辩证唯物论与历史唯物论"系列学习报告会上的讲稿。

9月1日，为纪念鲁迅先生诞辰72周年，《文史哲》第5期特刊发韩长经的《鲁迅的现实主义的发展道路》及刘泮溪的《鲁迅杂文的政治意义和艺术价值》，以资纪念。

为庆祝朝鲜停战协定签字，本期特刊发孙思白《力争朝鲜停战协定全部实施　以和平协商方法解决国际问题》一文，以致庆祝。

11月1日，杨向奎在《文史哲》第6期发表《试论后汉北魏之际中国封建社会的特征》。

文章提出，中国封建社会的发展是迟缓的，所以转化的时代也特别长，因此前后阶段间的界线也不够明确。战国以来的地主阶级已经抬头，不过领主的势力并没有完全被肃清，秦与西汉还是领主与地主交哄的时代。王莽末年的农民起义，摧毁了领主阶级，社会向前发展了，中国才走上成熟的封建社会。这时期的历史主要是地主阶级如何压迫农民，迫使农民离开自己占有的土地，变成流民，起而暴动，推翻统治者的历史发展过程。在这个发展过程中，一般地主和当政者中间也有矛盾有斗争，他们要掠夺土地，掠夺人民，在掠夺中彼此自相火并。当然在火并中也随时可以妥协，尤其是当面临农民暴动的时候，他们就联合起来镇压。然而结果总是农民起义摧毁了封建统治者，使社会向前发展一步。中国"中古"的农民起义特别频繁，因而阻碍中国社会发展的因素也遭逢到不断的清洗。但西晋以后的异族入侵，阻碍了这种正常的发展，他们在中国的封建社会内，加重了原始社会的色彩。不过对于异族本身的发展说，是起着推动作用的，对于中国的成熟社会说，则迟缓了它的发展。迟缓了社会的发展，并不是阻止了社会的发展，更不是倒转了社会的发展，社会仍然在慢慢地发展着。通过不断的阶级斗争，鲜卑的残余原始制度消除了，北魏转入了成熟的封建社会，政府、豪族与寺院在掠夺土地与人民，寺院中的上层也是封建统治者之一环，哲学思想变成宗教的附属物。

黄药眠在本期发表了《论文学中的人民性》，指出：在讨论文学中的人民性的时候，阶级的分析是十分必要的，换句话说，即对于作家所处的时代和他所参与的社会矛盾诸关系的分析还是十分重要的。但同时还必须注意到，作为物质生产者的劳动人民，从长远的历史发展来看，他们拥有巨大的潜力。只要作家肯注视现实，他就不能不在一定程度内感触到人民的要求和希望，或多或少地反映出他们的观点和情绪——尽管是通过了作家自己的折光。

本期还发表了孙昌熙撰写的《鲁迅小说的特色》，认为鲁迅的小说是旧中国的一面镜子，其高度的艺术性决定于其高度的思想性。

1954 年

9月1日，李希凡、蓝翎在《文史哲》第9期发表《关于〈红楼梦简论〉及其他》，在全国引发了一场《红楼梦》研究的大讨论、大争鸣。

10月16日，毛泽东给中共中央政治局及其他有关人员发出《关于〈红楼梦〉研究问题的信》，号召开展"反对在古典文学领域毒害青年三十余年的胡适派资产阶级唯心论的斗争"，通过"《红楼梦》研究"大讨论，在政治、哲学、文学、历史、教育等领域展开了对胡适思想声势浩大的批判。

12月2日，中国科学院、中国作协举行联席会议批判胡适思想，决定成立"胡适思想批判讨论工作委员会"。

从本年开始，《文史哲》杂志由双月刊改为月刊。

1月1日，陆侃如在《文史哲》第1期发表《什么是中国文学史的主流》，提出社会主义现实主义是"五四"运动以来的文学的主流。

文章认为，"五四"是中国近代史上一个伟大的转折点，它以前是在资产阶级领导下的革命，属于旧民主主义的范畴；而它以后却是在无产阶级领导下的革命，属于新民主主义的范畴。"五四"运动爆发于伟大的十月社会主义革命胜利之后18个月，是当时无产阶级世界革命的一部分，所以能够彻底地、不妥协地进行反帝、反封建的斗争。参加这运动的虽然包含共产主义的知识分子、革命的小资产阶级知识分子和资产阶级知识分子三部分人，但是不久资产阶级知识分子中间的大部分就与敌人妥协了，所以盟长的资格不得不落在共产主义知识分子身上。"五四"以后，这个新生的力量在共产党领导下日益壮大，才有30年后中华人民共和国诞生的成果。新民主主义社会虽然还不是社会主义社会，但是它是属于社会主义社会的范畴的。

文章进而推论到：由于"五四"以来的文学主流的明确，同时也明确了"五四"以前的文学主流：自原始的口头创作以来，几千年文学史的主流不可能不是现实主义。

杨向奎在这一期发表了《学习毛泽东思想中的历史学说》。文章认为，有关中国历史若干关键性的问题，在史学工作者间还没有一致的意见，比如中国历史分期问题、中国封建社会发展的迟缓问题、阶级社会形成以后氏族制度的残余存在问题等。为了求得这些问题的结论，学习毛泽东思想，学习毛泽东思想中的历史学说，能得到解决问题的观点和方法。因为没有遵守毛主席关于政权性质是社会性质主要标志的指示，所以当划分历史阶段时没有一个共同标准，有人单纯地以生产工具作为划分历史阶段的主要标志，某些器具出现就应当是什么社会了。有人单纯地以某一阶级的出现作为主要标志，有着奴隶的记载，这一定是奴隶社会了，也没有考察这是残余的形态还是发展着的形态。或者是单纯地从数量上来考虑问题，不从本质出发，盲目地估计秦、或者是汉还有多少奴隶存在，于是肯定地说，这还是奴隶社会。那么有着大批农民阶级存在的社会，应当定性为什么社会呢？明确了某一个社会的政权性质，也就会发现当时的主要矛盾是什么，主要矛盾面在哪一方，尖锐的阶级斗争是什么。能够掌握这些问题，就容易解决社会性质问题了。以上指出的那些不正确的方法，主要毛病是机械地看问题，因而陷入主观片面。而最容易陷入机械论的方法，是综合年代学的错误使用。作者认为，通过综合年代学的叙述，可以把全人类的历史有机地联系起来，也正如赵俪生教授所指出的，这样可以把国别史提高到世界史的范畴来考虑。这种方法的使用，还有一个重要意义，即通过这种叙述，了解各种社会的发展是不平衡的，当某些国家已经进入封建社会时期，某些国家还处在奴隶社会，或者是氏族社会，不能画一条线说，"公历纪元前不可能有封建社会"。为什么？因为这是一种历史年代的机械论。其实综合年代学只能表示社会发展的不平衡，而不是表示社会发展的平衡。

殷焕先在这一期发表了《语法体系与语法教学》。文章认为，语法界存在许多语法体系、许多语法术语杂然并存的"混乱局面"，给语法教学工作平添出好多困难，为了克服这一亟须解决的问题，作者提出应该选用一种语法体系做自己教学上的标准，做师生间共同遵守的纲领，并自始至终严守这种体系，同时还要兼采众说，取详补略，以充实教学内容，提高教学质量。此后，作者在《文史哲》上发表了大量语言学论文。

从本期开始连载韩长经写的《鲁迅与农民问题》。

高昭一在本期发表了《秦汉三次农民大起义的比较》。

2月1日，刘祚昌在《文史哲》第2期发表《资产阶级革命前夕的英国农村的剖析》。

作者认为，英国资产阶级革命之具有保守性质，英国革命之早日发生，中等贵族出身的克伦威尔之领导了资产阶级革命——这些都决定于革命前的英国农村经济发展的特殊情况及特殊的阶级关系。文章从15世纪以来的英国农业革命、农业革命影响下的农村阶级关系的变化，以及资产阶级革命前夕的农民运动三个方面剖析了英国资产阶级革命的原因。

本期"编者的话"说：党和国家在过渡时期的总路线总任务是照耀我们各项工作的灯塔，本刊今后的编辑方针是遵照总路线总任务，从理论上阐释社会主义工业化及对农业、手工业和对私营工商业实行社会主义改造的必要和意义，更有系统地批判各种各色的资本主义思想，加强马克思列宁主义毛泽东思想的学习，密切结合教学工作，开展文学、历史、哲学等方面的学术研究，为祖国建成社会主义社会而努力服务。

本期杂志还刊登了王肇新的《国家总路线和大学教育》和蒋捷夫的《国家总路线的根据和意义》。

3月1日，杨宽在《文史哲》第3期发表《论春秋战国间社会的变革》。

文章从生产的发展、商品经济的发展、社会经济制度的转变以及秦国的变革过程论述了"战国封建说"。文章认为，战国时期促使生产力发展的主要因素，便是铁器使用的发明，而且，与农业生产有密切关系的水利事业也已有了发展。秦蜀守李冰在四川成都平原的水利设施，更是有利于生产的大规模建设。把战国的生产情况和春秋作一比较，很显见的，这是跨上了一大步。生产这样的突飞猛进，必然会引起社会经济的发展，从而引起一系列的社会变革及其上层建筑的相应的改变。跟着生产的发展，社会分工的扩大，在春秋战国间商品经济的比重，也就一天天地增多，这种商品经济的基础是建立在手工业经济和卷入交换之中的农民经济上的。这时所出现的商人垄断市场的情况，城市繁华的情况，铸造货币流通的情况，高利贷横行的情况，都是战国以前不曾有过的。春秋时货币简直找不到踪迹，列国君臣送礼、贿赂和赎罪，大抵为服饰、珠宝、丝帛、粮食、家畜和奴婢，而无黄金货币，与战国时代动辄用黄金千斤千镒的绝然不同。春秋以前的土地占有形态，是从天子、诸侯、卿、大夫到士，一层层分封下来的，最高的所有权是属于天子（即王）的，诸侯、卿、大夫等只有使用权，不能够随便转让的。而战国时由于生产力的提高，荒地的开垦一代比一代多了，越出原有封疆开垦出来的土地一天天多了，于是新的土地私有权就产生了。由于商品经济的发展，货币的广泛流通，高利贷的横行，使土地也和其他生产资料一样，可以作为商品买卖了。另外，从秦国整个变革过程看来，春秋战国间社会的变革也是由领主封建制转变为地主封建制。

为纪念"苏联人民和全世界进步人类的英明领袖与和平旗手，我们中国人民最敬爱的朋友与伟大导师斯大林同志逝世一周年"，本期杂志发表了章世鸿的《论可能性和现实性及可能性向现实转变的途径》，对斯大林《苏联社会主义经济问题》一书进行阐述。

陈湛若在本期发表了《义和团的前史》，对于义和团的起源进行了详细的考证。

刘泮溪的《鲁迅所创造的民族形式》认为，鲁迅创造了不拟古，不欧化，更不是概念化公式化的作品，既发扬了民族文化艺术的优良传统，又吸收了世界文化的进步成分，更成功地反映了特定阶段的社会现实与民族特性，并使这些成分互相联系起来，构成有机的统一。

4月1日，李希凡在《文史哲》第4期发表《略谈〈水浒〉评价问题——读张政烺先生的〈宋江考〉》，以初出茅庐的勇气对著名历史学家张政烺的《宋江考》一文进行了批评。

李文认为张氏无论对于作为文学作品的《水浒》还是作为小说人物的宋江，都缺乏正确的认识和评价。李希凡认为，不能用考证的方法来评价小说，不能用历史人物宋江来衡量《水浒》中的宋江。评价一部古典文学作品，绝不可以从点滴摘录中下断然的结论，而应该从这部作品的精神实质来看。《水浒》成为封建统治者几百年来最感到头痛的作品，原因在于它是一部彻头彻尾的反抗封建统治者的作品，它依靠深刻的人民性，才博得了现实主义的高度成就。作为一个马列主义的历史学家，探讨民族英雄真实历史的工作，是完全必要的，但如果想以某些历史事实的考据，否定与歪曲人民和伟大作家借理想的文学形象所进行的斗争，这种对待历史遗产的态度，也是不可取的。李氏此文因与许多学术名家如郭沫若、翦伯赞等的学术观点相左而引人注目。编辑部特别在"编者的话"中说:"这种讨论的精神是应当提倡的,正如斯大林同志所说'谁都承认,如果没有不同意见的争论,没有自由的批评,任何科学都是不可能发展,不可能进步的'。"

为纪念莎士比亚诞生390周年,本期杂志发表了张健的《莎士比亚和他的四大悲剧》,分析了莎士比亚时代的背景及其四大悲剧的内容与意义。这一期刊发了吕荧撰写的《人民诗人普希金》,对普希金及其作品进行了深入的分析。

这一期还发表了王仲荦的重要论文《春秋战国之际的村公社与休耕制度》,对先秦史研究主要理论工具之一"农村公社"进行了深入研究。该文被誉为"第一次以马克思主义者的观点探讨了中国历史上长期存在的村公社制度的性质和作用"。吴大琨在《回忆〈文史哲〉初期的王仲荦教授》(《文史哲》1986年第5期)一文中说:"在当时王仲荦教授所发表的许多文章中,我认为发表在1954年4月号《文史哲》上的《春秋战国之际的村公社与休耕制度》一文,是极为重要的,因为他第一次以马克思主义者的观点探讨了中国历史上长期存在的村公社制度的性质和作用。仲荦教授在文章中说:许多世纪中,村公社的继续存在,成为古代专制国家停滞性的坚强基础。所有村公社的社员,只能成为土地的使用者——他的占有,也是经由劳动实践过程为前提之下发生的——而不是土地的所有者。……公社社员既不是公社土地的所有者,那么,他本身就会变成公社的财产,也会变成专制君主变相的奴隶。他们把农业和家庭手工业结合了起来,完成着自给自足的生产,他们要经常地向他们的统治者贡献力役,也贡献物品。这些公社成员们,在身份上虽是'自由'的，在经济生产上也是独立的，但这并不等于说这些公社成员们所受的剥削和压迫就比较奴隶或以后的隶农们来得轻，在某些情况下，他们所遭受的压迫和剥削，也许还重得特别厉害。在这种特殊生产形态里，自由人生产还是占重要的地位，奴隶的劳动不能尽量代替自由人的劳动，这样，不但阻碍了奴隶形态的发展，也会阻碍了以后农奴形态的充分发展。我认为仲荦教授这段话是十分精辟的，他所说的'特殊生产形态'，实际上，就是马克思所说的'亚细亚生产方式'。所以，我认为，王仲荦教授应该说是中国历史学界第一个以他独立的研究证明了马克思的'亚细亚生产方式'的理论适合于研究中国历史的学者。他的这一贡献，在学术上的意义是很大的。"

同期发表的郑鹤声《试论孙中山思想的发展道路》一文分析了孙中山的思想转变。

5月1日，罗尔纲在《文史哲》第5期发表《与叶菲莫夫教授谈太平天国问题》，提出了国内史学界未曾有人提过的太平天国年代问题。

文章认为，记载太平天国革命运动的年代，不应该以天京失陷以后与建都天京时的政权同不同为衡量，而应该以天京失陷以后与建都天京以前的情况作比较。应该以天京失陷后，太平天国的军队是否还继续行使太平天国的纪元，打着太平天国的旗帜，为着同一的政治目的而奋斗为断。

童书业在本期发表了《批判胡适的"实验主义"学术思想》，

对胡适从"实验主义"出发的"考据"历史学进行了猛烈批判,认为胡适的"考据"文字只是"实验主义"思想方法的几个实例,他企图通过这些实例,把"实验主义"的毒素种到青年的头脑中去,变成抵抗马克思、列宁主义的"防身的本领"。胡适的"考据"论文引导人脱离现实,专钻牛角尖,以减少知识分子对于政治所起的"危险"作用。这类"考据"因为他的方法错误也往往得不出正确的结论。

为纪念马克思诞生136周年,本期发表了马克思《论土地国有化》一作的译文。

为纪念吴敬梓逝世200周年,陆侃如发表了《略论吴敬梓和他的〈儒林外史〉》,指出《儒林外史》代表着中国古典文学的现实主义的高度成就,是一部思想性与艺术性相结合的不朽杰作。

黄绮的《双音节词次序的颠倒及其意义的侧重》,对词汇的构成方式进行了研究。

6月1日,《文史哲》第6期推出两篇论述农民起义的文章。

这两篇文章分别是赵俪生、高昭一的《论有关隋末农民大起义的几个问题》及卢南乔的《元末红巾起义及其进军高丽的历史意义》。前者重点讨论了"引发起义的客观必然性问题"、"在起义主要发动地区中所包含着的必然性问题"、"起义中哪几个是最重要的历史人物问题"以及"农民战争与统一战争的关系问题",后者详细叙述了元末红巾起义的历史背景及其发展情况。

为纪念高尔基逝世28周年,本期杂志刊登了徐维垣的《社会主义现实主义文学的奠基者——高尔基》。

7月1日，《文史哲》第7期开始连载陆侃如、冯沅君撰写的《中国文学史稿》，迄1955年第12期止，长达18期，被称为"学术期刊史上的一个创举"。

论者认为，"这是解放后用新观点、新方法完成的第一部系统的文学史"，"山东大学文学史研究的重镇地位由此确立"。连载结束后，山东大学召开了"《中国文学史稿》讨论会"，高亨、刘泮溪、赵省之、朱德才在"《中国文学史稿》讨论会"上的发言刊登在1956年第9、10期上。

8月1日，杨宽在《文史哲》第8期发表《论春秋战国间阶级斗争对于历史的推动作用》，提出在秦统一中国的过程中，阶级斗争起着主要的推动作用。

文章从阶级斗争和地租形态的转变、阶级斗争和中央集权封建国家的形成、阶级斗争和封建兼并战争等方面对春秋战国间阶级斗争对于历史的推动作用进行了考察，认为秦统一中国，主观上是为了满足地主阶级的利益的，在客观上是符合了农民阶级的消灭封建兼并战争的要求的，因而使得秦国得以完成统一全中国的重大历史任务。

本期还发表了刘泮溪的《鲁迅的诗歌和书信》。

9月1日，李希凡、蓝翎在《文史哲》第9期发表《关于〈红楼梦简论〉及其他》，在全国引发了一场《红楼梦》研究的大讨论、大争鸣。

1954年3月，"红学"权威俞平伯在《新建设》杂志发表了《红楼梦简论》，刚刚从山东大学中文系毕业的李希凡、蓝翎合写了《关于〈红楼梦简论〉及其他》，对俞平伯的《红楼梦》研究进行了尖锐批判。这是学术新军对学术权威的挑战，因而文章的发表遇到困难。稿件几经周折后投寄给《文史哲》，得到以扶植新人为理念的《文史哲》编辑部乃至校长华岗的大力支持。该文试图以马克思主义为指导，批评俞平伯"未能从现实主义的原则去探讨《红楼梦》鲜明的反封建的倾向，而迷惑于作品的个别章节和作者对某些问题的态度，所以只能得出模棱两可的结论"。他们认为俞平伯在思想上"离开了现实主义的批评原则，离开了明确的阶级观点"，"是以反现实主义的唯心论的观点分析和批评《红楼梦》"；在人物形象分析上，"是对现实主义文学形象的曲解"；在艺术手法的把握上，其"所理解的《红楼梦》的艺术方法，也就是记录事实的自然主义写生的方法"；在研究方法上"继承和发展了旧红学家们形式主义的考证方法，把考证方法运用到艺术形象的分析上来了"，"用它代替了文艺批评的原则，其结果，就是在反现实主义和形式主义的泥潭中愈陷愈深"。文章发表后，引起长期阅读《文史哲》杂志的毛泽东的赞赏，并对该文详加批注。在江青、胡乔木、邓拓、林默涵等主管宣传工作的高层领导的指示下，《文艺报》于当年第18期转载了该文。1954年10月16日，毛在致中共中央政治局和其他有关同志的信中指出:"这是三十多年以来向所谓红楼梦研究权威作家的错误观点的第一次认真的开火。作者是两个青年团员,他们起初写信给《文艺报》,请问可不可以批评俞平伯,被置之不理。他们不得已写信给他们的母校——山东大学的老师,获得了支持,并在该校刊物《文史哲》上登出了他们的文章驳《红楼梦简论》。问题又回到北京,有人要求将此文在《人民日报》上转载,以期引起争论,展开批评,又被某些人以种种理由(主要是'小人物的文章','党报不是自由辩论的场所')给以反对,不能实现……被允许在《文艺报》转载此文。……看样子,这个反对在古典文学领域毒害青年30余年的胡适派资产阶级唯心论的斗争,也许可以开展起来了。事情是两个'小人物'做起来的,而'大人物'往往不注意,并往往加以阻拦,他们同资产阶级作家在唯心论方面讲统一战线,甘心作资产阶级的俘虏……这是值得我们注意的。"10月23日,《人民日报》发表了钟洛的《应该重视对〈红楼梦〉研究中的错误观点的批判》,称赞李希凡、蓝翎二人的文章"是三十多年来向古典文学研究工作中胡适派的资产阶级立场、观点、方法进行反击的第一枪,可贵的第一枪"。10月24日,中国作家协会古典文学部召开关于《红楼梦》研究问题的座谈会,提出在《红楼梦》和古典文学研究方面与资产阶级唯心论划清界限,进而运用马克思主义的观点和方法对《红楼梦》的思想性和艺术性作出较全面的分析和评价。此后,在全国掀起了轰轰烈烈的"《红楼梦》研究"大讨论。"《红楼梦》研究"成为整个文化学术界的中心话题。除了大量刊登批判文章外,从1954年10月24日起,全国各地还陆续召开了各种层次的《红楼梦》研究问题座谈会、报告会。据有人不完全统计,这类座谈会至少开了110多次。

1949年至1959年全国历年发表红学论文数量列表

年份	1949	1950	1951	1952	1953	1954	1955	1956	1957	1958	1959
论文数	7	33	21	5	10	284	188	29	36	11	14

资料来源:淮茗:《青史凭谁定是非——从学术史的角度考察1954年的批判俞平伯运动》,载《21世纪》网络版,2003年4月号。

虽然这场学术争论后来逐渐演化成蔓延全国的对胡适的政治批判运动,但仍然对学术史产生了深远的影响。《关于〈红楼梦简论〉及其他》在《文史哲》杂志的发表,被认为是新中国成立后运用马克思主义观点来研究《红楼梦》的新的开端,使《红楼梦》研究继20世纪20年代胡适、俞平伯为代表的考证派建立"新红学"之后,实现了"红学"史上的第二次飞跃。正如李希凡在接受采访时所言:"通过这件事,在那么大的范围,有那么多的人说《红楼梦》、评《红楼梦》,的确拓宽了《红楼梦》研究的视野,推动了红学在新的历史阶段下的发展。"(《说不尽的毛泽东——百位名人学者访谈录》,辽宁人民出版社1995年版)学术界普遍认为,《关于〈红楼梦简论〉及其他》对红学的贡献,不能因为后来政治的介入导致了一场错误的批判运动而加以否定。

席卷全国的《红楼梦》讨论对扩大山东大学文史研究的影响起了重要作用。徐显明在一篇文章中写道:"山东大学的古典文学研究在全国名声大噪,看来主要是受惠于《文史哲》杂志所发起的《红楼梦》讨论。如同《文史哲》在山东大学创办并非偶然原因所致一样,李希凡、蓝翎的《关于〈红楼梦简论〉及其他》在其他地方得不到支持而最后不得不刊发在《文史哲》上,也并非杂志主持者们的一时心血来潮。中国古典文学的研究、讲授与训练,历来是山东大学的强项,对明清儿部小说的探讨与评论,自然也在其中。所以,由山东大学的两个毕业生来写这篇批评文章,当然与他们在校读书期间所受到的训练有关。'知出乎争',这个儒家的遗训一直是《文史哲》杂志的办刊理念。杂志自创刊号始,几乎期期都坚持与倡导学术讨论。李、蓝批评俞平伯先生的文章能在这里找到发表的园地,固然与所谓'清算资产阶级学术'这个当时的特定语境有关,更与《文史哲》的办刊理念有关。即使时过境迁,再回头重读李、蓝的文章,除了那个时代所铸成的痕迹以外,我们仍然必须承认,它是两个青年学生受时代的感召用新的研究观念和新的研究方法所写的一篇探索之作,如果说有什么特殊之处的话,那也不过是指名道姓与一个权威商榷,而这个权威背后是胡适。假如不是毛泽东主席插手此事,此文本身恐怕早就淹没在当时众多此类文章堆里去了。旧中国的学术界既然可以把《红楼梦》解读成满汉冲突,也可以解读成宫帷秘事,还可以解读成'自叙传',为什么就不容许新中国的学术界把《红楼梦》解读成一首'封建社会'的挽歌呢?把《红楼梦》还原为社会史事实,至少可以说开辟了一条研究明清小说的社会学途径,于今以学术尺度衡量之,仍无可厚非。总之,《文史哲》因发表李、蓝的文章得到毛泽东主席的表彰,只能说是不期之誉,而对两个'小人物'的肯定和对《文史哲》的赞赏,又大大提高了山东大学的古典文学史研究的专业地位。"(《〈文史哲〉与山东大学文科建设——〈文史哲〉创刊50周年献辞》,载《文史

哲》2001年第3期）

学者韩毓海在《"人心似水，民动为烟"——1954,〈红楼梦〉讨论再回首》一文中也对这场"《红楼梦》研究"大辩论对打破"由胡适考据派的垄断造成的《红楼梦》研究长期徘徊不前的局面"所起的建设性作用给予积极评价："蓝、李两个小人物的文章，则开启了从文学角度研究《红楼梦》的未来方向，终于将《红楼梦》从'考据史'纳入了'文学史'"，"这标志着新中国文化建设前无古人的巨大成就"。韩毓海认为，"重大的学术和理论问题上，如果没有健康的、有深度的、与现实相关的学术批评、讨论和争论，那么学术和文化不但无法发展，而且只能停滞不前，甚至会陷入另外一种灾难。对于重大理论课题进行讨论和争论，是科学和学术发展唯一的创新机制和纠错机制。离开了对于重大理论问题的健康、深入的讨论和争论，所谓学术秩序、文化秩序、学术规范乃至'知识界'、'文化界'这样的学术共同体，甚至也会沦为'把头统治'的利益共同体或者'门派'（庸俗的人身依附关系）——1954年之前胡适统治的中国学术界的确就是如此。"

韩毓海还对"两个小人物"之所以能出自山大且最终将文章发表在《文史哲》杂志作了分析。韩文认为：1954年的大讨论中，与俞平伯这位"大人物"对举的两位"小人物"李希凡和蓝翎，在写作引发大讨论的《关于〈红楼梦简论〉及其他》时，还是犀利、淳朴、气盛的山东大学高年级大学生，只不过"萝卜虽小却长对了地垄"，1950年代的山东大学在与华东大学合校后，人才荟萃，其文科之"学术水平"并不输于俞先生任教的北京大学（其能包纳新学问、新思想或许还在其上）。山大的两任校长成仿吾和华岗，前者是30年代"革命文学"的倡导者，后者作为文艺理论家，与左翼文学理论的旗手胡风关系极为密切，都算是左翼文化界的理论领军人物。何况名师出高徒，给蓝、李这班同学上古典文学课讲解《红楼梦》的教授，即是当年与俞平伯同时驰名"五四"文坛的女作家冯沅君（老舍、沈从文、丁西林、高亨、高兰、陆侃如均曾任教于山东大学中文系）。至于蓝翎和李希凡所以能够一鸣惊人，以小人物之身而将大人物批得"体无完肤"，特别其正义在胸、真理在握的姿态之获得，当然也并非是因为背后有毛泽东撑腰（这是他们写文章时根本没有想也不敢、不会去想的），首先是因为山东大学偏离北京这样的"文化中心"，他们得以置身于一套与"胡适派"完全不同的文化秩序中，而这个新的文化秩序，滥觞于"五四"新文化运动之分化，挣扎于1930年代的革命文学论争、中国社会性质论战，在1942年的黄土高原浮出历史地表，最终在1950年代获得了巨大感召力。蓝、李二人正是在这一新的文化秩序的成熟期"学成文武艺"的，处在山东大学这样一个新文化的"特区"，可以不拜、起码是少拜胡适这个大把头，既是"小人物"，也就更没有什么"文化负担"，自然是直抒胸臆，敢想敢干，说穿了，他们当年本不过是喊出皇帝在裸体游行这一真理的两个小男孩，属于童言无忌、一锤敲破的煞风景之举。如今想来，作为观看"胡适之先生"长期裸体游行的后排观众，他们的文章是在非常边缘的山东大学学报《文史哲》上刊载的，如果不是毛泽东有博览群书、手不释卷的习惯，两个"小人物"的文章肯定会被淹没在大量汗牛充栋的文字垃圾中。

　　胡绳主编的《中国共产党的七十年》也从正反两个方面对这场

"《红楼梦》研究"大讨论作了评价:"1954年,毛泽东从支持两位青年关于《红楼梦》研究问题的批评文章开始,又领导发动了一场对胡适派资产阶级唯心主义的广泛批判。胡适是五四运动以后思想文化领域资产阶级代表人物中影响最大的一位。这次批判提出的问题,不仅是如何评价和研究《红楼梦》这部中国古典文学名著,而且是要从哲学、文学、史学、社会政治思想各个方面,对五四运动以后最有影响的一派资产阶级学术思想,进行一番清理和批评。党发动这两次批判(另一次指批判《武训传》。——引者),提出的问题是重大的,进行这样的工作是必要的。结合实际的事例,开展批评和讨论,来学习如何掌握和运用马克思主义,是知识分子自我教育和自我改造的一种方法。这两次批判,对学习和宣传历史唯物主义和辩证唯物主义起了好的作用,有其积极的方面。但是,思想问题和学术问题是属于精神世界的很复杂的问题,采取批判运动的办法来解决,容易流于简单和片面,学术上的不同意见难以展开争论。这两次批判已经有把学术文化问题当作政治斗争并加以尖锐化的倾向,因而有其消极的方面。"

10月1日,张传玺在《文史哲》第10期发表《项羽论评》,与南开大学杨翼骧就项羽评价展开商榷。该文是新中国成立后最早对"项羽评价"进行讨论的论文之一,也是作者的成名作。

文章认为,杨翼骧所持项羽代表着农民阶级的利益而起义,和同一时期的刘邦,反元时的朱元璋,同为中国封建社会史上农民起义的领袖的看法应当研究。在作者看来,固然项羽在反秦斗争中曾起过积极的、巨大的进步作用，可是他仍然是站在旧贵族的立场上的。他之所以在反秦斗争中起进步作用，在秦亡之后又分封天下，起反动作用，不是由于他一开始是农民立场，后来又转向了旧贵族的立场，而是由于客观社会条件制约的结果。这是旧贵族的思想在两种不同的历史条件下的两种不同的表现。

张维华在本期发表了《满族未统治中国前的社会形态》，试图说明清朝早期社会发展的历史，进而找出清朝种族统治及其对当时中国社会所起的停滞作用的历史渊源。

黄嘉德在本期发表了《世界文学在苏联》，说明在十月革命后，苏联人民对于世界优秀文学的爱好。他们热爱世界文学的伟大作品，认为它们是全人类文化遗产的一部分。在此前后，一直到80年代，作者在《文史哲》上共发表了30多篇研究世界文学的文章，成为国内研究世界文学的知名学者。

本期还发表了孙昌熙的《鲁迅整理中国文学遗产的成绩》和黄云眉的《柳宗元文学的评价》。

11月1日，郦禄道在《文史哲》第11期发表《太平天国的供给制度》。

文章认为，太平天国的供给制度是功效很大而且相当成功的：第一，发扬了平等主义的革命精神；第二，对于贫苦的工农分子收到极大的团结作用；第三，增加财政的收入；第四，减轻财政的支出。这个制度的思想根源是小农经济社会农民在政治上经济上要求平等的思想，也即农业社会主义的平均思想。

韩长经在这一期发表了《鲁迅与文艺统一战线及文艺批评》。文章写道：中国近代史告诉我们：统一战线是中国新民主主义革命的三大法宝之一，它是削弱敌人势力、团结人民大众、增强革命力量的最好方式。因此，作为革命运动一翼的文艺阵地，当然也需要有它的统一战线。作为新文化方向的鲁迅先生，从"五四"开始，他能在每一个历史时期的文艺战线上，成为文艺统一战线的主将。他对统一战线的许多宝贵的意见，直到今天还放着灿烂的光辉。

12月1日，谭丕模在《文史哲》第12期发表《李白诗歌中的现实主义的精神》，认为李白诗歌中的一部分集中表现抨击暴君、热爱人民、热爱祖国这三个主题，现实主义的成分是很重的。

这一期杂志还发表了吕荧的《苏联文学的奠基者——高尔基》。文章说，高尔基的一生，是战斗的一生，他的全部作品表现出一个伟大的革命战士的形象，他终生不屈不挠地为人类的自由幸福，为社会主义革命和共产主义的理想而战斗，最终献出了他的生命。高尔基的作品，丰富而深广，一如生活的海洋；他的全部作品，表现了十月革命之前的革命者，工人阶级，贫困的农民，失业的流浪者，以及资产阶级，知识分子，小市民，反革命分子……形形色色的人物和他们的生活、思想、情感，反映出沙皇专制政府和资产阶级必然灭亡和社会主义革命必然胜利的历史动向，构成一部伟大的新现实主义的社会史诗。高尔基继承了古典现实主义作家的艺术遗产，并且发展了它，创造了新的成就。高尔基是苏联的第一位作家，远在十月革命之前，就以文学作品为社会主义革命而斗争，并且在他的作品里贯彻了"从现实的革命发展中真实地、历史地、具体地描写现实,并且用社会主义思想、精神从思想上去改造教育劳动人民"的原则;这一原则是苏联文学,社会主义现实主义文学的基本方法。因此说:高尔基是苏联文学的奠基者,社会主义现实主义文学的创始人。

1955 年

1月20日，中共中央宣传部向中共中央提出了关于开展批判胡风思想的报告，认为"胡风的文艺思想，是彻头彻尾资产阶级唯心论，是反党反人民的文艺思想"，中共中央批准了这个报告，并在全国开展了"对胡风的政治讨伐"。

3月1日，中共中央发出《关于宣传唯物主义思想批判资产阶级唯心主义思想的指示》。提出，在各个学术和文化领域中对资产阶级唯心主义思想的代表人物进行批判，是在学术界、党内外知识分子中宣传唯物主义、推动科学文化进步的有效方法。全国报刊发表了一大批批判文章。

5月13日、24日，6月10日，《人民日报》分3批刊登了"关于胡风反革命集团的材料"，对胡风的思想批判演变成了政治上、组织上的"肃清胡风反革命集团"运动，从而造成了一桩错案。

8月25日，山东大学校长华岗被以"反革命"罪名逮捕，校内人事关系大变。受此影响，杨向奎卸任《文史哲》主编，调往北京工作。主编一职，由历史系蒋捷夫接任。

1月10日,吴大琨在《文史哲》第1期发表《略论〈红楼梦〉的时代背景》,在资本主义萌芽讨论中引起争鸣。

1954年10月10日,李希凡、蓝翎在《光明日报》发表《评〈红楼梦研究〉》,认为贾宝玉"是当时将要转换着的社会中即将出现的新人的萌芽……曲折地揭露了那个时代尚未成熟的新的社会力量变革封建制度的历史要求"。该文的发表给资本主义萌芽讨论提供了契机,《文史哲》迅速发动对这一问题的讨论,发表了大量有关这一问题的论文,促成了这朵"金花"的开放。

吴文首先辩证了《红楼梦》里所反映的封建社会究竟是什么性质,究竟是什么阶段的封建社会。他不赞成何其芳所谓"濒临崩溃瓦解的前夕的封建社会"的观点,也不赞成李希凡、蓝翎所谓"《红楼梦》是中国三千年来的封建社会走向崩溃时期的历史性的纪录与总结"的看法,认为这些说法都太笼统或是太夸张,并没有抓住《红楼梦》里所真正反映了的时代特点。作者认为,《红楼梦》里所反映的社会,就是18世纪中叶的清朝统治者,确已发展到了它的统治力量强大的最高峰,从此就向衰落的途径发展了,但显然还不能就算是已到了"崩溃瓦解的前夕"。作者强调,乾隆朝之所以由盛趋衰,是由于中国封建社会的固有发展规律在发生作用,而并不是由于当时的社会里产生了什么"资本主义的萌芽",甚至发生了什么"资本主义的原始蓄积过程"。

张维华也在这一期杂志上发表了《〈红楼梦〉写作的历史背景》,发表对资本主义萌芽问题的看法。张文认为自晚明到清前期这段历史,中国社会内部确实起了很大的变化。由于资本主义因素的出现和发展，虽则是很迟缓的，却是逐渐地瓦解着早已发展到成熟阶段的封建主义，使之必然地由衰落而走向死亡。这是这一段历史发展的规律，亦即社会发展的主要动变。

为配合《红楼梦》研究批判运动，本期杂志刊登了"《红楼梦》研究讨论专辑"，吴大琨和张维华的文章就在其中。除此之外，专辑还包括陆侃如的《胡适反动思想给予古典文学研究的毒害》、梁希彦的《我们应该怎样对待文化遗产》、冯沅君的《俞平伯先生在研究方法上的错误》、高兰的《批判俞平伯主观主义的考证方法》、华岗的《怎样在古典文学研究领域清除资产阶级反动思想》、吴富恒的《论现实主义与自然主义的区别》、许文雨的《从历史的真实和艺术的真实的区别来看过去研究〈红楼梦〉路线的错误》、关德栋的《关于艺术的所谓真实感和细节描写》、刘泮溪的《和反马克思主义的文艺理论思想展开彻底的斗争》、童书业的《论考据方法在研究古典文学上的作用和限度》等。1954年11月7日、13日、20日、26日及12月18日，山东大学共组织了5次关于《红楼梦》研究的讨论座谈会，座谈会发言陆续刊登在《文史哲》杂志上。这些论文主要"批判资产阶级唯心论研究古典文学的态度和方法，对《红楼梦》一书的社会意义及文艺价值进行了探讨"。

该期杂志还组织了中国古史分期问题的讨论，发表了童书业的《中国古史分期问题的讨论》和杨向奎的《"中国古史分期问题的讨论"商榷》。1954年11月12日及27日，山东大学历史系中国史教研组两次举行有关中国古史分期问题的讨论会。童文即是在山东大学古史分期讨论会上的发言。该文提出从夏代起（至少从殷代起）到春秋末是原始奴隶制的时期，从战国起到汉末是发展奴隶制的时期，魏晋时代才正式转入封建社会，并从中国古代分封制和宗法制的性质以及战国秦汉时代的古典经济形态两个方面进行了论述。杨向奎对童书业的观点提出不同看法，认为童文没有从中国历史实际出发，有许多漏洞和矛盾。这不仅是方法论的问题，也是史料的运用问题。

受当时正在展开的意识形态斗争的影响，从本期开始，《文史哲》把大力展开学术上的论争作为编辑重点。

2月1日，李泽厚在《文史哲》第2期发表《论康有为的〈大同书〉》，对康有为研究产生重要影响，并在发表后引起了争论。

该文是李泽厚正式发表的第一篇学术论文，时年仅25岁。文章力排众说，对康有为的《大同书》给予很高的评价，认为《大同书》的内容和特色是通过乌托邦的方式比较集中和没有掩盖地表述了康有为前期反封建的资产阶级进步思想。这一观点成为康有为研究中具有代表性的观点。文章发表后引起国内外学术界的普遍关注，使作者年纪轻轻便一举成名。其后，李泽厚又在1956年第5期《文史哲》发表了《论康有为的"托古改制"思想》，继续发表自己对康有为研究的看法。此后，一直到七八十年代，李氏均有论作在《文史哲》发表。作为20世纪80年代中国思想文化界的风云人物，李泽厚正是从《文史哲》走向学术界，并逐步成长为最具影响力的学者。

2005年，整整50年后，年已75岁、名满天下的李泽厚在接受《中国新闻周刊》记者采访时，仍然对发表在《文史哲》上的这篇文章难以忘怀。当记者问道"你年纪轻轻就名于当世,那时像你这样的年轻学者很少见吧?"时,李泽厚回答:"我最早发表文章是1955年2月,那时25岁。题目叫《论康有为的〈大同书〉》,发表在1955年2月号《文史哲》上。在那篇文章里面,我对康有为的《大同书》给了非常高的评价。那时一些外国朋友来信,以为我是教授了,其实我还是实习研究员。1980年我到日本去,别人以为我已经80岁了,因为估计在《文史哲》等处发表文章应是四五十岁。"(刘彦、丁晨馨:《李泽厚:智与美的历程》)

同年,李泽厚在接受《新京报》记者采访时,再次提到发表在《文史哲》上的这篇文章。李泽厚说:"你刚才说我在美学大讨论中一举成名,其实在那以前我就已经很有名了,当时发表文章不像现在这么容易,美学大讨论之前我发表了几篇文章,第一篇是在1955年2月份发表的,内容是关于康有为的《大同书》,跟美学无关。一些老教授看了我的文章,都很吃惊,不知道这个人是从哪儿冒出来的。我现在看我50年前的文章,还感觉很欣慰,因为不管是内容,还是论断,都是对的。我觉得学问上的事情,最重要的是经得起时间的考验,一本书,一篇文章,轰动一时不算什么,如果过了20年、50年还有人看,还有人买,那才是值得高兴的事。"李泽厚还在谈话中对《文史哲》杂志在50年代中国学术界的地位作出评价,认为"当时国内能够发表学术文章的杂志只有《文史哲》和《新建设》,报纸则只有《人民日报》和《光明日报》"(陈远:《李泽厚:穿越美与不美》,载《新京报》编:《追寻80年代》,中信出版社2006年版)。

杨宽在这一期杂志上发表了《试论中国古代冶铁技术的发明和

发展》，对中国古代用铁时代作了重新估定，认为西周时代已发明了冶铁术，借以证明西周已经是封建社会，是新中国成立后最早从冶铁技术的发明和发展的角度来探讨中国古史分期文章。同期杂志还刊登了童书业《从中国开始用铁的时代问题评胡适派的史学方法》，认为单纯使用胡适式考据的方法，无法回答中国古代社会性质这样宏观的问题。

3月1日，《文史哲》第3期刊发了《〈中国历史纲要〉讨论专辑》。

1954年7月，著名历史学家尚钺主编的《中国历史纲要》由人民出版社出版。该书"是新中国成立后第一部用马克思列宁主义、毛泽东思想为指导而写作的完整的中国通史"，为新中国成立初期摒弃旧体系、旧观念，采用全新的观念解释中国历史提供了一个范例。该书引人注目之处在于首次明确提出"魏晋封建说"，并认为明朝万历年间中国出现了资本主义生产关系萌芽，使商品货币经济有了一定发展。对中国古代史分期和资本主义萌芽的论述，使该书自成体系，成为一家之言。由于该书文字简练、结构严谨，阐述中国历史发展线索晓畅、清晰，出版后受到广大干部、历史教学界的欢迎，引起史学界以及国外同行的注意，很快有日、俄、波兰等几种译本在国外出版。

山东大学历史系中国古代及中世纪史教研组于1955年1月26日召开了《中国历史纲要》座谈会。张维华、韩连琪、童书业、罗祖基、卢南乔、王仲荦、吴大琨、赵俪生等发表了对尚钺主编《中国历史纲要》一书的意见。发言记录就发表在这一期杂志上。韩连琪作先秦史阶段的重点发言，卢南乔作秦汉史阶段的重点发言，王仲荦作魏晋南北朝隋唐史的重点发言，童书业作宋辽金史的重点发言，张维华作明清史的重点发言，赵俪生作有关农民战争的重点发言，吴大琨作有关资本主义萌芽和资本主义因素的重点发言。座谈内容集中在古史分期和资本主义萌芽与因素两大方面。

4月1日，《文史哲》第4期开始连载萧涤非长篇论文《杜甫研究》，共连载四期。"山大杜诗研究的地位一举奠定。"

本文被认为是运用马克思主义文艺理论研究古代文学、重新全面研究杜甫其人其诗的开创性力作及典型范例，对杜甫的时代、生活、思想、影响及作品，多有创造性发明，其对杜诗的人民性的阐述尤为独到，是当时国内杜甫研究中最具代表性的观点，对杜诗研究产生了广泛而深远的影响，在杜诗研究中享有盛誉，被推为新中国成立后杜甫研究界的经典作品，代表着"研究杜甫及其诗歌的最高成就"。

本期杂志还刊登了方衡的《论胡风文艺思想的唯心论的实质》，这是《文史哲》刊发的第一篇批判胡风的论文，其后，《文史哲》又刊登了大量批判胡风的文章。

5月1日，《文史哲》第5期集中刊登五篇论文，对胡适进行猛烈批判。

这些论文分别是郑鹤声的《胡适四十年来反动政治思想的批

判》,葛懋春、庞朴的《批判胡适的庸俗进化论》,童书业的《批判胡适的实验主义"史学"方法》,高亨的《批判胡适的考据方法》,赵俪生的《批判胡适反动的考据方法和校勘方法》。《批判胡适的实验主义"史学"方法》一文说:胡适的所有"考据"文章,几乎没有一篇不是有特殊的目的的。这个特殊目的,就是反对中国共产党,反对马克思、列宁主义。《批判胡适的考据方法》说胡适的考据方法彻头彻尾地违反科学法则,他的冠冕堂皇的口号,不过是狗肉摊上挂羊头,砒霜丸上抹糖衣而已。文章对胡适的考据方法提出24个字的总批判——"主观假设,片面求证,只会大胆,没有小心,玩弄事实,玩弄证据"。《批判胡适反动的考据方法和校勘方法》则着重"揭穿"胡适"经常标榜的考据学方法论和校勘学方法论的内幕"。

本年第6期《文史哲》又刊登了孙思白等人的《清算胡适的反动政治思想》,以及路遥的《批判胡适派资产阶级唯心论历史观》,继续对胡适进行批判。

6月1日,贾斯荣在《文史哲》第6期发表《关于〈论曹植〉》,对郭沫若的历史人物研究提出批评。

作者认为,郭沫若的历史人物研究在方法上表现着主观偏向,对历史人物研究的态度也不够正确。从事历史人物研究工作专凭自己的"癖"、专凭自己的"好""恶",一定会歪曲历史事实,歪曲历史人物形象。郭沫若《历史人物》一书中有几篇文章都有着这个缺点,尤其是《论曹植》一篇表现得更加严重。作者提出,马克思主义者对于历史人物的研究方法，必须是根据历史的具体情况，摒弃一切主观偏向，用实事求是的态度，从其对历史的作用和影响方面来加以肯定和批判，而绝不能夸大或缩小其任何一点。如果违背了这样原则，而只是凭着自己的好恶，企图脱离，或歪曲历史事实来对某一个历史人物加以研究，其研究的结果，也一定是反科学的，不能为广大群众所接受的。

7月1日，《文史哲》第7期集中刊发了四篇批判胡风的论文。

分别是陆侃如的《依法严惩胡风反革命集团》、高兰的《彻底粉碎胡风反党集团的两面派阴谋》、吴大琨的《从胡风的两面派反党集团想起》、孙昌熙、刘泮溪的《把胡风反党集团彻底粉碎》。

8月1日，黄云眉在《文史哲》第8期发表《读陈寅恪先生论韩愈》，与陈寅恪进行商榷。

1954年《历史研究》第2期刊登了陈寅恪先生的《论韩愈》，对韩愈进行了高度评价，认为《论韩愈》在文化方面有六个方面的功业：一曰建立道统，证明传授之渊源；二曰直指人伦，扫除章句之繁琐；三曰排斥佛老，匡救政俗之弊；四曰呵诋释迦，申明夷夏之大防；五曰改进方文体，广收宣传之效用；六曰奖掖后进，期望学说之流传。

文章发表后引起一些争议，黄文就是与该文进行商榷。黄文认为，陈寅恪在《论韩愈》一文中的一些"新义创见"大部分没有足够的坚实的论据，也没有很好地结合着韩愈的历史的客观条件，及其阶级的局限性，因而过高估计了韩愈个人的作用，过高估计了韩愈在唐代文化史上的贡献。

这期杂志上还发表了三篇批判"胡风分子"吕荧的文章，分别是刘泮溪、孙昌熙的《揭发吕荧反革命的文艺思想》，赵俪生的《批判吕荧的反马克思主义文学理论》以及邢福崇、袁世硕、杨立确等人的《揭发吕荧反革命的文艺思想》，其后，对吕荧的批判又延续了数期。

时希哲在这一期杂志上发表了《与吴大琨同志论划分中国奴隶社会与封建社会底标准问题》，与吴大琨在《历史研究》1954年第6期发表的《与范文澜同志论划分中国奴隶社会与封建社会的标准问题》一文进行商榷。作者不同意吴大琨以生产力为划分不同社会的标准，认为中国由奴隶社会到封建社会，是由于剥削方法的变换，也就是因生产关系的改变而引起生产力的变化。吴大琨在该期杂志上发表《再论划分中国奴隶社会与封建社会的标准问题》，为自己的观点进行了辩护。

8月25日，华岗被以"反革命"罪名逮捕，从此开始遭受非人的折磨。此后，校内人事关系大变，杨向奎受此影响卸任《文史哲》主编。

1954年冬，乘中共山东分局撤销之际，新组建的中共山东省委奉上级之命，开始审查批判以山东分局代书记向明为首的"反党集团"。华岗因拒绝揭发批判向明而被划入这一集团，且被冠以

"军师"称谓。中央派工作组来青岛,检查华岗的著作,寻找他的"反党言行"。《人民日报》等大报开始连篇累牍地登载批判华岗的大块文章,以清除他的政治影响。1955年胡风案发,华岗因否定胡风案是"反革命"问题及"袒护""胡风分子"而遭逮捕。1957年,华岗被从青岛看守所解往北京秦城监狱关押。从1954年底开始到1965年,华岗被整整审查了10年,始终没有查清他的"罪证"。他在被审查期间发愤读书和写作,以惊人的毅力写出了《规律论》、《美学论要》、《列宁表述"辩证法十六个要素"试释》、《自然科学发展史略》、《科学的分类》、《老子哲学的伟大成就及其消极面和局限性》等近百万字的文稿。1965年3月,华岗被强加罪名,被最高人民法院判刑13年,旋即被押赴济南监狱服刑。"文革"开始后,华岗在狱中被强制进行重体力劳动,身染重疴。后被送回青岛家中。因病情恶化,而当地医院拒不接受"反革命"住院治疗,1972年春节前夕,华岗被迫回到济南监狱。当年5月17日,华岗含冤去世,终年69岁。死时"怒目圆睁"。死前留有遗言:"历史会证明我是清白的。"

9月1日,《文史哲》第9期刊文对胡适进行猛烈批判。

萧涤非的《批判胡适对杜甫诗的反动观点》说:胡适这个流氓、洋奴、卖国贼、民族败类,已经是一条死狗。正如翦伯赞先生在一次批判胡适反动的历史观的发言中所说的:胡适这条死狗和其他死狗不同,他的阴魂未散,还在新中国作怪,他还企图在新中国借尸还魂,打这条死狗比打活狗更要困难,必须投些力量。光是消极的痛恨、鄙视是不够的,我们还必须积极地加以痛打,并从我们自己身上彻底地驱除这条死狗的阴魂。文章严厉批判了胡适杜诗研究中体现出来的超阶级超政治的观点、趣味主义的观点,以及形式主义的观点。

刁云展、周来祥的《从胡适的"水浒传考证"到何心的"水浒研究"》着重对胡适的研究方法进行了批判。文章认为,考证在研究作品上不占主要成分。它活动的范围只能在版本、情节的真伪材料辨别上起些作用,而绝不能把考证运用到研究作品的内容上去,也不能用它来分析作品的思想性、艺术性、典型人物形象。像何心用"考证"方法来研究作品,势必歪曲了作品的真实面貌,割裂了作品完整的艺术形象,贬掉了作品丰富的社会内容。《水浒传》是中国古典现实主义最伟大的作品之一,是中国农民革命运动典范的史诗。这份宝贵的文学遗产不能用"考证"来分析和研究,而必须用马克思主义的艺术观来对待它,才是真正的研究作品。何心的"水浒研究"失败,就足以说明这一问题。

10月12日,王仲荦在《文史哲》第10期发表《北魏初期社会性质与拓跋宏的均田、迁都、改革》,对均田制的起源进行了推考。

该文认为,带有公社性的均田制度,所以能够在北中国树立起来,这是由当时"土广人稀"的实际情况来决定的。自西晋末年以来,北中国地区长期遭受蛮族的蹂躏和破坏,北中国的农民不是在战争中大量的被屠杀,便是饥馁死亡,或纷纷弃去自己的田园,逃往江南,以及漂流异乡,变为世家豪族大地主庇护下的"部曲"或

"佃客"。这样,自然使北中国许多肥沃的土地,变成了荒田。因为这些北中国无主的荒地和牧场,都掌握在国家的手里,主权是国家的,所以拓跋宏于太和九年在北中国推行均田制时,也必然会先在这种无主的荒田和牧场上建立起农业生产组织来,然后把这种带有公社性的均田制度推行于整个北中国地区的小农农村。作者着重指出,在均田制土地上,农业很快在土地私有制的基础上获得发展,因此,均田制度一开始,封建成分已经占主导地位了,先封建的成分,只是其残存的形态与末日的境地而已。

同期杂志还刊登了华山的《〈水浒传〉和〈宋史〉》。

11月1日,卢南乔在《文史哲》第11期发表《论司马迁及其历史编纂学——纪念司马迁诞生二千一百周年》,对司马迁的《史记》作了高度评价。

作者认为,"本纪"、"表"、"书"、"列传"、"世家"等"五体"相对于中国传统史学体裁实有创有革,而创制复多于因革,至于抄袭之迹是没有的。其后两千年间,不论官修或私修的史书体制,未有能稍越"史记"藩篱的。

12月1日,殷孟伦在《文史哲》第12期发表《略谈司马迁现实主义的写作态度》。

作者认为,在司马迁的创作过程中,他是以三千多年来中华人民的社会活动,和现实结合作为孕育他的创作的条件和依据,更由于他广博的知识和亲身实践,丰富了作品中的人民因素,并充分发扬了现实主义精神。于是《史记》就充分代表了时代的要求,人民的愿望,并以最鲜明、最适合的表现形式出现,因而成为人类文化宝藏之一。《史记》所以能够获得举世推崇、永垂不朽的评价,能够屹然矗立在世界文学的前列,其原因即在于此。

本期还发表了陆侃如、冯沅君的《宋诗简论——〈中国文学史稿〉补》。

1956 年

4月28日,毛泽东在中共中央政治局扩大会议上说,艺术问题上的"百花齐放",学术问题上的"百家争鸣",应该成为我国发展科学、繁荣文学艺术的方针。

8月24日,毛泽东对音乐工作者发表谈话,阐述了古为今用、洋为中用、推陈出新的方针。

7月,山东省副省长晁哲甫出任山东大学校长兼党委书记。

1月1日,汝信在《文史哲》第1期上发表了自己的第一篇哲学论文《车尔尼雪夫斯基的社会政治观点》。

发表该文时作者年仅25岁,刚刚从朝鲜战场归来,转业到中国科学院干部培养部工作,仅是一个业余的西方哲学和美学爱好者,没有受过严格的学术训练。几十年后,作为当代中国著名的哲学家,作者在《汝信文集》自序中叙述了该文的发表对其成长为一名哲学家所起的重要作用:"抱着试一试的心情,我利用几个星期天写了《车尔尼雪夫斯基的社会政治观点》一文,寄给《文史哲》

杂志，因为有同志告诉我这家刊物是最关心支持不知名的青年作者的。这篇幼稚的习作居然承蒙采用，这就大大增强了我研究哲学的信心。"在此鼓舞之下，作者考上了著名哲学家贺麟先生的研究生，并逐渐成长为一名哲学家。该文作为代表作被收入《汝信文集》。

本期发表的主要论文还有侃鹤笙的《批判梁漱溟反共、反人民、反革命的"乡村建设运动"》、卢南乔的《司马迁在祖国文化遗产上的伟大贡献与成就》、路遥的《洪仁玕》等。

2月1日，《文史哲》第2期发表了《批判华岗的〈辩证唯物论大纲〉》，开始对华岗进行连篇累牍的政治批判。

"编者的话"说："自从《文史哲》创刊以来，冒牌学者华岗就曾经在本刊发表过许多所谓论文"，"几年以来，本刊就作为他宣传错误论点、公开剽窃别人研究成果的地盘，这是应当深刻检讨的"。"为了清除已经散布了的恶劣影响，本刊正在组织力量，对华岗的作品进行批判与揭发。"

本期还集中发表了一组论文，讨论《史记》及司马迁，包括高亨《史记的思想性与艺术性》、殷孟伦《试论司马迁〈史记〉中的语言》以及赵省之《司马迁赋作的评价》。

3月1日，王仲荦在《文史哲》第3期发表长篇论文《关于中国奴隶社会的瓦解及封建关系的形成问题》，详细系统地论证了"魏晋封建说"，成为中国古史分期"魏晋封建说"的代表作之一。

该文的发表，标志着作者成为中国古史分期魏晋封建论的主要代表人物之一。全文从古代中国原始奴隶制结构，以及生产力的持续增长与封建主义因素逐渐获得发展等方面来阐述中国奴隶社会的瓦解及封建关系的形成过程。主要观点是：中国封建社会开始于魏晋，从殷商一直到东汉，都是奴隶社会。中国奴隶社会可分为两个段落：从商到春秋是第一个段落，这时期社会上有农村公社和未获得发展的早期奴隶制两种基本结构；从战国到东汉是第二个段落，这时期农村公社已经瓦解，较为发展的奴隶制开始在社会上占统治地位，在比较大的程度上保证了商品生产的可能性。自汉武帝开始，流民大量出现，奴隶制面临总危机，汉末黄巾大起义等，才摧毁奴隶制，引起封建关系急剧发展。到魏晋时期，封建制终于代替奴隶制而上升到主导的地位，中国就进入封建社会了。

第4、5期连载。

4月1日，陈湛若在《文史哲》第4期发表《略论〈红楼梦〉社会背景——评吴大琨先生的几个论点》，与吴大琨《略论〈红楼梦〉的时代背景》一文展开学术争鸣。

陈文认为，吴大琨否定乾嘉时代存在资本主义萌芽，否认乾嘉时代是中国封建社会濒临崩溃的前夕，强调当时只是清王朝"统治力量的最高点"，亦即"由盛而衰"的转折点这两种观点都是错误的。文章从各个角度考察了乾嘉时代社会经济的各个重要方面，由此得出在经济较发展地区例如东南沿海各省，在乾嘉时代（或者更早些），社会经济已发生了重大的变化，这些变化都足以说明中国封建社会已面临"山雨欲来风满楼"的崩溃前夕。

吴大琨在本期发表了《关于"略论〈红楼梦〉的社会背景"及其它》，对陈文的批评进行了回应。吴文认为，陈文中所列举的那些材料中，究竟有多少可以真正算做是"资本主义的萌芽"，也还是不明确的。因为陈文并没有充分说明下列的问题：即当时的私营工商业者，究竟有多少是纯粹的私营工商业者，还是同时是官僚与地主？当时中国各大城市中的商业与工场手工业是挣脱了官僚与"行会"（还是很重要的一个关键）控制的商业与工场手工业呢，还是仍在官僚与"行会"控制下的商业与工场手工业？参加在"工场手工业"中的雇佣劳动者，是真正身份完全自由的劳动者呢，还是仍在身份上有某些不自由的劳动者？就整个当时的清初社会来说，究竟在发展的是为封建社会服务的工商业呢，还是分解封建社会的工商业？整个当时中国的商业资本与高利贷资本主要是在帮助发展"资本主义生产的萌芽"呢，还是在妨碍它的发展？这些就都是决定性、关键性的问题。可是这些问题，在陈文中都是没有充分注意论证到的问题。吴文认为，如不就这些问题，作一充分的研究，而只单纯地引一些"史料"来证明一下当时社会存在有"资本主义的萌芽"大量发展的情况，这就等于在那里离开了当时中国的具体经济条件而研究中国封建社会末期的商品生产发展问题，是很容易把封建的商品生产与资本主义的商品生产混为一谈，因此夸大了资本主义萌芽的力量的。

5月1日，高亨在《文史哲》第5期发表《诗经引论》，用新方法来研究《诗经》，引起较大反响。

文章对诗经作了概括的论述，打破以往按照风、雅、颂分类来研究诗经的陈规，转而从经济、政治、社会制度、阶级构成和社会矛盾等方面入手，运用辩证唯物主义和历史唯物主义的方法对诗经的一些篇章进行了更深入的研究。王季星在《文史哲》1957年第3期发表《评高亨先生对"陈风""月出"篇的新解》，对高亨研究诗经的态度和方法提出质疑，高亨发表《谈诗经"月出"篇答王季星先生》坚持己说。

6月1日，杨向奎在《文史哲》第6期发表《古代史研究中的几个问题》，指出古史分期研究的症结。

作者认为，中国古史分期问题的研究之所以迟滞不前，原因在于将中国古代史简单化，很多问题没有得到解决或没被注意到，诸如中国封建制的萌芽与发展、"宗法封建制"的本质与内容、中国古代各地区发展的不平衡等问题，都未能作深入的研究。童书业在本期发表《"古代史研究中的几个问题"的补充》，赞同杨向奎的观点，并对解决中国古史分期需要解决的关键问题作了补充。

同期杂志还刊登了华山、王赓唐的《略论女真族氏族制度的解体和国家的形成》。

7月1日，赵俪生在《文史哲》第7期发表《响应"百家争鸣"的号召》。

提出假如不倡导自由讨论、百家争鸣的风气，并且让那些重重的清规戒律继续束缚着的话，社会主义事业就会受到很大局限。"不破不立"，要立社会主义文化学术之基，就非先破了那些反映保守思想的种种清规戒律不可。但保守思想和清规戒律绝不会自动地撤退，需要去克服，去进行某种形式的斗争。

该期杂志还刊登了韩连琪的《汉代的田租口赋和徭役》。该文运用大量文献资料，对汉代统治政权对农民的几种主要剥削情况进行了考证。蒋维崧、殷焕先的《汉字改革和汉语规范化》想从论证老汉字的根本缺点和拼音文字的根本优点来说明老汉字在实现汉语规范化上的阻碍作用，亦即在祖国社会主义建设上的阻碍作用，以证明老汉字必须改革，说明拼音文字在推广普通话和实现汉语规范化上的积极作用，亦即在祖国社会主义建设上的积极作用，以证明"走世界文字共同的拼音方向"的完全正确。

8月1日，《文史哲》第8期刊登了编辑部文章《开展中国古史分期问题的讨论》，再次在学术界发起大规模的古史分期问题论战。

文章说，有关中国古史分期问题，多少年来没能有一个大家同意的说法，距离结论的时期尚远，有待于我们热烈地展开讨论和研究。这个问题之没有及早解决，绝不是古史学者的有心立异，也不是由于"文人相轻"，而是中国古史问题本身的确存在着复杂问题。在一个很大的国家内，地理环境不完全相同，各民族本身的历史条件也不相同，这样就不可能是平衡的发展，又因为各民族间的关系密切，接触频繁，彼此影响与干扰的机会过多，因而不可避免地使中国在社会发展中丰富多彩。这样，在研究和整理古代史的时候，就不能把问题简单化,公式化,否则就难以得出大家同意的结论。驱使我们把古史问题简单化的原因之一,是我们所根据的史料有问题。中国有关的古史材料是丰富的,因为我们的祖先给我们留下了丰富的遗产,但无论纸上和地下的材料如何丰富,这记载上的历史和真实的社会历史比较起来,谫陋情况,又不可同日而语了。如果我们对于到现在还有着的奴隶社会和封建社会地区作一次有系统的调查,会了解实际的奴隶社会与封建社会和我们在书本上的了解有许多距离。首先,书本上的记载实在简单。书本上的简单记载加上我们一些教条主义的倾向,越发把简单的记载简单化了,于是活生生的历史事实变成干巴巴的公式与结论,这样打算解决古史问题,岂不是"缘木求鱼"?我们的教条主义倾向,使我们有先入为主的成见,我们的结论,往往不是出于实际研究的结果,而是先有一个结论,已经肯定了某一个时期是某一种社会,于是拿教条和史料互相比附,而不是理论与史料的很好结合,这样先有结论而后研究的办法,他的观点虽然明确而突出,但往往不解决问题,因为这不是从实际出发。在史料的考订上,在一些专门问题的研究上,也存在着问题,而这些问题全是有关解决中国古史分期问题的基础工作。编辑部希望历史工作者们共同努力,深入地展开讨论,以推进中国古史分期的研究。

作为开端,这一期杂志发表了何兹全的《关于中国古代社会的几个问题》以及时希哲的《从泛论古代史中的几个理论问题阐明西周的社会性质》两文。何文在前期研究成果的基础上,正式提出"魏晋封建说"。由于这一观点与"古史分期"的主流观点相去甚远,发表时颇费周章。何晚年在接受采访时说:"解放后,西周封建说是中国历史分期的主导学说，史学界的长者——范文澜、吕振羽、翦伯赞都持此说。郭沫若原持秦汉统一封建开始说，后来把封建开始提到春秋战国。毛泽东说，三千年来中国都是封建社会。西周封建说与此最合拍（我不知道是毛泽东受范文澜的影响，还是范文澜受毛泽东的影响）。中国封建社会从春秋战国开始，也还勉强，汉魏（魏晋）封建说，便成了反对毛泽东的歪说。尚钺写文章支持魏晋封建说，便成了群起而攻之的靶子。我当然也不敢说话了。但肚里有话，是憋不住的……1950年代中叶，毛泽东提出'百花齐放，百家争鸣'，学术界气氛活跃起来。我一高兴就写出了《关于中国古代社会的几个问题》那篇文章，先送《历史研究》。据说，尹达（时任《历史研究》主编）曾拿给郭沫若（时任《历史研究》编辑委员会召集人）看，也不知是郭沫若还是尹达下了一句评语：'公说公有理，婆说婆有理呗！'后来，（文章未被允许在刊物发表）我拿到山东《文史哲》发表了。"（《古代经济的衍化与中国社会的发展道路——何兹全教授访谈录》，《河北学刊》2008年第6期）

　　本期还刊登了高亨的《老子的主要思想》，认为老子的政治思想，以保持自然取消人为为最高原则。东周时代，由于铁器的普遍使用，生产力向前发展了一大步，随着生产力的发展，社会制度、社会阶级、社会矛盾以及政治局面都发生了剧烈的变化，正在由领主封建制度向地主封建制度过渡，文化也随着提高而丰富了，自然科学如光学、力学、几何学、机械学都已经萌芽，诸子哲学更逐渐呈现着五光十色的现象。天神创造一切、主宰一切的迷信宇宙观，已经被优秀知识分子所否定，这就是产生老子的宇宙哲学的主要根源。他提出物质性的"道"来解释宇宙的起源和现象，虽然不是建筑在科学基础上，然而这是具有唯物倾向的、具有一定创造性的学说，值得重视。

9月1日，《文史哲》第9期刊发读者王乃扬的《读高亨先生〈诗经引论〉》，与著名学者高亨进行商榷。

文章认为，马列主义对待事物的根本原则是"实事求是"。对待古典文学作品，尤其需要从实际出发，不能根据个人主观意图给作品以主观的解释。过去不少经学家对于诗经往往凭他们的主观（严格说根据他们的阶级利益）说什么"后妃之德"、"刺某某"……替《诗经》蒙上一层暗影。我们今天就要以"实事求是"的方法把诗经从这些暗影中解放出来，给以正确的解释；但同时仍应注意从实际出发，不能凭主观意图给以任意夸大或缩小，这样才能产生物质的力量。高先生在某些地方却忽视了这一点，这表现在对某些诗篇的牵强附会上，比如对于《陈风·月出》，高先生理解为"反映领主杀害农民的诗"，说什么"这一篇抒写在月色惨白的杀人场，一位英俊的人民，身被五花大绑，被领主杀死了，尸体被领主焚烧了，这时枝干盘曲的老橡树，在怒吼，在颤摇，作者的心灵，在忧愁，在跳动，在悲痛。这是凄惨壮烈的一幕悲剧"。其实这首诗分明是一首恋爱诗。在形式上是采用民歌中常见的反复讽诵的格式，三章差不多是一个意思。在这里只能看出"一种浑然的怀念情绪"，根本感不到是一幕"凄惨壮烈"的悲剧；我们只能意识到一个恋人在皎洁的月光底下怀恋着意中的美人，根本看不到一位"身被五花大绑"的"英勇的人民"被杀死。这不过是牵强附会的一个突出的例子，另外将《卫风·淇奥》说是"阿谀"大领主的作品也是值得研究的。

高亨以给《文史哲》编辑部来信的方式对该文予以回应。

10月8日，高亨在《文史哲》第10期发表《周代地租制度考》，从《左传》、《国语》、《诗经》等考察了周代的地租制度，进而考察了周代的社会性质，认为周代是封建社会。

本期讨论古史分期的还有吴大琨的《怎样从政治经济学的角度上来考察古史分期问题》。该文认为古史分期的关键是从奴隶社会和封建社会的经济特点入手，中国区别于希腊、罗马、西欧中世纪的经济特点，从而对西周封建论进行了反驳。作者提出，从政治经济学角度来研究中国的历史，特别是研究中国的奴隶社会与封建社会，应当着重两个问题：第一个问题是要具体地阐明生产关系一定要适合生产力性质的这一社会发展的经济规律，究竟是怎样体现在中国的奴隶社会与封建社会的形成、发展及其没落的过程中的；第二个问题要研究在中国奴隶社会与封建社会的生产关系中究竟有哪些特点。

本期发表了一组鲁迅研究论文，分别是朱彤的《鲁迅早期的思想和斗争（1902—1909）》、张志岳的《试论鲁迅与中国文学遗产》以及刘泮溪的《鲁迅论文学艺术的几个基本问题》。

11月1日，陈同燮在《文史哲》第11期上发表《古代罗马奴隶社会概述》。该文是新中国成立后最早对古罗马奴隶社会情况进行了全面、深入介绍的文章。

文章对罗马奴隶制的形成、奴隶制内部矛盾的发展及其对于罗马社会经济的影响、奴隶制的瓦解以及封建制度的萌芽进行了阐述。

本期还刊登了黄云眉的《韩愈文学的评价》，对韩愈作为中国8世纪末9世纪初一位杰出的古典散文家的地位进行了重新肯定。作者发表此文，实际上是通过发表不同观点继续与陈寅恪进行商榷。文章认为，韩愈的文学，是有卓越的成就的，而他的儒学，则仅仅跨在文学的背上腾踔虚誉而已，它的本身谈不到有什么独立的成就。不但没有独立的成就，严格地说，韩愈还不是过去所谓真正的"守道君子"，韩愈的崇尚儒学，是言有余而行不足的。因此，唯有以韩愈的儒学还儒学，以韩愈的文学还文学，然后才能看到韩愈文学真正的精神面貌。肯定韩愈的文学，主要是肯定他的文学在中国古典文学的发展上，即在文体改革及其领导文体改革的运动上，有很大的贡献；而不是肯定他的文学的形式内容，都已进入在当时历史条件下可以认为毫无遗恨的境界。文章主要叙述了韩愈文学产生的主要因素、韩愈文学的成就及其领导古文运动的胜利、韩愈在文学中所反映的思想及其政治与生活等。

孙作云在这一期发表了《小雅大东篇释义》，对《大东篇》进行了考释。作者以为，《诗经·小雅》里的《大东篇》，应该是《诗经》中数一数二的作品。它的思想性、人民性很强，艺术手腕很高，在三百篇中很少有其他诗篇可以和它相抗衡。《诗经》中脍炙人口的名篇，如《邶风·谷风》、《卫风·氓》、《卫风·硕鼠》、《卫风·伐檀》、《豳风·七月》、《豳风·东山》，以及《小雅》中的《正月》、《十月》、《采薇》、《出车》、《北山》等篇，从种种方面考察，似乎皆不及这首诗。

吴大琨在这一期发表了《关于〈略论红楼梦的社会背景及其它〉

一文的补充》。作者认为,中国封建社会存在特殊性。中国存在有封建的土地国有制,封建帝王,不仅是全国最大的地主,同时也是全国最高的地主,他有权控制全国的臣民为他尽一切封建的义务。在封建的土地国有制的基础上,封建国家也不仅对全国的土地、水源有控制,而且还控制了全国的主要工商业,由于中国的封建主义是在土地可以"买卖"的情况下开始成长的,所以土地的可以"买卖",就长期地成为了中国封建经济的一个特点。这一特点阻碍了中国资本主义萌芽的发展。由于中国不存在典型的庄园经济,缺少农奴,因而也不存在所谓"自由城市"。在中国的封建制内,长期地存在着奴隶制的遗留,特别是债务奴隶制的遗留。成为中国封建社会生产的主要基础的是广大的封建农村组织中的小农经营,在这种封建的农村组织中,农业与手工业,乃是密切巩固结合的。以上这些特点,足以说明为什么在中国封建社会的内部不能较早地出现"资本主义的萌芽",或虽出现了"资本主义的萌芽"也不能得到很快发展。

本期还集中刊发一组研究农民起义的论文,包括孙祚民的《试论汉武帝的对外战争》、华山的《金世宗一代的政治和汉族人民起义问题》、罗尔纲的《太平天国真是不准绘人物吗?》、赵俪生的《靖康、建炎间各种民间武装势力性质的分析》。赵文提出"历次农民起义所表现出来的,起义规模的大小,战斗力的强弱,坚持时间的长短,其内部凝聚力的大小,都与其参加农民的身份有关"。

12月1日,《文史哲》第12期发表了葛力的《18世纪法国唯物论者的社会政治观点》以及杨向奎的《〈家庭、私有制和国家的起源〉学习笔记》等论文。

1957 年

2月27日，毛泽东在最高国务会议第十一次（扩大）会议上作《关于正确处理人民内部矛盾的问题》的重要讲话。

4月27日，中共中央发出《关于整风运动的指示》，决定在全党进行一次以正确处理人民内部矛盾为主题，以反对官僚主义、宗派主义和主观主义为内容的整风运动。

6月8日，中共中央发出毛泽东起草的《关于组织力量准备反击右派分子进攻的指示》，"反右斗争"开始。全国共有55万多人被划为右派分子，其中知识分子占了绝大多数。

1月1日，汤志钧在《文史哲》第1期发表《关于康有为的〈大同书〉》，与李泽厚《论康有为的〈大同书〉》进行辩论。

作者认为《大同书》的思想基本上是反动的，是康氏晚年"麻痹群众"、"反对革命"、"主张保皇复辟的理论基础"，而不是像李文所认为的那样具有早期资产阶级民主、自由的进步思想。李泽厚又在《文史哲》同年第9期发表《〈大同书〉的评价问题与写作年代——简答汤志钧先生》，对汤文进行反驳。张玉田也在该期杂志上发表《关于〈大同书〉的写作过程及其内容发展变化的探讨——兼与李泽厚、汤志钧二位先生讨论关于〈大同书〉的估价问题》参与讨论，从而在《文史哲》杂志上进行了一场关于康有为评价的论战。

这一期的《文史哲》还发表了两篇讨论古史分期的论文。童书业的《从"生产关系适合生产力的规律"说到西周春秋的宗法封建制度》，通过对宗法制的考察，论定西周、春秋时代为早熟的宗法封建社会。杨向奎的《关于中国古史问题二三事》认为中国古史分期之所以众说纷纭，原因有关于古史中的一些关键性问题，如关于奴隶占有制的类型、从氏族社会末期向阶级社会的过渡途径、中国古代社会的生产工具等没有搞清。

陆侃如、冯沅君的《关于编写中国文学史的一些问题》也发表在这一期的杂志上。该文谈了作者在《中国文学史稿》中把中国文学史分成周以前、周代、秦至南北朝、隋至元、明清、鸦片战争至"五四"运动等六个阶段的理由，以及对中国文学史写作体例的考虑，认为按照年代先后来排列是好的，但不必绝对排斥体裁的区分；同时也可以容许有一小部分的著作，采用以分体为主的办法。对于一位作家的各种作品，原则上放在一处讲，必要时也可以分几处。对于重要的文艺理论，可以适当地提一提，但不能作为文学史的主要内容；而对于早期的小说与戏剧，哪怕还在萌芽状态，却是应该重视的。对于作家、作品的评价问题，作者认为应该力避庸俗社会学的毛病，纠正估计过高或过低的偏向。有了正确的评价，就可以适当地处理"重点突出"的问题。但是不能够说，全部文学史上只讲一二十位第一流作家就算了。在论述和举例上，以正确为贵，不要以为字数越多就越好。

这一期的文章还包括孙作云的《说"雅"》。作者认为，西周诗之所以称"雅"，是西周王畿原来是夏人的故地的缘故。西周的诗本来叫做"夏诗"，即夏地之诗；但因为"夏"字与"雅"字古同音，人们常常用"雅"字来代替"夏"字。也许为了与三代的"夏"区别，所以把"夏诗"称为"雅诗"。总之，西周诗之所以称"雅"者，原本于"夏"，以地为名，犹如"十五国风"各以国名作区分一样。

2月1日，华山在《文史哲》第2期发表《从茶叶经济看宋代社会》，提出宋代资本主义萌芽说。

该文对宋代的茶叶生产和茶贸易情况进行了细密的考证，认为由于文字史料的缺乏，虽还不能断言资本主义萌芽已经在宋代发生，但从宋代社会各方面的条件看，这种萌芽的出现有其极大可能性。但它的发展是非常缓慢的，这不仅由于连续几次的落后民族的入侵，在某种程度上打断了它历史的进程，而更重要的是封建国家对若干主要工商业的垄断政策，私人资本的活动范围大为缩小，并受到严密的控制。所以它的发展就显得非常迟缓，要超过西欧国家几倍的时间。

周来祥、徐文斗在这一期发表了《〈长生殿〉的主题思想究竟是什么》，对《长生殿》主要人物形象、主要情节和结构进行了分析。文章对使用阶级观点否定李、杨爱情的"庸俗社会学"观点提出批评，认为《长生殿》的主题思想是歌颂李、杨的真挚爱情，特别是歌颂杨玉环的痴情。其后，《文史哲》又发表多篇文章参加全国性的《长生殿》主题及创作手法讨论。

本期还发表了吴大琨的《读弗·尼·尼基甫洛夫同志〈论不同国家从奴隶占有制向封建制过渡的几个共同的规律性〉一文后的体会——兼评童书业先生的对"生产关系一定要适合生产力性质的规律"的认识》和童书业的《答吴大琨先生》，继续就古史分期问题展开讨论。

3月1日，丁云青在《文史哲》第3期发表长篇论文《忠王李秀成自传原稿是曾国藩等所伪造的么》，与年子敏、束世澂等人商榷。

作者不同意年子敏《评罗著忠王李秀成自传原稿笺证》和束世澂《评罗著忠王李秀成自传原稿笺证读后记》等文所持李秀成自传原稿"显然是以曾国藩为首的一小撮反革命分子伪造的"观点，对年文和束文观点进行了逐条商榷。作者认为，鉴定自传原稿有无、真伪，关键在于如何具体而不空洞、全面而不片面、本质而不表面的给忠王李秀成以正确的人物评价，如果不搜集详细的材料，历史地、辩证地去理解分析忠王李秀成，只是强调唯成分论和动机论的反历史主义的论点，甚且孤立地胶着在自传原稿上，采取形式类比的方法，在纯技术上打圈子，打来打去，很难拿出实事求是的令人信服的正确结论，并且可能导致颠倒是非的荒谬结论的。《文史哲》第4期又发表郑鹤声的《忠王李秀成自传真伪问题商榷》，对丁文表示支持。

本年 1 月 5 日，山东大学举办古史分期问题讨论会，会中西周派、战国派、魏晋派等各派展开了热烈争论，本期选登了童书业、张维华、罗祖基在讨论会上的发言，同时还刊登了童书业的《与苏联专家乌·安·约瑟夫维奇商榷中国古史分期等问题》。

这一期杂志上还发表了时萌的《关于陈子昂》，认为从陈子昂到李白、杜甫、白居易以至晚唐的杜荀鹤和皮日休，标志着唐代诗歌的现实主义的逻辑发展，而陈子昂是首创其先，启示于后，他提出的现实主义方向源远流长，浸透了整个唐代诗歌以至后代。

4 月 1 日，胡滨在《文史哲》第 4 期发表《梁启超的史学》。

文章认为，在 19 世纪末年和 20 世纪初年，梁启超所传播的资产阶级体系的史学，在反对封建地主阶级体系的史学上，确实起了一定的进步作用。随着社会历史的不断向前发展，随着广大人民群众革命运动的日益高涨，梁启超所鼓吹的资产阶级唯心主义历史观的反动性逐渐暴露出来。到了十月社会主义革命之后，到了"五四"运动之后，梁启超所"贩卖"的唯心主义历史观，变成了反马克思列宁主义的一股逆流。

匡扶的《苏轼诗简论》也发表在这一期上。文章就苏轼的政治思想，和他诗中的主要思想内容与艺术特征作了初步的探索。认为苏轼的诗是出于杜甫而入于李白，后期又寝馈于陶渊明的，苏轼是应该归在祖国最优秀的浪漫主义作家行列之中的。

5月1日，陆侃如、冯沅君在《文史哲》第5期发表《关于中国文学史分期问题的商榷》。文章对中国文学史的分期在争嚷一时的文学史分期讨论中独领风骚，广为学界所接受，影响深远。

作者认为，文学史分期应该坚持文学与历史两个标准。这两个标准是互相结合，不应分割的；在应用的时候，应该以文学标准为主，历史标准为辅。文章把中国文学史具体划分为14期：第1期是公元前11世纪以前（上古至殷周之际止），这是中国文学的起源时期；第2期从公元前11世纪到前6世纪（西周及春秋），约500多年；第3期从公元前5世纪到前3世纪（春秋末年及战国），约300年；第4期从公元前3世纪末期到公元后2世纪末期（秦汉），约400年；第5期从2世纪末期到6世纪末期（建安到隋统一），约400年；第6期从6世纪末期到8世纪中后期（隋及初盛唐），约一百七八十年；第7期从8世纪后期到10世纪中期（中晚唐及五代），约一百八九十年；第8期从10世纪中期到12世纪初期（北宋），约一百六七十年；第9期从12世纪初期到13世纪中期（南宋及金），约一百四五十年；第10期从13世纪中期到14世纪中期（元代），约100年；第11期从14世纪中期到16世纪中期（明前期），约一百八九十年；第12期从16世纪中期到17世纪中期（明后期），约100年；第13期从17世纪中期到1840年（清初至鸦片战争），约180年；第14期从1840年到1919年（鸦片战争到"五四"运动），约80年。

杨向奎在这一期的杂志上发表了《孔子的思想及其学派》，给予孔子较高评价。作者认为，孔子是一个博学多能的人，在中国教育史上，他是一个不朽的人物，他扩大了知识的传授对象，使官学变成私学。他是一个主张来者不拒的人，提倡"有教无类"，在他的时代，这是破天荒一人！他也注重实践，他主张"行有余力，则以学文"。儒家后来分裂为许多学派，其中显学当然是思孟和荀卿两家。在孔子之后，当新的学派创立的时候，儒家最主要经典是《大学》、《中庸》。《中庸》发挥了唯心主义的宇宙观，而《大学》的作用是在方法论方面。清代乾嘉以后，儒家再没有发展的余地，只剩下文学训诂了，虽然他们弄清了古书原意，然而过去的幽灵，没有什么作用了。

在同期杂志上，杨向奎还发表了《解决中国古史分期问题，要先研究具体问题》的短文，对中国古史分期问题的讨论进行批评，认为有关于社会性质的文章，有一种普遍性的趋向，大家喜欢做大的，无所不包的上下千年的文章，而少有解决具体历史事实的著作。一篇无所不包的从上古讲到中古，从中国讲到外国，什么问题全谈到了，也许什么问题也没有解决。杨文提出要改变这种作风，从分析具体的历史事实下手，对于具体的问题茫然不解，而说已经明确了当时的社会性质，这正如"瞎子断匾"的故事，匾还没有挂起来，瞎子们就开始争论是些什么字了。可以说，离开具体问题的研究而打算解决历史分期问题，永远也不会有结果。童书业则同时发表《略论古史分期讨论中理论结合史料问题》，对杨文进行回应，认为要解决中国古史分期的问题，须从理论和史料、历史事实两方面下手，同时要把这两方面联系起来研究。理论的争辩和史料、历史事实的争辩，在古史分期问题的讨论中，是可以并行不悖的。

6月1日，殷孟伦在《文史哲》第6期发表《略谈"训诂学"这门科学的对象和任务》，对一向较少有人论述的"训诂学"的对象和任务进行了探讨。

作者认为，"训诂学"是以分析语言、解释语言（无论口头的或书面的）作为对象的。语言事实绝不是难以分析解释的东西，而是要在认识语言的基本锻炼上多下工夫。认识语言愈深刻，在分析语言、解释语言的时候，才能深切体会，曲尽其妙。语言的完全性、确切性才能由分析和解释中具体显现出来，进而从认识中而得到掌握和运用，这才是学习"训诂学"的最终目的。"训诂学"在语言学习过程中所起的巨大作用的确是一个极其应该重视的问题。

7月1日，张博泉在《文史哲》第7期发表《关于井田制度问题的探讨》，对井田制提出新解。

作者认为，中国古代公社的土地与灌溉的水利有着不可分割的联系，两者是互相依赖的。古代的"井"和"田"是两个不同含义的东西，不能混淆，"井"就是古代灌溉的组织，"田"是公社的土地，这种用水来灌溉着的公社土地，就构成了古代历史所记载的井田，井田的实质就在这里。井田不是别的，即马克思、恩格斯所指示的东方的公社土地制度和与此密切相关的灌溉事业的结合，井田就是这种制度的一种最为完整的形式。

李希凡在这一期发表了《水浒的现实主义——论水浒之一》，第8期连载。

8月1日，孙作云在《文史哲》第8期发表《说"诗经、大小雅"同为西周末年诗》。

作者认为"大小雅"统统是西周末年（或后期）的诗，其中以周宣王朝的诗为主，而上及厉世，下至幽王。总括起来说，"大小雅"是西周后期七八十年间的诗，与西周初期七八十年间的"周颂"正遥遥相对。这一看法与学术界普遍认为的"大雅"中多西周初年诗、"小雅"是西周末年诗的观点明显不同。

本期还发表了刘开扬的《论初唐四杰及其诗》以及徐文斗的《关汉卿剧作中的妇女形象》。

9月1日，戚其章在《文史哲》第9期发表《从生产力的变化上看中国古代社会的发展》。

文章从生产工具和农耕制度证明西周社会生产力的发展已经达到封建主义早期的水平，周代封建关系的发生与发展，归根到底还是由于生产力的变化与发展，而绝不能归结为某种外烁的原因。

蒋捷夫在这期杂志上发表了《概论唯物辩证法的范畴》，第10期连载。

9月，《文史哲》杂志与中华书局合作出版的"文史哲丛刊"第一辑《中国古代哲学论丛》出版。

该论丛分门别类将《文史哲》上刊登的重要论文辑录在一起，

共出 4 辑。此后,又陆续出版了《中国古史分期问题论丛》(第二辑,1957 年 11 月)、《司马迁与史记》(第三辑,1957 年 9 月)和《汉语论丛》(第四辑,1958 年 8 月)。其中《中国古史分期问题论丛》辑录了 14 篇关于古史分期讨论的文章,涵括了古史分期问题上各派不同的意见,出版后行销甚广,影响较大。

10 月 1 日,顾颉刚在《文史哲》第 10 期发表《息壤考》。

该文是应童书业之邀为《文史哲》而作。文章对于鲧、禹以息壤治水的早期神话作了新的考辨,并对鲧、禹治水故事的演变作了进一步的论述。

李鸿哲在该期杂志上发表了《"奴隶社会"是否社会发展必经阶段?》,对社会发展五阶段说提出公开挑战。作者指出,中国历史上有过奴隶制时代之说,首先提出来的似是郭沫若先生。但"奴隶社会"是否人类历史发展必经阶段,尚有商榷之余地。首先,"奴隶社会"说于经典著作中无根据,马克思的著作中根本找不到这个原始共产社会—奴隶社会—封建社会—资本主义社会—共产主义社会这样的五阶段划分的文字。相反,在马克思的著作中,却找到了不少与五阶段说不同的意见。因此,认为人类社会必须先经过奴隶社会,然后才能进入封建社会的五阶段说,并非马克思的学说。其次,奴隶社会说在理论上存在多方面困难,检查奴隶社会说理论的本身,可以发现它含有很多矛盾与破绽,不能自圆其说。奴隶社会说在理论上至少有以下窒碍难通之处:该说与历史唯物主义的基本原则存有矛盾,且在奴隶社会形成和维持的必要条件方面,理论上存有很大的困难。奴隶社会说的历史发展顺序是谬误的、不合历史事实。再次，奴隶社会说不符合历史事实，大略考察一下古代各国历史，就可发现真正有成为支配生产方式的奴隶制存在的只有地中海沿岸的少数国家，这些极少数国家发展的情况，应把它当作例外，而不能认为是一般的情形。因此，人类社会都经过一个奴隶社会的阶段，并不是历史发展的规律。作者断言，奴隶社会说在理论上站不住脚，不符合历史事实，违背历史唯物主义；多年来为人所信从，实在是一种教条主义的偏向。但这一种教条不是从马克思的经典著作中得来的，它是由郭沫若等提倡起来的。由于这一种教条的存在，苏联和我国史学家们曾花费很多力气在古代各国历史上找寻奴隶。假若奴隶社会说本身根本不能成立，那么这些工作和争论岂非徒劳无功！

本文发表后，有读者来信揭发作者是苏北师范专科学校一名"右派分子"。为此《文史哲》杂志在11月号刊登"编者的话"，指斥该文是借着学术讨论的幌子，对马克思主义的一般社会发展规律进行恶意的攻击，具有阴险的政治企图，并在12月号杂志上发表文章对其进行了"无情的批判"。

本期杂志还刊登了何祚榕的《驳斥陆侃如关于取消学校党委负责制的谬论》，自此，《文史哲》杂志开始对已被划为"右派"的陆侃如进行连续批判。

11月1日，童书业在《文史哲》第11期发表《批判雷海宗的〈世界史分期与上古中古史中的一些问题〉》，对雷海宗进行批判。

文章说：右派分子雷海宗在《历史教学》上所发表的《世界史

分期与上古中古史中的一些问题》，是一篇利用资产阶级"经济史观"来反对马列主义历史科学的极端反动的文章。他的"世界史分期"法，就是资产阶级的。资产阶级反对马克思、列宁主义的五种生产方式的科学理论，他们否认有奴隶社会，反对用生产方式来划分历史阶段，而把某些经济现象或政治、文化现象来作划分历史阶段的标准。在雷海宗这篇文章中，看不见人们生产劳动的重要性，看不见生产劳动的实践对于生产力提高的作用，看不见整个生产力的作用，更看不见生产关系和阶级斗争的重要作用；这是典型的资产阶级"经济史观"的表现！

本期杂志还刊登了李学勤的《论殷代亲族制度》及徐连城的《春秋初年"盟"的探讨》。

12月1日，胡珠生在《文史哲》第12期发表《论汉金非铜及其减退原因》。

该文用缜密的考辨推导出汉金减退的决定性原因在于王莽府库70万斤黄金之散失而不是其他。

本期杂志还发表了吴志达的《王安石诗初探》及秦文兮的《论水浒研究中引起争论的几个问题》等文章。

1958 年

3月10日，应郭沫若邀请，陈伯达在国务院科学规划委员会第五次会议上作"厚今薄古，边干边学"的报告，学术界开始"厚今薄古"的运动，史学界开始"史学革命"。

5月5日至23日，中国共产党第八次全国代表大会第二次会议在北京举行。大会正式通过了中共中央根据毛泽东的倡议而提出的"鼓足干劲、力争上游、多快好省地建设社会主义"的总路线及其基本点。会后，全国迅速掀起"大跃进"高潮。

7月，山东大学归由山东省领导，同年10月奉命迁校济南。

8月，国务院任命成仿吾为山东大学校长兼党委书记。

11月，《文史哲》编辑部随学校由青岛迁至济南洪家楼。

1月3日，刘敦愿在《文史哲》第1期发表《龙山文化若干问题质疑》。

文章对龙山文化是否是新石器晚期的文化、龙山文化时期的社会经济生活状况、龙山文化分期等问题提出了自己的看法。

躬庵的《欧阳修及其词》、周来祥的《关于〈长恨歌〉的主题思想及其争论》、童书业的《西周春秋时代的手工业与商业》等文章也刊登在这一期杂志上。

2月3日，随着反右派斗争的扩大化，《文史哲》第2期发表3篇批判论文，加大对"右派"的批判力度。

这三篇文章是周来祥的《批判陆侃如反动的学术思想》、秦文兮的《批判冯雪峰聂绀弩二人在水浒研究中的修正主义论点》、徐绪典的《驳斥荣孟源的资产阶级反动史学纲领》。

本期杂志还发表了戎笙的《关于奴隶与农奴最根本的区别的意见》、童书业的《战国秦汉时代的手工业与商业》、华山的《元代赋役制度考略》等文章。

3月3日，《文史哲》第3期继续集中批判陆侃如。

发表了韩连琪的《批判陆侃如〈关于文学史分期问题的商榷〉中的谬论》和朱作云、张祺的《批判陆侃如〈论古典作家的宇宙观和创作方法的矛盾〉一文的谬论》。

赵贞信在这期杂志上发表了《欧阳修对"经学"上的贡献》，认为欧阳修在经学上以独立无惧的精神开创了打破前人陈说，发挥自己独得的见解的风气，在当时是一大解放，一大进步，也是一大斗争，而对后代也实有不小的影响，应该提起注意和给他适当的评价。

谢忠梁在这期杂志上发表了《两汉的食封制度》。

4月3日,《文史哲》第4期刊发批判冯雪峰的文章,分别是周来祥的《胡风的同路人——批判冯雪峰修正主义的文艺思想》和韩长经的《批判冯雪峰的关于鲁迅与俄罗斯苏维埃文学的谬论》。

5月3日,杨向奎在《文史哲》第5期发表《唐宋时代的经学思想——经典释文、十三经正义等书所表现的思想体系》。

文章认为,唐宋前后约四百年的经学思想,可以孔颖达和邢昺两人为代表,孔颖达在总结前人研究的成果上,有了他自己的思想体系,是一个徘徊于唯心论与心物二元论之间的思想家。他适当地消化了南北经学家的不同见解。在政治思想上他更强烈地反映了统治阶级的要求,认为阶级社会的秩序是天道使然,人力不能反抗,但他反对地主阶级对于农民的过度剥削,因为这会损害王室的赋税来源,劳动人民才是国家的支柱,地主阶级对于国家是不承担义务的,只能和国家争土地争人民。贾公彦、杨士勋等人虽然在学风上和孔颖达相近,全是折中南北两派的经学,但有混同而没有消化,结果泾是泾渭是渭,并没有构成自己的洪流。孔颖达后,在经学思想上发挥作用则推宋人邢昺。理学家在邢昺的工作中吸取了他们认为有用的成果,虽然理学家们在否认这些,后人是看得清楚的。理学家的兴起有其坚固的基础,但思想上渊源也不能加以忽视。中国经学的发展是曲折的,虽然这始终是封建社会的上层建筑,但两千年来,封建社会本身在变化着,上层建筑也自然随着变化,有时它作为统治阶级的统治思想,而以显学的姿态出现,有时却为别的学派所压抑,不得发挥作用。理学家起来后,是经学思想上的一个大的发展,从此在儒家的经学上有汉宋之分,而唐宋经学实在是汉宋之学的中间桥梁。

蒋维崧在这一期发表《简化汉字建立汉字字形的规范》，认为只有简化汉字才能力求汉字字形规范化，简体字比繁体字好学、好记，简体字造成错别字的机会少，可以跟手写体一致，群众乐于使用，所以采用简体字来作正字标准是完全应该的。这样办了之后，汉字才能逐渐走向规范化。

6月3日，为贯彻"厚今薄古"的要求，《文史哲》第6期开始进行整改，加强编辑力量，明确编辑方针，改订稿约。

本期"稿约"中说：为了革新面貌，提高思想性，使本刊符合时代的要求，成为社会主义文化战线上有力的战斗员；为了在这伟大的时代中与全国人民一同跃进，本刊确定以"厚今薄古，理论联系实际，百花齐放、百家争鸣"——三者为今后编辑方针，特别欢迎下列稿件：1.结合当前政治运动，结合当前经济、文化战线上各项工作，研究待决问题，总结已有经验的文章；2.学习、研究马列主义经典著作（包括马、恩、列、斯著作，毛主席著作和其他经典著作），通俗地宣传马列主义哲学和正确地阐明党和政府各项政策的文章；3.深入批判资产阶级的思想的文章；4.分析批评现代文艺作品和讨论文艺理论问题的文章；5.有助于推广普通话、介绍拼音文字，推进文字改革的文章；6.研究现代史、近代史中存在的问题的文章；7.以马列主义观点分析、探讨古代各类社会现象中关键性问题和批判地接受哲学、文学、史学各项遗产的文章；8.讨论当代学术界争论未决的较重大问题和提出有启发性的新问题以便展开讨论的文章；9. 介绍苏联及其他兄弟国家在生产、思想、学术各方面斗争经验的文章；10. 帮助解决中学教师、中级干部及大学学生在工作和学习中所遇共同性的具体问题的文章；11. 评介中外新出版书籍和报刊中重要论文的文章。

7月3日，《文史哲》第7期集中刊发一组批判厚古薄今的文章。

这些文章包括：《从山东大学历史系围攻"厚古薄今"所暴露的问题再驳"教授治校"》、《山东大学中文系必须彻底扭转厚古薄今的倾向》、《山大中文系语言教学中的厚古薄今、脱离实际》、《山大中文系文学史教学中的"崇古非今"》、《彻底清除"厚古薄今"的思想影响》、《从厚古薄今到厚今薄古是史学界的革命》、《必须彻底粉碎世界史教学中的资产阶级反动观点》等。

8月3日，蒋捷夫、朱作云在《文史哲》第8期发表《厚古薄今是历史教学与研究中的资本主义道路》。

该文以山东大学历史系为例，认为"厚古薄今"主要表现为重视史料，鄙弃理论，把掌握史料的多少，作为衡量一个人懂不懂历史的标准，作为考核教师学术水平高低和学生成绩好坏的唯一尺度；繁琐考证，故作高深，引导别人钻牛角尖，脱离现实，脱离政治，脱离社会主义建设，使历史科学丧失科学性、战斗性，不为工人阶级、劳动人民的斗争服务，而为没落衰亡的阶级服务；重古史，轻现代；崇拜"英雄"，轻视群众；脱离政治，不务实际。

该期杂志还发表了《评童书业的学术观点和方法》、《对"关于中国奴隶社会的瓦解及封建关系的形成问题"一文中若干论点、论据的初步批判》，对童书业和王仲荦展开批判。

9月3日，崔谦等在《文史哲》第9期发表《略评"曹操"》，对王仲荦进行批判。

10月3日，童书业在《文史哲》第10期发表《初步检查我的资产阶级学术思想》，进行自我批判。

文章检讨自己的学术观点和方法根源在反动的阶级意识和新中国成立前的反动政治思想上，长期的封建的资产阶级的教育和研究，使其"厚古薄今"，对近代、现代史丝毫不发生兴趣，只会大搞考据，写堆砌史料的论著。由于其过去是胡适派的支派古史辨派的成员，所以他的"考据癖"也是很严重的。而重视史料和考据，轻视理论，是资产阶级史学观点的突出表现。作者表示要改造自己的封建地主阶级和资产阶级的立场和思想，真正接受马列主义，服从党的领导，在党的领导下好好为人民服务，认真地、严肃地从事教学和研究工作，做个新人。

11月3日，冯沅君在《文史哲》第11期发表《"中国史诗"初步批判——批判陆侃如并批判自己》。

文章说，在去年鸣放中，陆侃如暴露了他的反党反人民反社会主义的丑恶面目，堕落为"右派"分子。在政治上是反动的人，他的学术思想不可能不是反动的。我和这样一个具有反动学术思想的人长期生活在一起,又一再共同著述,我自己的学术思想也不可能没有极其严重的错误。因此,尽管我和他在政治上不走同一道路上,而在学术上是同样的应受批判的。为了改造自己,也为了对资产阶级的反动学术思想做好消毒工作,我决定写一系列的文章批判陆侃如,并自我批判。文章认为,"诗史"所体现的学术思想是资产阶级的反动的学术思想,战犯胡适的影响尤为深刻。

12月3日,《文史哲》第12期刊登大量批判文章。

主要有刘泮溪、孙昌熙、韩长经的《批判"鲁迅研究"中的资产阶级学术思想——"鲁迅研究"初步自我批判》、徐人忠的《怎样正确评价唐明皇与杨贵妃的"爱情"——批判周来祥、徐文斗两先生的"〈长生殿〉的主题思想究竟是什么?"的修正主义观点》、王新野、宋锡民的《批判赵俪生在农民战争问题上的谬论之一——对农民和农民起义的歪曲和诬蔑》、王兴亚的《资产阶级右派分子赵俪生"研究"中国农民战争史的反动本质》、赵华富的《揭穿右派分子费孝通在〈兄弟民族在贵州〉一书中破坏民族团结的政治阴谋》、童书业的《近来美术史研究中存在着哪些资产阶级观点》等。

1959 年

1月,《文史哲》杂志停刊。

1961年

9月15日，中共中央批准试行《教育部直属高等学校暂行工作条例（草案）》（简称《高教60条》）。这个条例，规定了高等学校的方针、任务和有关政策。指出，高等学校的基本任务是，贯彻党的教育方针，培养为社会主义建设所需要的各种专门人才。条例规定：高等学校必须以教学为主，努力提高教学质量，对参加社会活动和生产劳动应作适当的安排，但不宜过多；在教学中，必须发挥教师的主导作用；科学研究工作，必须坚持"双百"方针；高等学校实行党委领导下的以校长为首的校务委员会负责制等。

本年，山东大学复归教育部领导。

8月1日，停刊两年的《文史哲》杂志复刊，由月刊改为双月刊，编辑部工作由刘健飞负责，刘健飞调回山东大学历史系后，由孙衷文接任，直至1966年停刊。

复刊词写道：复刊后的《文史哲》是由山东大学、山东师范学院、曲阜师范学院、山东省委党校、山东历史研究所、山东哲学研究所、山东省社联、山东省文联等单位共同举办的文学、史学和哲学等方面的综合性学术刊物。它的主要任务和编辑方针是：1. 宣传、介绍、研究和探讨马克思列宁主义、毛泽东著作，特别是关于文学、历史、哲学等方面的理论；要求以马克思列宁主义、毛泽东著作为武器，进行文学、史学和哲学等方面的研究，并批判这些方面的资产阶级学术思想。2. 坚决贯彻党在学术研究工作中的"百花齐放，百家争鸣"的方针，鼓励在学术研究中独立思考、自由争论的精神，活跃学术空气，推动学术理论工作的进一步开展，以达到繁荣社会主义科学文化和为无产阶级政治服务的目的。3. 本刊稿件力求贯彻理论与实际联系、观点与材料统一的原则，既反对堆砌资料、缺乏思想性的倾向，也反对空谈原则、不结合实际的倾向。特别注意研究现实，研究中国；批判地接受祖国遗产，评介世界先进的科学文化研究成果。

这一期的杂志发表了萧涤非的《关于王维的山水诗》和冯沅君的《古典戏剧中浪漫主义初探》，并发表了赵纪彬长篇论文《墨子对孔门逻辑思想的批判继承和发展》（第2期连载）。

此次复刊至1966年"文革"前再次停刊，总计出版28期。这28期中发表的关于"文学遗产的继承"、"《文心雕龙》的研究"、"孔子的研究"、"中国古代商业手工业的研究"、"中国古代哲学家和哲学思想"等专论，都是具有开拓性且不乏创见的研究。

10月1日，《文史哲》第2期出版。为了迎接次年在济南召开的首次全国性的孔子讨论会，《文史哲》从本期起陆续刊发孔子研究专论，引起学术界普遍关注。

本期发表的童书业《论孔子政治思想的进步面》一文对孔子作了较高评价，认为孔子在理论外表上虽明白主张恢复西周的旧制度，但他的政治实践和某些政治主张发展下去，会走上新路。孔子的革新倾向固然不见得完全自觉，而有些地方似乎是自觉的，他的主张确带有"托古改制"的成分。

高亨在这一期杂志发表了《上古乐曲的探索》，对葛天氏、黄帝、颛顼、帝喾、帝尧、帝舜及夏、殷两代的著名乐曲进行了考索，首次对我国上古音乐进行了挖掘。

12月1日，《文史哲》第3期刊登了一组讨论孔子的论文，均对孔子作了较高评价。

车载的《孔子论仁》认为：一面把仁看做是精深博大的道理，另一面又把它看做是平易近人的道理，在孔子的思想体系里，这两方面的见解是统一的。"克己复礼为仁"，反映着封建剥削阶级统治者的政治要求，是孔子谈"仁"思想体系的核心。钟肇鹏的《略论孔子思想的阶级性》不同意孔子的思想代表奴隶主阶级，认为孔子是新兴的地主阶级的代言人。李景春的《孔子对中国古代文化的整理、传授和发展》则对孔子对古代典籍整理方面的贡献做了梳理。

1962 年

1月11日—2月7日，中共中央在北京召开扩大的中央工作会议（又称"七千人大会"）。

4月30日，中共中央批转《关于当前文学艺术工作若干问题的意见（草案）》（简称《文艺8条》），主要内容包括：贯彻执行"百花齐放，百家争鸣"的方针；正确地开展文艺批评；批判地继承民族遗产和吸收外国文化；改进领导作风；加强文艺界的团结等。

9月24日，中共八届十中全会召开，毛泽东提出"千万不要忘记阶级斗争"，此后学风为之一变，学术批判蜂起。

2月1日，严薇青在《文史哲》第1期发表《关于〈老残游记〉的作者刘鹗》。

文章认为，既然肯定刘鹗在政治思想上是一个改良主义者，在介绍和评价刘鹗的时候，就不能只谈他的反动的一面，或是过多的谈他的反动的一面，而完全不谈，或是很少谈到他的进步的一面。

这一期还发表了陆侃如、牟世金的《〈文心雕龙·序志〉译注——〈文心雕龙〉译注之一》。其后,《文史哲》发表了大量研究《文心雕龙》的论文,成为国内《文心雕龙》研究学术交流的一个重镇。

高亨的《〈天问〉琐记》、樊树志的《论元末农民战争的性质——元末农民战争探讨之一》、李毅夫的《孔子的时代、阶级和政治思想的进步性》也发表在这一期杂志上。

4月1日,任继愈在《文史哲》第2期发表《墨子生卒年简考》。

文章考证墨子的生卒年大约是公元前480—前420年,活了60岁左右。

为纪念毛泽东《在延安文艺座谈会上的讲话》发表20周年,本期《文史哲》还特约了一组笔谈,发表了田仲济、冯沅君、严薇青、孙昌熙等人的文章。

这一期杂志还发表了王汝弼的《论李清照》、阴法鲁的《汉乐府与清商乐》等论文。

6月1日,齐思和在《文史哲》第3期发表《欧洲历史学的发展过程》。

该文是本年3月6日作者在山东大学作的学术报告稿。作者认为,欧洲的史学史,可以划分为四个阶段:希腊、罗马时期,即奴隶制时期;中世纪时期,即封建主义时期;近代时期,即资本主义时期;现代时期。并对欧洲历史学传统和中国历史学传统加以比较，分析了欧洲历史学传统的独特之处。

李茂肃在这一期发表了《蒲松龄对志怪、传奇小说艺术传统的继承和发展》。此后，《文史哲》又着意发表此方面论文，使蒲松龄研究成为《文史哲》的一大特色。

8月1日，《文史哲》第4期刊登两篇研究道家的文章，分别是高亨《试谈庄子的齐物》以及施昌东、潘富恩的《论老子"道"的学说》。

同时还发表了钟肇鹏的《从周代的奴隶法谈到孔子思想的阶级性》。

10月1日，《文史哲》第5期一次刊发了11篇研究孔子的论文。

论文包括高赞非的《孔子思想的核心——仁》、林琳的《关于孔子思想的几个问题——与杨荣国先生商榷》、李景春的《孔子与〈六经〉的关系》、王仲荦的《对孔子评价的一点意见》、安作璋的《略谈孔子与季氏》、王先进的《孔子是新兴地主阶级的代表》、庞朴的《也得注意点训诂工作》、卢南乔的《〈论语〉中的仁和人》、者山的《希望古汉语学家起来参加孔子问题的讨论》、朱活的《孔子是我国古代的伟大教育家》、李天佑的《试谈孔子的军旅之学》等。

本年11月6日，山东省历史学会、历史研究所主办的孔子学术讨论会在济南召开，这是新中国成立后第一次全国性的孔子研究会议，吕振羽、冯友兰、周予同、于省吾、赵纪彬、杨荣国、吴泽、蔡尚思、束世澂、唐兰、刘节、李青田、赵一民、金景芳、关锋、林聿时、高亨、高赞非等著名学者参加了这次会议。会前会后，《文史哲》都选登了这次会议的论文。学界认为，从1958年到1965年，是新中国成立以来孔子研究的第二个时期。这个时期，共发表了240多篇论文。在山东济南召开的这次有来自16个省市160多名专家学者参加的全国孔子学术讨论会，代表着这一阶段研究孔子的高潮。《文史哲》杂志所刊登的孔子研究论文数量，占了这一时期此类论文总数相当大的比例，是这次学术讨论名副其实的一个中心。许多有代表性的观点，都出自《文史哲》杂志。

这一期发表的陶冶我《对"人的自我异化"的理解》一文，是新中国成立后较早发表的研究马克思异化理论的论文。该文在对马克思提出的"人自我异化"概念进行正本清源的基础上提出，劳动的异化导致人的非人化：人和劳动产品脱了节，和劳动本身脱了节，人的劳动同自由独创精神脱了节，同人的本质力量、同肉体和精神的自由运用脱了节，体力劳动和脑力劳动脱了节，人同人相互间也脱了节。人失去了现实，也失去了自己。把"人的自我异化"归结为从"人"异化为"非人"，是后来国内学界异化问题争论的有代表性的观点。

12月1日，高亨、董治安在《文史哲》第6期发表《孔子与〈周易〉》。

文章认为孔子与《周易》有着密切的关系，他对于《周易》学的传授，对于《周易》由一部筮书进入哲学著作的领域这一重大的发展，是有不少功劳的。

卢南乔在这一期发表了《论孔子与教育》，认为孔子创立私学是对"官师合一"的旧教育制度的一个革新，扩大施教范围是对"贵游子弟"在学的旧阶级教育的一个冲击，孔子所提出的"学而优则仕"与"庶人工商遂"促进了阶级关系的调整，而"有教无类"又促进了"民族"关系的融合。

1963 年

2月11日—28日，中共中央在北京召开工作会议，毛泽东在会上提出"阶级斗争，一抓就灵"。

3月29日，中共中央批转文化部党组《关于停演"鬼戏"的请示报告》。报告提出全国各地，不论城乡，一律停止演出"鬼戏"。5月6日、7日，《文汇报》发表《"有鬼无害"论》，点名批判了孟超的剧本《李慧娘》和繁星（即廖沫沙）的《有鬼无害论》。从此，开始在报刊上对文艺学术界代表人物进行过火的批判。

12月12日，毛泽东在中央宣传部的一个内部刊物上对文艺界写了一个批语，说：文艺界"问题不少，人数很多，社会主义改造在许多部门中，至今收效甚微。许多部门至今还是'死人'统治着"。又说："许多共产党人热心提倡封建主义和资本主义的艺术，却不热心提倡社会主义的艺术，岂非咄咄怪事。"随后，根据这个批语，中华全国文学艺术界联合会及其所属各协会开始整风。

2月1日，吕振羽在《文史哲》第1期发表《孔子学术讨论中的几个问题》。

该文是作者在山东孔子学术讨论会上的发言摘要，主要讨论了关于孔子思想的阶级性问题、关于孔子的世界观问题、关于孔子思想中有无辩证法或其思想中辩证法所占比重的问题、关于孔子的政治思想和其对历史的作用问题、关于研究孔子思想中史论结合的一些问题、关于孔子研究成果的批判继承问题等，作者认为，对于孔子这样一位对我国中世纪起过伟大作用的人物，应该批判地吸收其积极的因素。

关锋、林聿时也在本期发表了《关于孔子思想讨论中的阶级分析的几个问题》。文章认为，孔子评价中有三种值得注意的倾向：一是把孔子现代化，甚至把孔子的思想说得和马克思主义差不多；二是超时代、超阶级的抽象分析；三是认为继承孔子思想遗产的方针，应该是"整理、充实和提高"的方针。这三种倾向的实质是一个，即：离开了马克思主义的阶级分析和历史主义。

袁世硕在这一期杂志上发表了长篇论文《〈红楼梦〉在中国现实主义文学发展中的地位——纪念曹雪芹逝世200周年》，文章认为，《红楼梦》是一部在中国文学史上占有杰出地位的文学巨著。它不仅极为深广地反映了中国封建社会末期的社会生活，揭露了封建的经济、政治、宗法制度，乃至整个上层建筑的腐朽、不合理，在它以后近200年来的社会生活中产生了深巨的影响，直到今天也还有着不容忽视的思想意义，而且有着高度的艺术成就，达到了中国古代小说艺术发展的最高峰，在中国文学发展中有着突出的划时代的意义。

本期还发表了一组"学习党的八届十中全会公报笔谈",包括周南的《略谈哲学社会科学研究中的一个问题》、门宏的《努力学习马克思列宁主义的立场、观点和方法》、冯沅君的《认清阶级关系　加强自我改造》、孙思白的《谈历史科学研究中的几个问题》等。

4月1日,郭延礼在《文史哲》第2期发表《中国近代文学史的分期问题——兼与几部〈中国文学史〉的编者商榷》,在学界引起了较大反响。

作者认为,制定中国近代文学史分期的标准,必须认真地研究和考察中国近代历史的发展变化、经济基础的变革,以及阶级斗争的表现形式,同时还应当考虑到文学发展的具体进程。文章不同意陆侃如、冯沅君以及北京大学、复旦大学等校研究人员对中国近代文学史的划分,主张把中国近代文学史分成如下三期:第1期,1840—1873年;第2期,1873—1905年;第3期,1905—1919年。

华山、王赓唐在这一期杂志上发表了《论顾炎武思想》,认为应该继承他的爱国主义思想,他的坚贞不屈的民族气节以及他的言行一致、以身作则的崇高品质。学习他密切结合实际,学术为现实政治服务的精神,学习他对错误思想的严肃认真的批判精神和不妥协态度,以及他刻苦钻研,重视实地考察,实事求是的治学精神和他的"多学而识以求一贯"的治学方法。

6月1日，狄其骢在《文史哲》第3期发表《对文学典型的思考——兼与蔡仪同志商榷》。

针对蔡仪"典型的普遍性不等于阶级性"的观点，作者认为，典型之所以是典型的第一个原因，应该从文学的意识形态性质中去寻找。典型形象是现实形象的反映，在生活中，典型人物是与社会与阶级处在活生生的关系和联系中的。他的典型性正存在于这种关系和联系中；正在于他的生活与斗争、思想与行动的表现，揭示了社会的阶级的本质的某些方面，含有某种社会意义。作家要描写现实中的典型，就必须在这种关系和联系中对他作深刻的本质认识，对他们作更高更理想的概括。如果只是记录他的事迹，抓住他有几多阶级特征的表现，那么显然，不但不能使现实典型在作品中更高更集中更理想，而且连他原有的典型条件也受到损伤。

8月1日，杜荇在《文史哲》第4期发表《新发现的二十四卷抄本〈聊斋志异〉初校后记》。据考，该文作者实为康生。

文章对新在蒲松龄故居邻近发现的24卷抄本《聊斋志异》进行了考证，认为此本最大特点是能够保留原著者的思想锋芒，在文字上忠于原貌，未曾删削其中触犯时忌的篇章。二十四卷本的发现对考察《聊斋志异》的版本及文字校勘均有重要价值。徐庆全在《康生、齐燕铭关于〈聊斋志异〉版本信跋》一文中通过多方钩沉，对该文作者的身份作了细致、周详的考证，得出"'杜荇'似是康生的笔名"这一令人信服的结论。徐文介绍说：康生虽曾位居党和国家领导人之列，因多行不义，声名狼藉，死后受开除党籍之报，但出身山东缙绅门户，家学渊源，在诗词歌赋、绘画书法、金石考古和戏曲诸方面有深厚修养，精于版本鉴赏，书画尤见擅长，"堪为大家"。(《历史学家茶座》2009年第1辑)

本期《文史哲》发表了一组"关于学术研究中方法论问题的讨论"，包括鲁春龙（葛懋春、庞朴）的《必须反对把古人思想现代化》、石书的《谈古典文艺理论研究中的一种倾向》、王仲荦的《谈隋末农民战争研究中的阶级分析方法》、郑欣的《坚持在历史研究中运用阶级分析的方法》。其后连续几期组织了这一讨论。

鲁春龙认为，把古人思想现代化的做法，是思想史研究中的唯心主义观点和超阶级超时代研究方法的一种表现，必须反对。以思想史研究中比较活跃的孔子研究为例，这种把古人思想现代化的做法，是有相当代表性的倾向。把孔子思想现代化，一般表现为两种形式：一是把孔子思想说成无产阶级思想，一是把孔子思想说成资产阶级思想。这两种形式，都是历史研究中的唯心主义；而前一种形式，尤其突出，尤其具有危害性。它的危害，不仅在于它们利用一门具体科学来具体地宣传唯心主义，更在于，它总是利用马克思主义词句来实际上曲解马克思主义，从而也歪曲历史真相。把古人思想"现代化"的做法是古来的"托古改制"传统的真传，这应该算作是把古人思想现代化的一个本质特征。这种把古人思想说成无产阶级思想的做法，全不是古为今用，而是根本取消古为今用。"古为今用"这个方针，被他们拿去当作把古人现代化的旗号了。把古人思想现代化的主要的理论错误，正在于没有正确理解马克思主义的阶级观点和历史主义的不可分割的具体内容，而用所谓的"阶级观点"来排斥马克思主义的历史主义,或者反过来,用所谓的"历史主义"来排斥马克思主义的阶级观点。

10月1日,胡滨在《文史哲》第5期发表了《张之洞与洋务运动》。

文章通过张之洞所办的几个主要企业,说明有关"洋务运动"的一些问题,认为张之洞经营近代工业的历史说明:"洋务运动"不但没有促进民族资本主义的发展,反而成为民族资本主义发展的严重障碍。

改革开放后,作者放弃此说,对"洋务运动"在中国近代化中的作用给予高度评价。

12月1日,师宁在《文史哲》第6期发表《有关中国史学史研究的一些问题》。

文章说,运用马克思主义的立场、观点和方法来研究或编写中国史学史的工作,不但不能和过去旧的中国史学史的研究成绩截然脱离,而且必须对于过去旧的中国史学史加以重新估价,尤其要对于梁启超的资产阶级史学加以批判的总结。为进一步推动中国史学史的研究,作者建议开展中国史学史有关基本理论问题的研究和讨论,在编写中国史学史教科书的过程中逐步加强专题研究,加强开展中国史学史资料的编辑出版工作。

1964 年

6月27日,毛泽东在文艺界整风报告的批语中指出:文艺界各协会和它们所掌握的刊物的大多数,15年来,基本上不执行党的政策,"最近几年,竟然跌到了修正主义的边缘"。在这种不切实际的估计下,文化部和中华全国文学艺术界联合会及所属各协会再次进行整风。随后,即对一些文艺作品、学术观点和文艺界学术界的一些代表人物进行了错误的、过火的政治批判。7月初,根据毛泽东的意见,中央决定成立以彭真为组长的"文化革命"五人小组。

7月17日,《人民日报》发表文章,点名批判杨献珍的"合二而一"论。

2月1日,《文史哲》第1期刊登毛泽东初次发表的十首诗词,并发表了一组"笔谈学习毛主席诗词十首"诗文。

参加笔谈的包括萧涤非、蒋维崧、高亨、黄云眉、殷孟伦、徐文斗、孟广来、孙思白、高兰等著名教授。

在这组诗文中,高亨所作《水调歌头》影响巨大。词曰:"掌上千秋史,胸中百万兵。眼底六洲风雨,笔下有雷声。唤醒蛰龙飞起,扫灭魔焰魅火,挥剑斩长鲸。春满人间世,日照大旗红。抒慷慨,写鏖战,记长征。天障云锦,织出革命之豪情。细检诗坛李杜,词苑苏辛佳什,未有此奇雄,携卷登山唱,流韵壮东风。"高亨将这首词连同一张恭贺春禧的短函寄呈毛泽东,不久收到毛泽东的回信。毛泽东亲笔题写的"山东大学"校名便出自这封信的信封上。

这一期杂志还发表了青年学者鲁春龙(葛懋春、庞朴)对北京大学著名教授冯友兰的批评文章《评冯友兰"普遍性形式"理论的一个新说法》,批判冯友兰的"抽象分析法"。文章从逻辑方面指出了冯友兰文章的漏洞。冯友兰在《哲学研究》1963年第6期上发表的文章认为:在任何历史时期,只要有阶级的统治,这个统治阶级就要把自己的特殊利益说成是各阶级的普遍利益,把"'普遍的东西'说成是统治的东西"。那就是说,只有到共产主义社会没有阶级统治的时候,这种情况才会消失。当然在那个时候也就不会再有唯心史观了。在无产阶级统治的时候,它也是认为它的利益跟全人类的普遍利益是一致的。但这种一致是真实的。无产阶级必须解放全人类,才能解放它自己。因此,无产阶级的统治的最后目的,是要消灭阶级的统治,消灭阶级。在没有阶级的社会中,一个阶级的特殊利益和全社会普遍利益的对立就完全消失了。这是无产阶级统治和剥削阶级统治的根本不同之处。鲁春龙认为,从这一段话又一次看到了冯的"抽象分析法"的危害。冯从马克思的某一句话里,体会到了"思想的普遍性形式"是和"阶级的统治"有关的,但不去推敲一下,是一种什么样性质的"阶级的统治"。有两种不同性质的"阶级的统治",一种是剥削者少数对被剥削者多数施行的统治,一种是被剥削者多数对剥削者少数施行的统治;前者是奴隶主、封建主或资产阶级的专政,后者是无产阶级专政。就其都是"阶级的统治"来说,"无产阶级专政实质上和其他任何阶级的专政毫无区别,因为无产阶级国家是用来镇压资产阶级的机器。但是这里有一个本质上的差别。这个差别就在于以前所有的阶级国家是少数剥削者对多数被剥削者的专政,而无产阶级专政则是多数被剥削者对少数剥削者的专政"。正是这样一个"本质上的差别",这样一个研究"阶级的统治"时应该时刻铭记的"本质上的差别",冯把它抹煞了。而这个"本质上的差别",在研究"思想的普遍性形式"和"阶级的统治"的关系时,也是具有头等重要意义的。鲁春龙认为,冯把这个"阶级统治"当成一般范畴,不注意它的具体内容,从而说无产阶级统治也制造普遍性形式幻想。并根据这一点推论出在共产主义社会"就不会再有唯心史观了"的结论,实在很难认为是符合马克思恩格斯原意的。

这一期的《文史哲》还刊登了师宁的《简论为什么要研究中国史学史》。认为历史科学和其他科学一样,具有继承性的特点。两千多年来长期积累下来的史学遗产,是整个民族文化遗产宝库中最为丰富的一个重要组成部分,同时也是我们今天发展马克思主义历史科学的一个重要条件。中国史学史的研究,不但有助于我们批判地继承中国过去的史学遗产,更好地发展今天的历史科学,而且还可以进一步充实和发展马克思主义历史科学的理论和方法。两千多年来,中国无论在史学理论方面,还是在历史编纂学方面,都有自己灿烂的成绩和创造性的发展;其中很多东西,对我们今天的历史研究工作，仍然有它们有用的科学价值。通晓中国史学本身的发展的历史，对于每一个历史科学工作者来说，应是一种必要的理论素养。而对于高等学校历史专业的学生以及刚开始从事历史科学工作的青年干部来说，除了马克思主义理论和方法的学习外，中国史学史的学习，应该作为他们基础理论训练的重要内容之一。中国史学史的研究，对于中国文化史的研究，以至中国通史的研究和编写，也有着重要的迫切的意义。

孔令仁也在这期杂志发表了《关于中国资本原始积累的几个问题——兼与孙江、纪新两位同志商榷》，文章就研究中国资本原始积累时要不要研究资本家最初货币的积累、中国资本关系的建立是否属于马克思所说的由农奴直接转化的类型、鸦片战争以前中国是否已经进行了资本原始积累、怎样理解暴力等几个问题发表了自己的看法。

4月1日，徐恭时在《文史哲》第2期发表《蒲松龄著作新探》，对散佚难考的蒲松龄著作进行了初步归纳。

这一期杂志还刊登了汤志钧的《辛亥革命前章炳麟学术思想评价》，指出戊戌变法前后，特别是辛亥革命前，章炳麟的学术思想为其政治目的服务，有其进步意义。他对敌斗争的英勇，攻战文章的犀利，在当时曾起重大影响。但即使在这个时候，由于他的封建意识，由于他的因循古谊，由于他的依恋于作为封建政府"法定"的儒家经籍，也就阻碍了他今后的进展。

6月1日,《文史哲》第3期开始开展"关于历史遗产批判继承问题的讨论"。

"编者按"说:用马列主义的历史唯物主义观点和阶级分析的方法去研究历史遗产,对历史遗产进行科学的分析和批判的总结,以服务于创造和发展社会主义的新文化,是思想战线上的一个重要课题。要研究历史遗产,必须认真学习马列主义关于历史遗产批判继承的学说。拒绝和轻视这种学习,就不可能有正确的方向。本期参加讨论的文章有鲁春龙《试论文化遗产的批判继承原则》,薛祥生《批判〈红楼梦〉研究中的资产阶级思想影响——评〈红楼梦八十回校本〉序言》,陆侃如、吕美生《如何批判继承文学理论遗产》。

鲁春龙认为,无产阶级的"批判继承"原则,虽包括有前人处理文化遗产的经验的总结在内,但和前人对待遗产的态度有着本质的不同。第一,无产阶级以自己的政治利益和需要及马克思主义观点为批判的依据,批判地继承前人思想中有益于人民的东西,为历史上彻底革命的无产阶级服务;前人则各以他们的阶级的世界观和政治利益为批判的依据,继承那些可以为剥削阶级或小资产阶级、农民等非无产阶级服务的遗产。这是一个根本的不同。第二,前人不能科学地处理文化遗产,而无产阶级对待前人遗产,就能够既有高度革命性的态度,又有高度科学性的态度;既做得到彻底地批判,又做得到真正地继承。第三,前人虽也曾对文化遗产采取批判地继承的办法,革命阶级的思想家虽也继承着遗产中的某些精华,但他们根本不曾自觉到文化发展规律,他们都是不自觉地做着历史的工具,所以他们或者以为自己是"述而不作",或者以为自己是

"前无古人"，即或者以为自己只是简单重复前人思想，或者以为自己与前人思想全无瓜葛；这种主观上的不自觉状态，大大影响了他们把文化推向前进的深度与速度。无产阶级对遗产的"批判继承"是自觉的，文化发展的客观规律，已经成为推陈出新、古为今用的主观方法。正因为无产阶级和前人在对待文化遗产的"批判继承"上有这样一些实质的不同，因而就能比古人更接近历史真实，能使已往文化中的真正精华得到发扬，能得出许多在前人因剥削阶级偏见和限制而得不出来的结论，体现出无产阶级是人类优秀文化当然继承者的历史使命；从而使人类文化的发展，进入一个空前迅速、繁荣的新时代。

8月1日，《文史哲》第4期以绝大部分篇幅刊登争鸣文章。

包括颜学孔的《对古代作家作品评价的几点认识——并和胡念贻同志商榷》，郭志今的《是民主性的精华，还是封建性的糟粕？——对〈三国演义〉中正统思想评论的评论》，怡然、默然的《用阶级分析的方法研究艺术典型——与蔡仪、应汉光同志商榷》，应汉光的《再谈类型性格是典型共性中的"初级本质"》，李海平的《不能混淆量变和质变的界限——与蒋捷夫同志商榷》，王赓唐的《论吕坤思想——和〈中国思想通史〉的作者商讨》等。

10月1日，《文史哲》第5期以绝大部分篇幅刊登批判文章。

主要有齐哲文的《矛盾调和论的一个新标本——驳杨献珍同

志的同一即等同论》、鲁经文的《红与专是"合二而一"的吗？》、金应熙的《周谷城是怎样袒护秦桧、赞成投降、诋毁主战派的》、景琪的《驳〈李秀成自述〉是"自白书"加"革命文献"的融合论——与苑书义、吕翼祖两同志商榷》、庞朴的《试论农民战争的革命性质——评蔡美彪、孙祚民同志的"两种革命论"》、孟广来、张伯海的《必须揭露资产阶级的人道主义和个人主义的反动实质——评〈早春二月〉中的萧涧秋形象》、邢煦寰的《关于艺术的源泉问题——评周谷城的"情感源泉说"》、文锋的《再谈文学中的典型问题——驳应汉光同志的"性格类型"说》。

12月1日，《文史哲》第6期仍然集中对杨献珍、冯定、孙祚民、严薇青、周谷城等进行批判。

1965 年

11月10日，姚文元在上海《文汇报》发表《评新编历史剧〈海瑞罢官〉》，成为发动"文化大革命"的导火索。

2月1日，《文史哲》第1期刊登姚达人、翟华林的《不能把农民战争失败的根本原因归结为"流寇主义"——评孙祚民同志〈中国农民战争和"流寇主义"问题〉一文》。

文章认为，孙祚民把"流寇主义"当作中国农民战争失败的根本原因的论点是错误的。这和孙祚民其他文章的总的倾向有内在联系，即站在剥削阶级立场上丑化农民，歪曲农民战争，否定农民战争的革命性质和历史作用。孙祚民为了百般地丑化农民和诬蔑农民战争，不惜歪曲毛主席的著作，曲解史料，颠倒历史事实。因而使自己陷于严重的混乱。这是没落的剥削阶级思想进行挣扎的一幅很好的写照。

本期刊登的大批判文章还有齐哲文的《调和红专矛盾就是坚持只专不红的资产阶级方向》、政文的《坚持阶级观点，还是取消阶级观点？——评冯定同志〈工人阶级的历史任务〉一书的基本观点》、俞沛铭的《周谷城怎样为帝国主义侵略辩护——评〈中国通史〉近代部分》、李永先的《为什么要为汉奸辩护？——读〈关于《老残游记》的作者刘鹗〉》、林迅的《研究中国史学史的根本目的何在？——对〈简论为什么要研究中国史学史〉一文的商榷》、彭彭的《如何评价〈红楼梦〉中的鸳鸯——与王昆仑同志商榷》、牛致功的《怎样认识班固的历史观？——与冉昭德先生商榷》等。

4月1日，颜学孔、牟世金、朱德才、袁世硕在《文史哲》第2期发表《关于〈中国文学史〉一书中的批判继承问题——与〈中国文学史〉编者游国恩等同志商榷》。

文章说，从总的倾向上看，本书在评论历代作家作品上，强调发扬优点，赞扬他（它）们的进步意义，而对他（它）们的缺点和局限，则只当作次要的、附加的内容。因而，在肯定成就时，往往谈论得比较详尽、具体、深入，而在指出缺点和局限时，就往往流于简单、笼统、抽象、无力，仿佛是勉强而为之的可有可无的事情。本书对少数被冠以"伟大"头衔的作家，如屈原、司马迁、杜甫诸人，则根本未提及他们有什么局限，只是一味颂扬，完全放弃了批判。这种态度是不应该的。中国文学史上的作家，即或是优秀、杰出者，也毕竟都是封建时代的人物，而且绝大部分是出身于剥削阶级，他们都不可避免地带有这样或那样的历史的和阶级的局限。有些作家，在阶级斗争的浪潮冲击下，间或可能在一定程度上反映一些人民的要求和愿望，但不能从根本上改变他们所属阶级的立场和思想感情对他们的制约。例如屈原，无疑是我国古代的一位伟大的爱国诗人,他的《离骚》、《九章》,一方面批判了楚国政治的黑暗腐败,另一方面又表现了他热爱祖国、同情人民、疾恶如仇的崇高品质,以及顽强不屈地追求理想的斗争精神;然而,他的理想是有着具体的内容的,是需要进行批判的分析的,他的忠君观念,他对楚王的幻想,他那种由于看不到人民力量而表现的孤独忧伤的情绪,以及他在《招魂》中所表现的那种用宫室、美女招"魂"归来的构思,等等,显然是应该批判的。作者认为,越是对于那些优秀的、杰出的古代作家作品,由于其流传较广,影响较大,因而就越要认真地进行批判,否则就会使读者、学生受其迷惑,把精华和糟粕、蜜糖和毒药一起吞食下去。

本期刊登的批判文章有王守昌的《冯定同志为什么要坚持宣传反动统治阶级有唯物观点?》、刘傅珍等人的《不容歪曲"五四"新文化运动的历史——评孙思白同志的〈陈独秀前期思想的解剖〉一文》、丹流的《不应吹捧陈独秀——评孙思白同志:〈陈独秀前期思想的解剖〉》、倪凤翰的《批判周谷城对待中国历史上战争问题的荒谬看法》、高风的《批判周谷城的民族投降主义和活命哲学》、牛致功的《周谷城是怎样在社会历史领域中歪曲唯物辩证法的?——批判〈中国通史〉的导论部分》等。

6月1日,王启在《文史哲》第3期发表《应该全面正确地评价司马迁的思想》。

文章说,就司马迁的《史记》这部史书著作而论,应该充分估价其在整理中国古代历史资料和研究中国古代历史方面的史学价值,以及它在综述我国古代文化成就方面的贡献;同时,也要肯定其政治主张的某些进步因素。但是,如果不指出和批判其哲学思想中相信"天命",宣扬"天人感应"等神秘唯心思想,社会历史观方面的循环论、宿命论等历史唯心主义,以及站在统治阶级立场宣扬汉王朝君权神授等,那会导致对古代思想家的全面肯定和精华与糟粕不分的错误。

本期批判文章包括孟伟哉的《为谁服务——我们同邵荃麟同志的根本分歧》、李恩普的《对宋江形象分析一点质疑》、徐绪典的《揭露周谷城为帝国主义侵略中国作辩护的实质——评周谷城〈中国通史〉的近代部分》、张传玺的《彻底揭露周谷城的阶级调和论——评周谷城著〈中国通史〉》。

本期还刊登了蒋民华撰写的《我们的晶体生长研究工作是破除迷信,解放思想的产物》。

8月1日,《文史哲》第4期刊登牛致功的《关于马克思主义的历史主义和历史唯物主义与阶级观点的问题——与宁可同志商榷》。

文章认为,宁可承认阶级观点是历史唯物主义的核心,但不承认阶级观点是马克思主义的历史主义的核心。这正是他把阶级观点和历史主义割裂开来的关键所在。也是他把马克思主义的历史主义和历史唯物主义割裂开来的关键所在。离开历史唯物主义和抛开阶级观点的历史主义,只能是资产阶级的历史主义。由此可见,是否坚持历史唯物主义和阶级观点,是马克思主义的历史主义和资产阶级的历史主义的根本分界线。

10月1日，《文史哲》第5期刊登两篇否定司马迁的文章。

这两篇文章分别是王启兴的《如何评价司马迁的道德观》以及唐赞功的《司马迁的〈游侠列传〉有人民性吗？》。前文认为，司马迁所宣扬的是为统治阶级服务的封建伦理道德，他的道德观是封建的。后文认为，游侠不是穷困的受压迫的下层人物，而是地主阶级剥削者和压迫者；他们不是代表人民的利益来反对封建势力，而是维护和发展自己的封建统治；他们不是受到劳动人民的爱护和歌颂，而是受到统治阶级中一些人的爱护和歌颂。显然，游侠是应该被否定的人物。然而，司马迁却为他们作传记，热情地颂扬他们，这哪里是符合劳动人民的利益呢？哪里是反映劳动人民的要求呢？对于司马迁写《游侠列传》又有什么值得大肆宣扬的呢？

李永先的《宋江是农民英雄形象吗？》认为，《水浒》中的宋江形象，原是一个代表中小地主利益的下层官吏，他接近下层，与大地主、大官僚统治集团有利害上的矛盾。宋江被逼上梁山后，由不敢反对土豪劣绅、贪官污吏到敢于和他们作对，当了农民义军首领。但宋江上梁山只是"权借水泊暂时避难"，为了以后接受招安"为朝廷出力"，好得到"高官厚爵"，他的地主阶级思想和立场并未改变。到了革命发展到一定阶段，宋江终于背叛了农民起义，胁迫、引诱、欺骗梁山好汉投降了统治阶级，成了统治阶级的帮凶，与蔡京、高俅、童贯等统治集团合作镇压其他农民义军。宋江根本不是"领导农民起义"的"英雄形象"。

12月1日，《文史哲》第6期转载姚文元《评新编历史剧〈海瑞罢官〉》。

1966年

5月16日,中共中央发出《中国共产党中央委员会通知》,即"五一六"通知,"文化大革命"正式开始。《通知》要求"高举无产阶级'文化革命'的大旗,彻底揭露那批反党反社会主义的所谓'学术权威'的资产阶级反动立场,彻底批判学术界、教育界、新闻界、文艺界、出版界的资产阶级反动思想,夺取在这些文化领域中的领导权"。从此,中国陷入十年动乱。

2月1日,《文史哲》第1期集中对吴晗进行批判。

这些文章包括罗仑等人的《必须彻底揭露海瑞这个反动的历史人物》、张可礼等人的《历史剧〈海瑞罢官〉反映的是什么政治方向?》、王水照的《〈海瑞罢官〉——唯心历史观的集中表现》、韩连琪的《海瑞实施退田和修吴淞江的阶级实质》、李同旭的《为什么〈海瑞罢官〉美化地主婆子?》等。

4月1日,《文史哲》第2期刊登了大量由工农兵撰写的《靠毛泽东思想,在盐碱涝洼地上闹革命》、《下丁家人的革命创业思想》之类的文章。

6月1日,《文史哲》第3期集中批判"三家村"。

转载了姚文元的《"三家村"——〈燕山夜话〉〈三家村札记〉的反动本质》、戚本禹的《评〈前线〉〈北京日报〉的资产阶级立场》等文章。

本期出版后,因"文革"爆发,《文史哲》停刊。

"文革"开始后,山东大学全校机构随之瘫痪。1967年后,校内山头林立,学校的一派组织夺权后,把校名改为"鲁迅大学",直到1970年才又恢复了山东大学校名。1970年夏,山东省革命委员会将山东大学一分为三:政治、中文、外文、历史四系南迁曲阜,与曲阜师范学院合并,改称为山东大学;生物学系迁奉泰安,并入山东农学院;校部机关和数学、物理、电子、化学、光学(新建)五系留在济南,成立山东科学技术大学。1973年周恩来总理在病中得悉这一情况,立即签署恢复山东大学原建制的指示,1974年初山东大学恢复原建制,山东科学技术大学即行撤销。

1967年

4月1日,戚本禹在《人民日报》发表《爱国主义还是卖国主义?——评反动影片〈清宫秘史〉》,首次公开透露了毛泽东《关于〈红楼梦研究〉问题的一封信》的内容。毛泽东在信中对《文史哲》杂志的褒扬,在"文革"那个特殊的狂热时期,使《文史哲》杂志从学术界走向社会,广为社会大众所知。

1973 年

3月10日，中共中央根据毛泽东的批示，决定恢复邓小平党的组织生活和国务院副总理的职务。

8月7日，《人民日报》发表了经毛泽东批准的中山大学教授杨荣国的文章《孔子——顽固地维护奴隶制的思想家》。8月13日，《人民日报》又发表了杨荣国《两汉时代唯物论反对唯心论先验论的斗争》一文。两篇文章的发表，标志着大规模"批林批孔"和"评法批儒"运动开始。

10月，江青等在清华大学、北京大学发动"反击右倾回潮运动"，指令这两个大学成立"大批判组"，编辑林彪与孔孟之道的材料，撰写批孔文章。

8月，经中共山东省委批准，《文史哲》在曲阜山东大学复刊，改为季刊，由刘光裕担任编辑部副主编，主持工作。

1966年"文革"开始当年，全国就有接近600家刊物停刊，出版事业呈现万马齐喑局面。1973年4月24日，毛泽东发出《关于恢复一些刊物的指示》："有些刊物为什么不恢复，像《哲学研究》、《历史研究》，还有些学报？不要只是内部，可以公开。无非是两种：一是正确，一是错误。刊物一办，就有斗争，不可怕。"随后，山东省革委会责成山东大学筹备《文史哲》复刊。据刘光裕《1973年〈文史哲〉复刊的回忆》(《文史哲》2011年第3期)透露，这次复刊"是中央决定后通知学校的，并不是学校自己决定的"。与《文史哲》一同复刊并公开发行的学报共有十家，皆为直属教育部的综合性大学所办，除山东大学外，还有北京大学、南开大学、复旦大学、南京大学、厦门大学、武汉大学、中山大学、吉林大学、四川大学等高校的学报。曲阜山东大学党委决定由校党委副书记李镇（工农干部）为《文史哲》编委会主任，校革委副主任吴富恒教授为编委会副主任，刘光裕任编辑部副主任，主持复刊工作。

在确立办刊方针上，据刘光裕回忆，《文史哲》采取了在学术研究与政治大批判之间走中间路线，在"积极开展革命大批判，批判修正主义，批判资产阶级世界观，批判学科领域封、资、修的反动世界观"的同时，坚持两个原则，即重申《文史哲》是"山东大学学报之一"，是"综合性学术刊物"；公开倡言"双百"方针。办刊方针中说："贯彻'百花齐放，百家争鸣'的方针和'古为今用，洋为中用'的原则。通过讨论和实践正确解决科学中的是非问题，认真树立无产阶级的新文风，为繁荣社会主义文化努力作出贡献。"山东省革委会同意了这个办刊方针。在"1973年复刊的学报中，公开倡言学术刊物与'双百'方针者，唯我《文史哲》而已"。

1973年10月，《文史哲》复刊号发行，征订数高达令人吃惊的72万份，为全国所仅有。但由于纸张供应缺乏，只得限量发行，实际印刷24万份。《文史哲》成为"文革"期间由中共中央批准复刊的第一份哲学社会科学刊物,早于1974年12月20日复刊的《历史研究》等杂志。

《文史哲》复刊时正值"批林批孔"高潮,复刊号根据当时的形势,决定以批孔为重点,以《红楼梦》研究为次重点,在山东大学校内与校友之间展开组稿工作。这一期的杂志上共刊登了7篇批孔文章,作者有高亨、刘蔚华、董治安、刘炎等。"文学"一栏有《红楼梦》研究两篇长文,一篇是李希凡的《〈红楼梦评论集〉三版序言》,另一篇是袁世硕、李志宏、龚克昌三人合写的《〈红楼梦〉第四回是全书的总纲》(署名袁宏昌)。另外,还有一篇是文字学家蒋维崧所写研究汉字简化的文章。时政文章仅三篇,约占十分之一的篇幅。编辑部尽量弱化政治,冒险没有转载刚刚公布的"十大"文件,没有转载"两报一刊"社论,也没有发表工农兵文章。所刊文章中,高亨《孔子是怎样维护奴隶主统治的》一文认为孔子是站在奴隶主立场,维护奴隶社会制度,庇卫奴隶主特殊权利的思想家,他的政治主张是守旧的,落后的,甚至是反动的。把孔子当成封建社会地主阶级创立封建主义的政治、道德、教育各种学说的进步人物,是大错特错的。刘蔚华在《孔丘——儒家唯心主义哲学的鼻祖》提出,孔丘的唯心主义哲学,是维护奴隶制度的哲学,也是维护一切剥削制度的哲学基础。从他的"天命论"、"先验论与天才论"、"中庸之道"的哲学体系中,可以直接引申出:加强神权,加强君权,剥削"有理",压迫"有理",反对进步,仇视革命的一切结论。集中到一点,就是肯定剥削阶级专政的"合理性"、"永恒性",否定剥削制度灭亡的必然性。这是一切剥削阶级都迫切需要的东西。孔丘的哲学,正是在这种剥削阶级的政治土壤上得到延续和发展的。孔丘死去若干年后是"道"运亨道,官运亨通的。儒家把他奉为鼻祖,统治阶级把他捧为"圣人"、"帝王之师",数不胜数的显赫头衔一齐而来,就是因为从他那里可以找到压迫、奴役人民的精神武器。

复刊后的《文史哲》封面上不再出现"山东大学学报之一"的字样,并开始刊登毛主席语录。

1974 年

1月18日，中共中央下发《关于转发〈林彪与孔孟之道〉（材料之一）的通知》，将批林批孔运动推向高潮。

本年春，孔繁由北京大学调入山东大学工作，任《文史哲》主编。

2月，庞朴在《文史哲》第1期发表《孔府地租剥削内幕》。

文章对孔府利用百万良田榨取地租的具体情况进行了揭露。虽然作者当年在政治上受到"文革"冲击，但《文史哲》仍然冒险发表此文。多年以后，作者在参加《文史哲》创刊50周年庆祝活动时回忆此事："当时我的政治状况很不好，这个情况《文史哲》当然知道，别的地方也知道，因此我的有些文章在别的地方不能发表，而就是在1974年那样的时候，我的一篇学术文章居然在《文史哲》上发表了。过后，吴富恒校长还跟我说：你不错，好好写。当时我非常感动，且不说别的地方能否发表文章，就连我的生存都成问题的时候，《文史哲》居然发表了我的文章。这是我应该感谢的。"

本期还发表了韩连琪、郑欣的《从战国时期的儒法斗争到秦始皇的"焚书坑儒"》以及高敏的《西汉奴隶主复辟与反奴隶主复辟的斗争》。

5月，高亨在《文史哲》第2期同时发表《商君与〈商君书〉略论》、《〈商君书·垦令〉注译》、《〈商君书·农战〉注译》等三篇文章。

8月，《文史哲》第3期刊登了郑鹤声、郑一钧的《李悝变法》以及郑欣的《曹操的历史功绩》。

11月，殷孟伦在《文史哲》第4期发表《试论唐代碎叶城的地理位置》。

该文对长期以来众说纷纭的唐代碎叶城的地理位置进行了考证，通过对有关碎叶的历史记载和文物的逐一考核，用确凿的证据证明碎叶在中亚，焉耆无碎叶。此论维护了中国领土的完整，证明中亚碎叶自汉唐以来，虽然由于局势的反复变化，管辖上曾有过转移变动，但仍然隶属于我国兄弟民族的版图，仍然是中华民族大家庭的归属问题。作者明确论定了碎叶城得名由来及其地理位置，指出了有关碎叶地理位置的错误说法，并将这些错误说法归结为三个问题，逐一加以驳正。文章特别指出所以发生错误的根本在于对《唐书·地理志》焉耆都督府下"有碎叶城"一句的理解，是一个关键所在。旧来史家多未加以注意，以致异说纷纭，莫衷一是，迷误读者不小。作者特别以这一问题作为讨论中心，反复辨析，意图把这些错误的根子挖出来。

1975 年

8月14日，毛泽东在同一位教师谈话中讲道："《水浒》这部书，好就好在投降。做反面教材，使人民都知道投降派。"江青、姚文元等利用毛泽东的评论，在报刊上掀起一场"评《水浒》运动"。

2月，萧涤非在《文史哲》第1期发表《唐代法家诗人刘禹锡》。

5月，包遵信在《文史哲》第2期发表《道学的形成和它的反动本质——兼论封建社会后期儒法斗争的历史特点》。

8月，《文史哲》第3期转载《红旗》杂志短评《重视对〈水浒〉的评论》，并开设"《水浒》做反面教材，使人民都知道投降派"专栏，开始大量刊登《水浒》评论稿件。

11月，《文史哲》第4期用全部篇幅刊登评论《水浒》的文章。

1976 年

1月8日，周恩来逝世。4月5日，北京发生"四五"运动。4月7日，华国锋任中共中央第一副主席、国务院总理，邓小平被撤销党内外一切职务。

9月9日，毛泽东逝世。

10月6日，华国锋联手汪东兴、叶剑英等将江青、王洪文、张春桥、姚文元"四人帮"一举抓捕，中国社会开始历史大转折。

2月，萧涤非在《文史哲》发表《敬读毛主席的光辉诗篇》。

5月，《文史哲》第2期大量刊登批判邓小平的文章。

8月，《文史哲》第3期刊登一组有关方腊起义的文章。

文章包括《论方腊的农民革命路线》、《关于方腊的出身和早期革命活动的探讨》、《关于方腊起义的几个问题》。

还发表了林剑鸣的《〈易〉卦爻辞所反映的阶级斗争》。

11月，《文史哲》第4期开始大量刊登批判"四人帮"的文章。

本期刊登的是济南市委大批判组的《荒唐的谬论 险恶的用心——驳"四人帮"炮制的老干部等于民主派、民主派等于走资派的反动公式》，以及山东大学大批判组的《"四人帮"为何那么害怕三项基本原则？》。

1977 年

2月7日,《人民日报》、《红旗》杂志、《解放军报》刊登《学好文件抓住纲》,公开提出"凡是毛主席作出的决策,我们都坚决维护,凡是毛主席的指示,我们都始终不渝地遵循"(即"两个凡是")的方针。

4月15日,《毛泽东选集》第五卷正式出版。

7月16日至21日,党的十届三中全会在北京举行,通过了关于恢复邓小平领导职务的决议。

8月12日,中共中央主席华国锋在中共第十一次全国代表大会上宣布,历时十年的"文化大革命"以粉碎"四人帮"为标志宣告结束。

2月,《文史哲》第1期刊登了蔡凤书的《批江青所谓的"母系社会"》以及周立升的《秦末农民革命的历史不容篡改——驳罗思鼎关于秦末农民起义问题的几个反动谬论》等文章,对"四人帮"进行批判。

5月,《文史哲》第2期刊登毛泽东《关于红楼梦研究问题的信（一九五四年十月十六日）》手迹。

8月，《文史哲》第3期刊登董治安的《坚持历史主义，坚持阶级分析——关于评论杜甫的几点认识》和牟世金的《斩断"四人帮"伸进文学史领域的黑手——评梁效〈杜甫的再评论〉》两篇文章，对"文革"期间用"评法批儒"的观点歪曲杜甫的做法进行批判。两篇文章的发表，对杜甫研究的拨乱反正起了重要作用。

董文认为"四人帮"根据"揪现代儒"的需要，把一个虚构的所谓"儒法斗争"的现成公式，硬是套用于评论杜甫，恣意剪裁历史，主观附会杜诗，蓄意制造混乱，大肆鼓吹唯心史观和形而上学。牟文认为"四人帮"出于其篡党夺权的需要，随心所欲地篡改历史，妄图把各个文化领域都纳入"儒法斗争"的轨道。

11月，陆侃如在《文史哲》第4期发表《与刘大杰论杜甫信》，对刘大杰《中国文学发展史》一书用"儒法斗争"来贯穿中国古代文学史、尤其是曲解事实强把杜甫安排为法家的做法进行批驳。

全文近1.4万字，用丰富而扎实的材料证明了杜甫后期思想中既非如刘大杰所说的"存在着重法轻儒的一面"，也不是"由轻儒而倾向于重法"。

刘大杰是复旦大学著名教授，中国文学史专家。"文革"中，为适应儒法斗争需要，他把文学史改写成儒法斗争史，受到毛泽东高度称赞。因此，陆侃如此文发表后，在学术界引起强烈震动。在"文革"刚刚结束、"两个凡是"大行其道、"批儒尊法"余音未消之际发表此文，无论对作为"摘帽右派"的作者还是《文史哲》杂志来说，都需要具有极大的胆识和勇气，可谓惊世骇俗。据陆侃如的学生龚克昌回忆："1977年夏，陆师把我叫去，交给我一封长信，问我能不能在《文史哲》上发表（我当时是负责《文史哲》文学版的编辑工作）。此信是批评刘大杰先生在其修改本《中国文学发展史》中把杜甫说成法家。陆师把杜诗中提到孔子、儒术、儒生、腐儒、管仲、屈原、秦始皇、贾谊、诸葛亮、唐太宗……诗句逐一进行分析，最后得出结论，杜甫并不是'轻儒''重法'的法家。此信在大半年前寄给刘先生，刘先生没有回信，故他寻求在《文史哲》发表。我以为此信写得很好，用事实说话，征得主编蒋捷夫（蒋实为编委会主任——引者）同意，就安排在《文史哲》1977年第4期上发表。陆师此信完稿于1976年11月1日，他当时是（山东大学）中文系《刘禹锡诗文选注》编写组的'壮劳力'，此信只能利用业余时间写。从信中所说的他'对杜集再读一遍'推测，陆师酝酿写此信必在1976年夏秋，而那时正是毛泽东病重，'四人帮'横行之时。当时大家也都意识到，刘大杰改写《中国文学发展史》是有背景的，'四人帮'中的某些人在起作用。聪明过人的陆师不会想不到，但他却偏要去批逆鳞，可见其胆识之不一般。——顺便说一下，此信发表后，蒋捷夫主编告诉我，告状的人还真不少，说为什么给他这种人发文章。具有讽刺意义的是，几年后，北京、上海等地一些权威人士都说，陆师信是《文史哲》1973年复刊后最优秀的文章之一。"（龚克昌《我心目中的陆侃如先生》，《文史知识》2003年第8期）

该文实质上是对"文革"期间那种以政治斗争指导古典文学研

究做法的彻底否定，对新时期杜诗研究的拨乱反正产生深远的影响。

本期杂志还刊登了萧涤非《清算"四人帮"破坏毛主席关于批判继承的原则的罪行——评梁效〈杜甫的再评论〉》，对"四人帮"为了适应篡党夺权的需要、硬把所谓"儒法斗争"扩展到文学史领域、唆使他们的御用写作班子搞所谓"文艺史上的儒法斗争"进行批判。

在《文史哲》上进行的"杜甫研究"讨论，被学界看作是"文革"后杜学复兴的标志。

1978 年

5月11日,《光明日报》发表特约评论员文章《实践是检验真理的唯一标准》,在全国掀起了影响极为深远的真理标准大讨论。

12月18日至22日,中共十一届三中全会在北京举行,改革开放成为国策,中国进入新的历史时期。

2月,吴富恒被任命为山东大学革委会主任,孙汉卿任校党委书记。

8月,山东大学复归教育部直接领导。

王复三出任《文史哲》副主编,主持工作。

2月15日,蔡凤书在《文史哲》第1期发表《关于大汶口文化时期社会性质的初步探讨》。

作者认为,大汶口文化,不仅可按考古文化划分为几个时期,而且从社会发展的角度也可以划分为早期、中期、晚期三个阶段。从生产力发展水平上和在埋葬制度中表现的意识形态上看,大汶口早期文化很可能是处在母系氏族社会的发展阶段。大汶口文化的中期发生了巨大的变化，农业生产水平较前有了提高，私有制的萌芽开始发生，婚姻形态、氏族组织的结构也出现了相应的变化。在大汶口文化晚期，父系氏族制完全确立，而在晚期之末，创造大汶口文化的人们已踏进了文明时期的门槛了。

本期还发表了高敏的《论两汉赐爵制度的历史演变》。

4月15日，《文史哲》第2期刊登吴富恒、狄其骢的《形象思维散论》，为"文革"期间被扼杀的"形象思维论"正名。

7月15日，随着拨乱反正工作的深入，《文史哲》第3期开始主要刊登学术性论文，逐渐摆脱了意识形态话语的束缚。

本期发表的主要论文有李武林的《批判"四人帮"奉行的实用主义哲学》、韩连琪的《汉代的户籍和上计制度》、郑欣的《东晋南朝时期的世族庄园制度》、钟肇鹏的《董仲舒的哲学思想与汉代今文经学》、孔范今的《略论形象思维》等。

8月15日，刘敦愿在《文史哲》第4期发表《马王堆西汉帛画中的若干神话问题》，提出马王堆一号出土的西汉帛画乃是一幅魂幡，其形式和用途都是从古代以衣"招魂以复魄"的习俗演化而来。

本期还刊登了韩长经、王长水的《论鲁迅的进化论思想》，林耀华的《试论原始社会史的分期问题》。

10月15日,《文史哲》第5期刊登《实践是检验真理的唯一标准》的作者胡福明撰写的《理论不是检验真理的标准》,以及华飞的《从实践的特点谈真理的标准》,展开"真理标准"讨论。

此后,《文史哲》开始大幅度转换办刊方向,由政治斗争的工具复归学术本位,刊登了一批有着广泛影响的学术论文,办刊质量大为提高,逐渐恢复了"文革"前的声誉,对推动"新时期"学术复兴起了重要的作用。

12月15日,《文史哲》第6期刊登蔡尚思、李华兴的《学习毛主席有关孔子论述的一些体会》以及周振甫的《孔子论礼》,对孔子评价问题展开正面交锋。

蔡文认为,从革命和反革命的政治斗争看,孔子思想体系属于反动文化,是应该被打倒的东西,从哲学上的两军对战看,孔子思想体系是反面的东西,要在同它作斗争的过程中发展真理,从对待历史遗产看,孔子及其创立的儒家学派留下的一份珍贵的遗产,应该批判地继承,即使对孔子思想中某些有用的东西,也不能照搬照用,而是借用它的语言,注入新的内容。周振甫则大胆为孔子的学说作了辩护。周文认为,孔子思想并不是保守的,孔子论礼包含着积极的思想,具有进步作用。针对孔子代表落后保守的指责,作者问道:在春秋时代已经是保守落后的思想家,在长期的封建社会中何以被推崇为圣人?孔子的思想要是在春秋时代就是保守落后的,那就不可能适应于比春秋时代更进步的封建社会,封建社会里何以不能产生足以代表封建时代的圣人，而要推崇在落后于封建社会的春秋时代的保守落后的孔子做圣人呢？历经"文革"的甚嚣尘上的"批儒"，该文是"文革"后较早公开为孔子翻案的。

本期还刊发了两篇讨论农民起义的文章。漆侠的《读〈李自成〉——论农民的革命民主主义》提出封建社会里的农民是革命民主主义者，引起了较大争议。赵凯球、史学通的《从大顺政权的性质看历史上的农民政权问题》认为，农民政权是农民阶级反封建斗争的必然产物，在农民革命战争的特殊条件下，可以建立短期的农民政权，这种农民政权的性质是革命的，与封建政权有着本质的区别。

1979 年

1月18日,"党的理论工作务虚会"在北京召开,3月30日,邓小平发表讲话,提出必须在思想政治上坚持四项基本原则。

10月,第四次全国文代会召开,标志着文艺界的拨乱反正。邓小平在《祝词》中摒弃"文艺为政治服务"的提法,指出:"我们要继续坚持毛泽东同志提出的文艺为最广大的人民群众、首先为工农兵服务的方向,坚持百花齐放、推陈出新、洋为中用、古为今用的方针,在艺术创作上提倡不同形式和风格的自由发展,在艺术理论上提倡不同观点和学派的自由讨论。"

12月,吴富恒改任山东大学校长。

本年,刘光裕担任主编。

经教育部批准,《文史哲》从本年起由限国内发行改为公开发行。

2月15日,田昌五在《文史哲》第1期发表《论秦末农民起义的历史作用——兼评让步政策论》。

针对学术界为"让步政策论"的平反,作者仍然对"让步政策论"持反对意见。认为大规模农民革命战争所起的作用，和这种战争过后封建统治阶级执行什么政策，是两个不同的命题，不应把农民起义的历史作用归结为封建统治阶级的政策。让步政策论的错误不仅仅在于把大规模农民起义失败后建立的新王朝所执行的某些有利于社会经济发展的政策，毫无根据地说成是对农民阶级的让步政策，更主要的是把农民革命战争作为历史发展的动力归结为让步政策，认为只有通过封建统治阶级的让步政策，农民革命战争才能成为历史发展的动力。说农民革命战争只有通过封建统治的让步政策才能推动历史的发展，实际上是把封建统治阶级的让步政策作为历史发展的动力。马克思主义认为，阶级斗争是历史发展的直接动力，不需要借让步政策而行，变成"斗争＋让步＝动力"。

孙祚民也在本期杂志发表《关于中国农民战争史研究中几个问题的意见分歧》一文。该文从概念辨析的角度探讨了中国农民战争史研究中出现的意见分歧，对农战史研究中存在较大分歧的自发性与自觉性、反封建性质与自觉地反对封建制度、自发地要求土地与改变封建土地所有制、反对皇帝与皇权主义思想、农民领袖掌权与农民阶级专政等问题进行了讨论。作者指出，之所以在"农民政权"问题上会有这么多人出现错误，最根本的关键问题，是他们离开了历史主义和阶级分析的方法，被某些表象所迷惑，而忽略了政权的阶级实质。少数同志尽管主观上也力图坚持马克思主义的历史主义和阶级观点相结合的原则，但由于对中国农民战争史的研究如何为无产阶级政治服务，理解上有片面性，认为对于作为劳动者阶级的农民及其进行的起义和战争，只能赞美其革命性和历史作用，而不能分析他们历史的和阶级的局限性。这种做法，虽说是出于朴素的阶级感情和善良的愿望，却不能代替马克思主义的科学分析。结果，往往事与愿违，不但在实际上离开了"一分为二"的原则，而且难免得出不利于无产阶级政治的结论，片面美化，无限夸张，甚至把古代农民无产阶级化，把古代农民战争现代化，客观上起了"把缺点说成是美德"加以宣扬，甚至"拔高"农民而贬低无产阶级和党的领导的反作用。

4月25日，《文史哲》第2期刊登了一组纪念"五四"的论文，庆祝"五四"运动60周年。

包括孙思白、韩凌轩的《"五四"以来反封建文化运动之史的考察》，彭明的《中国现代史上的启蒙运动》，吕明灼的《李大钊在新文化运动初期的宇宙观》，朱玉湘、吕伟俊的《陈独秀在"五四"时期的历史地位》，陈瘦竹的《五四运动和戏剧革命》等。

从本期开始，《文史哲》开始出现英文目录，并开设了《文史哲》创刊以来的首个连续性专栏"现代美国文学研究"。

6月25日，萧涤非在《文史哲》第3期发表《关于〈李白与杜甫〉》，对郭沫若的杜甫研究提出了批评。

1971年，郭沫若的专著《李白与杜甫》出版。为了迎合毛泽东的喜好，作者一改此前对杜甫的高度赞扬，认为李白代表法家，杜甫代表儒家，指斥杜甫"站在地主阶级的立场、统治阶级的立场，而为地主阶级、统治阶级服务"，对杜甫进行了全面的批判，并在书中对萧涤非有关杜甫的学术观点多次点名批评。为此萧涤非受到了很大的学术压力，长期未有文章面世。郭沫若去世后，萧涤非发表此文，为自己的学术观点进行了辩护，对郭书"扬李抑杜"、"曲解杜诗"、"误解杜诗"，以及所谓"腐肉中毒"等四方面的论述进行了商榷，对郭沫若进行反批评。作为新中国成立后毛泽东亲自树立的文化人典范，"继鲁迅之后革命文化界公认的领袖"，郭沫若在当时的学术界具有至高无上的官方地位。在"文革"余威尚在之时，《文史哲》敢于发表反驳郭沫若的文章，表现了捍卫真理的学术勇气。

本期还组织了"纪念五四运动六十周年"专辑，发表了孙叔平《我们仍然需要科学与民主》、高兰《重读〈女神〉》等7篇论文，其中孙昌熙、史若平的《试论五四新文学运动中胡适的历史作用》为胡适在现代文学史上的地位作了辩护。孙昌熙等认为，长期以来，在中国现代文学史中，胡适的历史作用基本上被否定了，并作为反面教员出现，这是不公正的。胡适在现代文学史上应有的历史地位，是客观存在。该文是"十年动乱"后较早对胡适重新进行客观评价的文章。

8月20日，《文史哲》第4期登载一组太平天国研究笔谈。

包括徐绪典、马大正的《论洪秀全早期革命思想的形成和拜上帝会》，徐如雷的《太平天国的基督教和"汉会"的关系问题》，郭毅生、任恒俊的《关于历史人物的评价与李秀成伪降问题》，朱金甫的《故宫太平天国档案史料浅谈》，对太平天国进行了多方面研究。

10月20日，孔令仁在《文史哲》第5期发表《〈子夜〉与一九三〇年前后的中国经济》，受到茅盾本人的称赞。

本期还发表了于首奎的《试论〈淮南子〉的宇宙观》、侯宜杰的《关于西汉前期分封制度的两个问题》等文章。

12月20日，黄盛璋在《文史哲》第6期发表《碣石考辨》，对曹操东临碣石之所在进行了考证，认为曹操征乌桓回军所登临的碣石应在今秦皇岛金山嘴附近，既有证据也很合理，从而解决了一个千古之谜。

本期还发表了朱恩彬的《"两结合"能成为独立的创作方法吗？》和蒋茂礼的《略论革命现实主义和革命浪漫主义的辩证结合》，对"两结合"的创作方法进行讨论。朱恩彬认为，社会主义文艺创作方法不是"两结合"，"应该是社会主义现实主义，社会主义浪漫主义"。而蒋茂礼则认为革命现实主义和革命浪漫主义的辩证结合是可能的，主张要"既提倡两结合创作方法，又实行创作方法上的多样性"。

1980 年

7月26日,《人民日报》发表社论,提出"文艺为人民服务,为社会主义服务"的"二为"方向。

9月29日,中共中央批转公安部、最高人民检察院、最高人民法院党组《关于"胡风反革命集团"案件的复查报告》,为"胡风反革命集团"一案平反。

2月20日,李振宏在《文史哲》第1期发表《封建时代的农民是"革命民主主义者"吗?》,对漆侠《读〈李自成〉——论农民的革命民主主义》一文提出的"我国封建社会里的农民阶级"是"革命民主主义者"的看法提出商榷。

这是《文史哲》刊登的又一篇在校大学生撰写的学术论文。

李文认为,这种提法缺乏理论根据,在典型的封建时代是绝不可能产生革命民主主义思想体系的,把封建时代的农民上升到革命民主主义者的高度,是不够妥当的。不能因为拔高对农民的估价,而把民主主义这个只能在特定的历史阶段、在资本主义生产关系的基础上并且适应这种关系发展的要求才产生的一种思想体系，随便搬到别的历史时代去，从而背离了马克思主义关于生产关系决定其余一切社会关系、经济基础决定上层建筑的基本观点。文章发表后，在学术界产生了较大影响。

孔繁在本期发表了《要恢复中国哲学史的科学研究》，提出应当放弃哲学史"为政治服务"和"古为今用"两个口号。"文化大革命"中，林彪、"四人帮"正是利用这两个口号把哲学史变成他们反革命需要的工具的。

张维华也在这一期上发表了《司马迁与〈史记〉》。该文认为，司马迁是中国史学的创始人和奠基人，只有到了司马迁才把历史从经学中分离出来，并使它成了一门比较完整的独立的学问。司马迁在创立新的史学基础上的贡献表现在多个方面：1. 司马迁看到了历史是继续的、发展的、演变的，这一历史学上的重大问题。2. 司马迁是把历史的范畴从政治上极少数最高的贵族手中展向到社会各阶层，甚或把社会的最下层也包括在内。3. 司马迁作《史记》使历史最先成为一部综合性的社会学。

4月20日，李传明在《文史哲》第2期发表《关于哲学史研究对象的几个问题》。

"文革"结束后，为了拨乱反正，哲学界展开了"哲学史研究的对象和目的"讨论，本期发表的李传明的文章，提供了这场讨论中有代表性的观点。作者认为，把某一种矛盾作为一门科学的定义，只能是片面地反映出科学研究对象的矛盾的特殊性。唯物主义和唯心主义的矛盾是哲学史中的根本矛盾,但是把哲学史定义为"唯物主义和唯心主义斗争的历史",就是以偏赅全。哲学史中的矛盾很多,比如,辩证法和形而上学的矛盾,哲学的阶级性和真理性的矛盾,逻辑的和历史的矛盾,哲学和其他社会意识形态的矛盾,哲学发展的历史继承性和创新的矛盾,哲学家的政治立场和世界观、自然观和历史观的矛盾,哲学的形式和内容的矛盾。这些矛盾的解决,当然同对哲学基本问题的解答有一定的联系,同唯物主义和唯心主义的矛盾有一定的关系,但是,任何一种矛盾都未能包括或代替上述种种矛盾。只讲唯物主义和唯心主义斗争的哲学史,是简单化、贫困化的哲学史。关于哲学的党性,作者认为,就是指唯物主义和唯心主义是哲学上两个根本对立的党派。但是,对哲学的党性原则,长期存有错误的理解,即认为哲学史只是唯物主义的发展史,唯心主义在哲学史中没有贡献,只配作批判的对象,唯物主义与唯心主义只有斗争性,没有同一性,不许讲它们的相互渗透、相互转化,唯物主义与唯心主义的对立,等同于政治斗争,唯物主义一定是进步阶级的世界观,唯心主义一定是反动阶级的世界观。这些观点,不是哲学的党性原则,不是实事求是的辩证的观点,是一种"左"的教条主义,应该早日扫除干净。

孙达人的《明初户口升降考实》、傅玉璋的《关于张献忠降明问题》以及王兴亚的《牛金星降清说质疑》等文章也发表在这一期杂志上。

6月20日,《文史哲》第3期组织了"关于如何评价当代外国文学问题的讨论"。

参加讨论的有李文俊的《依据什么来衡量西方现代文学》、黄嘉德的《应当进行实事求是的分析》、张健的《披沙拣金,深入研究》、王文彬的《怎样看待西方现代派的作品》。

7月5日,华岗平反昭雪追悼会在济南举行。

"四人帮"倒台之后,公安部、最高人民检察院、最高人民法院重新审理了华岗的案件。1980年3月28日,经中共中央批准,为华岗平反昭雪,恢复名誉。

悼词说:华岗同志在山东大学期间,为党的文化教育事业辛勤工作,他创办《文史哲》杂志和《山东大学学报》,支持文科两个学生关于《红楼梦》问题的研究,受到毛泽东同志的赞扬。

8月20日,《文史哲》第4期刊登了一组纪念华岗的文章。

包括楚图南的《记和华岗同志在一起工作的日子》、余修的《深切怀念华岗同志》。

10月20日,张维华在《文史哲》第5期发表《论司马迁的通古今之变究天人之际》。

作者认为,"通古今之变,究天人之际"可以看作是司马迁史学思想的一个方面。这两点可以分着看,也可以合着看。分着看,"通古今之变",是研究历史发展的过程,"究天人之际",是研究历史上"天道"和"人道"之间的关系。合着看,是说历史上人世之间之所以发生变化,是受天意的支配和控制,这样就把这两句话算作是一回事了。

12月20日,《文史哲》第6期辟出专版来开展"《聊斋志异》研究"。

发表了蓝翎的《略谈〈聊斋志异〉在中国小说史上的地位》、赵俪生的《试论〈聊斋志异〉妇女形象中人性的异化》、李厚基的《〈聊斋志异〉刻画人物性格的几点特色》、袁世硕的《蒲松龄与王士禛》,以及综述《〈聊斋志异〉研究中的争鸣问题》。在此前后,《文史哲》发表了众多研究《聊斋志异》的论文,奠定了山大在全国《聊斋志异》研究的领先地位。

童书业遗稿《庄子思想研究》也在本期发表。

1981年

6月27日，中共十一届六中全会通过了《关于建国以来党的若干历史问题的决议》，对新中国成立以来中共重大历史事件特别是"文化大革命"，对毛泽东的功过是非和毛泽东思想的基本内容与指导意义作出总结和评价。

本年，《文史哲》由双月出刊改为单月出刊，篇幅从每期80页增至104页，并从此固定了篇幅，不再像过去那样随意增减页码容量。

1月20日，《文史哲》第1期开设"义和团运动史研究"专栏。

1980年11月14日，义和团运动80周年学术讨论会在山东大学举行，国内外学者200余人参加。为配合这次会议，该期专栏发表了李侃的《关于研究义和团运动方法的几点意见——在义和团运动史学术讨论会上的发言》，丁名楠的《义和团运动评价中的几个问题》，程歗的《义和团思想述评》，〔美〕周锡瑞的《论义和拳运动的社会成因》，李德征、丁凤麟的《论义和团时期的围攻使馆事件》等会议论文。这些论文代表了义和团运动研究的最新观点和动向,代表着当时义和团运动研究的最高水平。

为推动学术史研究,从本期始,《文史哲》设置"学者谈治学"专栏,后改为"治学漫谈",邀请了众多知名学者以亲自撰文或以访谈的形式来传授自己的治学经验。这一专栏一直赓续到90年代中后期,成为《文史哲》的名牌栏目,受到学术界普遍关注。十余年间,亲笔撰文漫谈治学心得的有张岱年、孙思白、吴大琨、程千帆、赵俪生、安作璋、陈瘦竹、王仲荦、李学勤、姜亮夫、张岂之、孙昌熙、黄冕堂、徐中玉、李泽厚等,以接受访谈的形式传授为学之道的有吴富恒、杨向奎、钱谷融、蒋孔阳、金开诚、刘纲纪、周来祥、章培恒、鲁枢元、童庆炳等,多达近百人。这些文章,集中体现了当代中国学术发展的风貌,勾勒出当代中国学术发展的基本脉络,为学术史研究积累了丰富的第一手资料。相对于90年代以来学术史研究的勃兴与繁荣,起步于80年代初的《治学漫谈》栏目堪称当代中国学术史研究的拓荒者。

首期"学者谈治学"专栏刊登了姜亮夫的《根柢之学与博与专的道路——我的治学一得》和张维华的《我对于研究史学的一些看法》两篇文章。张文是最早注意到80年代初学术界出现"回到乾嘉去"并对其进行批评的文章,对历史研究中推崇史料轻视理论的做法提出批评,认为史学工作者不能不注重史料,但不能说只是在史料上下工夫,就算是完成研究历史的目的了。研究历史的目的是了解人类社会发展的过程,借以探求人类社会未来发展的方向。张文认为,目前中外史学界有一个偏向,好研究小题目,忽视大问题,不求融会贯通地去对待历史知识。这样达到成名成家的目的,比较容易，却是达不到研究历史的真正目的。

本期杂志还发表了牟世金的《刘勰思想三论》及龚克昌的《论汉赋》。

3月20日，《文史哲》第2期刊登华岗遗著《美学基础和理想》。

5月20日，《文史哲》第3期刊登一组讨论"文艺与情感"的论文。

包括周来祥的《审美情感与艺术本质》、狄其骢的《艺术创作中的情感问题》、张国民的《文艺描写感情浅议》、袁世硕的《文学中的"情"与"理"》等。从创刊始，文艺学、美学问题就一直是《文史哲》关注的重点，华岗、吴富恒、吕荧、周来祥、狄其骢、曾繁仁、陈炎、谭好哲等数辈学人都在《文史哲》上发表了大量的学术论文，为山东大学文艺学美学学科的发展和壮大奠定了基础。

赵俪生的《有关均田制的一些辨析》也发表在这一期杂志上。作者认为，在"均田"的调整或调节下，矛盾重重的中古统治，又为之延缓了300年。所以说，均田制不仅是一个大的田制，而且也是一个稳定的和起着一种稳定作用的制度。据此，说它是一种"昙花一现"的制度的说法，是值得商榷的。另外，说它是"开倒车"的，这话也值得辨析。文章重点对学术界所认为的均田制的二重性表现在公有制与私有制的矛盾这一说法进行了辨析，揭示了均田制的历史真相。

7月20日，张维华在《文史哲》第4期发表《释"黄老"之称》，对道教产生的原因提出新见。

作者认为,"黄老"这个名称的出现,是道家思想的发展与道教形成和发展过程中的一个重要问题。老子有其人,有其说,而黄帝则是原本无其人,无其说。黄帝加在老子学派的行列中,是由于在漫长的传说历史过程中,至晚周时期黄帝成了传说中一个显赫的人物,在各个学派托古以自重的空气下,道家行列中某些人也借黄帝之口阐述了一些道家理论,使黄帝不仅是道家行列中人,而且仿佛成了道家学派的创始人。黄帝与老子合一,就产生"黄老"这个名称。战国后期,齐燕滨海之地,出现了一批专谈神仙的方士,他们也托古以自重,说了黄帝成仙的一些假说,这些假说,也发生了很大影响,结果就在原有的以老子思想为宗主的学说中,又加了假托黄帝成仙的方士思想,这样就给道教的形成奠定了基础。

本期还刊登了吴富恒、杨向奎、吴大琨、李希凡、葛懋春等人的回忆文章,纪念《文史哲》创刊 30 周年。同时刊登董治安、倪墨炎、黄侯兴、吴长华、张杰的文章,纪念鲁迅 100 周年诞辰。

9 月 20 日,吴承明在《文史哲》第 5 期发表《关于中国资本主义萌芽的几个问题》,对资本主义萌芽研究起到了重要的指导作用。

该文认为资本主义萌芽指的是一种生产关系,而不是一厂一店,因而不能用举例子的方法来论证。它指的是一种社会关系,而不是个别人之间的关系,因而不能孤立地看待。因此在考察资本主义萌芽时,必须把考察的对象放在一定的历史条件之中,看这个地方、这个行业有没有产生资本主义的土壤和气候。资本主义萌芽是封建社会内部的一种新的生产关系,它具有新生事物的生命力。它一旦产生，除非有不可抗原因，是不会中途夭折的，而是引导向新的生产方式。因而，真正的资本主义萌芽，应具有延续性和导向性。所以，考察资本主义萌芽，是要探讨它的历史作用。

这一期杂志上还刊登了赵俪生的《亚细亚生产方式及其在中国历史上的遗存——参加八一年四月天津亚细亚生产方式学术讨论会后的思考笔记》及姜洪、江于的《马克思在晚年放弃了"亚细亚"这一概念了吗？——兼论马克思"亚细亚"概念的两重含义及其发展》，参加正在全国热烈进行的亚细亚生产方式讨论。

华山遗稿《戴东原的反理学思想》也发表在这一期杂志上。

11月20日，蔡尚思在《文史哲》第6期发表《顾颉刚先生治学的几个特点》，总结顾颉刚的治学特点，以纪念顾氏逝世一周年。

本期还刊登了高兰的《漫议诗与感情》及杜书瀛的《论艺术的对象》。刘祚昌的《谈学习外国史的几点体会》主要介绍了作者攻治外国史的经验。

1982 年

9月1日至11日，中国共产党第十二次全国代表大会在北京举行，提出"建设有中国特色的社会主义"理论。

1月20日，《文史哲》第1期开设"《红楼梦》研究"专栏。

1981年10月5日至10日，由山东大学和中国红楼梦学会联合举办的第二次全国《红楼梦》学术讨论会在济南举行，讨论的主题是《红楼梦》的艺术成就。为配合这次会议，本期《文史哲》特开设"《红楼梦》研究"专栏，刊登了一组大会论文，包括袁世硕的《论〈红楼梦〉的现实主义》、白盾的《〈红楼梦〉的悲剧美与艺术风格美》、杜景华的《王熙凤与〈红楼梦〉的艺术结构》、魏同贤的《简论〈红楼梦〉人物形象的丰富性》等。

这一期还发表了邓广铭的《再论岳飞的〈满江红〉词不是伪作》，为众说纷纭的《满江红》词作者争论提供了最权威的看法。该文通过缜密的考辨证明《满江红》既不像余嘉锡所说，是出自明人伪托的一个赝本，更不像夏承焘所说，是明代首次战胜鞑靼族的主将王越或其幕府文士所作，其唯一不容置疑的真正作者，只能是南宋名将岳飞。1982年第3期《文史哲》又发表了《臧克家、邓广铭关于岳飞〈满江红〉词的通信》。

3月20日，《文史哲》第2期刊登赵俪生、葛懋春的文章，为史学界出现的"回到乾嘉去"思潮"纠偏"。

赵俪生的《光考据不行，还需要思辨》认为，自清乾嘉以来，人们对归纳法的崇拜的确有些过分了。演绎法无形中被排斥。统观下来，史学界的思辨能力和理论思维受到了损减。归纳法是好的，谁都在天天使用，但不能把它绝对化。它会拘束人们的思维。必须允许理性在史学中有一席之地。不能让经验在史学园地中唯我独尊。考据对比起宋、明思辨哲学和清初的经世济用之学来，是一种思维能力的堕落，一种理性上的严重衰退。

葛懋春的《论史论结合中的几个问题》指出，笼统地认为历史学应走回头路，回到乾嘉学派去，其结果只能是回到史料即史学的老路，把历史科学研究引入歧途。使历史学变为史料学，抹煞研究历史发展客观规律的任务，实际上必然使史料的考订、搜集、整理失去了正确的工作方向，把史料学引入死胡同。因此在历史研究中应当提倡马克思列宁主义理论与历史实际相结合，即理论和史料的统一。

本期还刊登了周来祥的《论艺术创造的美学规律》，对艺术创造的独特规律、生活实践与艺术构思、艺术构思和艺术传达等问题进行了论析，认为艺术想象和艺术传达是艺术创造的两个方面、两个因素、两种活动，但不是截然分开的两个阶段。艺术想象、艺术构思中已包含着艺术传达、艺术媒介的因素（作为表象而存在），而在艺术传达时，也不停止艺术想象活动，而是艺术构思的进一步深化、定型化、具体化，既不可把它们混同，也不能把它们机械地分开。只有两者自由地和谐地结合，才能完成艺术创造的使命，才能创造出美的艺术珍品。

5月20日，董楚平在《文史哲》第3期发表《〈天朝田亩制度〉性质问题再评价》，引起较大争论。

董楚平认为，"《天朝田亩制度》没有得到过当时农民的拥护"，"太平天国领导人根本没有、也不可能有'彻底否定封建土地所有制'的思想"。《天朝田亩制度》"是以一种封建制度代替另一种封建制度"，其反动性不在于它的空想性，而在于它"是倒退的，是违背历史发展的进步趋势，违背生产力发展的客观规律，违背人民的利益与愿望"。这些观点被主流观点认为离经叛道，发表以后引起较大争议。

殷孟伦《训诂学的回顾与前瞻》探讨了训诂学究竟是一门什么性质的学科，以及在其绵长的历史发展过程中对于中国文化所作的贡献，重点对两汉、魏晋南北朝、隋唐、宋元明、清、近代等不同时期训诂学的发展和演变进行了考察。作者认为，训诂并非小事，训诂学对所有学术的关系是非常重大的。训诂学研究，要在批判继承传统训诂学遗产的基础上，对训诂学的理论与方法进行深入的研究，有步骤地整理、正确注释我国的古代文献，对我国历代的训诂著作，有计划地进行一次全面的整理、研究。

7月20日，《文史哲》第4期刊文纪念老舍。

1982年3月30日至4月3日，山东大学在济南召开了老舍学术讨论会，本期刊登了牟国胜《论老舍创作的大众化道路》、舒乙《谈老舍著作与北京城》以为纪念。

本期还发表了李希凡的《"神话"和"现实"——〈红楼梦〉艺境探微》和徐鸿修的《农村公社与"亚细亚生产方式"》两篇论文。

9月20日，《文史哲》第5期刊登侯外庐《史林述学——〈侯外庐史学论文选集〉自序》，介绍了作者从事历史研究的原则和方法。

赵俪生研究中国土地制度的重要文章《试论两汉的土地所有制和社会经济结构》也发表在这一期上。作者认为，斤斤计议于两汉社会之究竟是奴隶社会抑或封建社会，假如拿导师马克思原来脑际所出现的"前资本主义生产形态"来衡量五种生产方式论中"奴隶"与"农奴"的差别等等，有其科学的部分，毋庸讳言，也有其局限的部分。所以文章不从五种生产方式中的两种生产方式谈起，而改由自然经济和古典经济这两种形式的经济潮流谈起。作者认为，从战国到两汉，有两种形式的经济潮流在交错着，互有消长：一种是自然经济，其特征是个体农业与个体手工业的结合；一种是古典经济，其特征是个体农业与手工业的一定分离，商业和货币流通的一定昌盛，个体农业与手工业在一定程度上跟商业三者纠缠到一起，使城市对乡村起着一种相当大的影响力。作者指出，两汉的自然经济是分做两头的，前头一段是从属于"亚细亚"形式的一种自然经济，后头一段是逐渐从属于中古（medieval）的一种自然经济，谨慎而细致地区别这两种自然经济的差别并看取其中间的转化，是掌握两汉社会经济问题的要害点之一。文章对两汉三种土地所有制，即国家土地所有制、大土地私有制和小土地私有制进行了扎实地考证，并将两汉主要的社会经济关系描述为：（一）专制主义国家一方面用徭役迫害小农，另一方面又赐民公田和爵命，以表示安抚。（二）"豪家"、"权家"迫害小农，使他们破产、自卖为奴婢。（三）专制主义国家与"豪强"间关系又非常紧张，国家打击豪强，豪强挖国家的墙角。

本期还发表了张维华《论西汉初年对于刑律的修正》，以及两篇有关《西游记》的研究论文。

11月20日，刘光裕在《文史哲》第6期发表《艺术形象和社会生活——再谈源于生活和高于生活》，在学术界引发争论。

本文从艺术形象与社会生活的关系，探讨了源于生活和高于生活这两种理论的区别，进而说明高于生活理论，在方法和观点方面存在的一些问题。文章认为，"高于说"的立论，主要靠类比法，就是把艺术形象和实际生活相比这种方法。这种类比，常常是把文艺反映生活的形式，去和实际生活中的具体事物相比，以此证明的却是，包括艺术内容的、作为内容和形式统一物的艺术形象可以而且应该比生活高。"高于说"的类比，是把想象虚构出来的东西和客观实在的东西，在文艺和生活的根本关系中相提并论，在等量齐观中竞高争长。除此之外，"高于说"认为本质可以离开现象而存在，生活的本质可以不在生活本身之中，这样一来，本质成了凌驾于生活之上的、脱离了生活又不受生活制约的东西，成了客观现象世界之外的绝对物，它不能是物质的东西，只能是精神的东西，不能是客观的东西，只能是主观的东西，它与柏拉图的"理念"、黑格尔的"绝对理念"差几相似。正是认为本质可以离开现象而存在，生活的本质可以不在生活本身之中，这种观点是"高于说"的全部理论，包括它的真实论、典型论等在内，赖以建立的思想基础。可是也正是因为这一点，"高于说"它不可能与哲学中的唯物主义，与艺术中的现实主义相合拍，倒是可以与别的，例如与"四人帮"的唯意志论、唯我论、实用主义等一拍即合。

《文史哲》于1983年第2、4、5期分别发表刘波的《一个心造的幻影——与刘光裕同志商榷》、朱兰芝的《既源于生活，又高于生活》、刘守安的《文艺能不能比生活"更高"》、顾征南的《为了前进，而不是倒退》、刘波的《是"现实"还是"幻影"？——答刘光裕同志》等文章，就刘文观点展开争鸣。

本期还发表了韩连琪的《殷代的社会生产和奴隶制特征》。

1983 年

3月13日，在纪念马克思逝世100周年大会上，周扬发表了《关于马克思主义的几个理论问题的探讨》的讲话，其中关于人道主义和异化问题的内容受到批判，成为"清除精神污染运动"的导火索。

10月11日至12日，中共十二届二中全会在北京举行，邓小平作了题为"党在组织战线和思想战线上的迫切任务"的讲话，全国开始了抵制和清除反精神污染的运动。《红旗》杂志、《人民日报》、《光明日报》、《文艺报》等官方媒体纷纷刊登文章，批评资产阶级自由化倾向。

1月20日，《文史哲》第1期开始在杂志封二封三刊登照片新闻和学人简介，开全国学术期刊风气之先。

本期介绍的人物是张维华及其中西交通史研究，并刊登了张维华的《略论中西交通史的研究》。

1982年10月27日至31日，刘勰《文心雕龙》学术讨论会在济南召开，本期《文史哲》发表了一组"《文心雕龙》研究"论文，包括牟世金的《刘勰对古代现实主义理论的贡献》、张可礼的《〈文心雕龙·体性篇〉"八体"辨析》、龚克昌的《刘勰论汉赋》。在此前后，《文史哲》发表了大量研究《文心雕龙》的论文，使《文史哲》成为这一领域举足轻重的刊物。1982年10月30日，《文史哲》编辑部邀请在济南参加《文心雕龙》学术讨论会的部分学者就中国古代文论研究问题进行座谈，王元化、周振甫、徐中玉、王运熙、张文勋、孟繁海、牟世金等人作了发言，座谈纪要《中国古代文论研究和建立民族化的马克思主义文艺理论问题》也发表在本期杂志上。

本期还刊登了几篇重要论文，包括刘泽华的《论慎到的势、法、术思想》、张金光的《秦自商鞅变法后的租赋徭役制度》、吴承明的《我国手工棉纺织业为什么长期停留在家庭手工业阶段？》等。

3月20日，田昌五在《文史哲》第2期发表《两种历史观》，对"以论带史"和"论从史出"两种观点同时进行批判。

文章说："论从史出"和"以论带史"在表面上是截然对立的，但两极相通，从方法论上说却是一致的。"以论带史"容易脱离实际，把历史研究概念化。"论从史出"容易就事论事，把历史研究庸俗化。二者的归宿都是历史唯心主义。正确的方法，应该是理论联系实际，在历史唯物主义一般原理指导下，从历史实际出发，实事求是，得出科学的结论。

徐绪典的《教会、教民和民教冲突——山东义和团运动爆发原因初探》、刘蔚华的《韩非的朴素辩证法思想》等论文也发表在这一期杂志上。

本期"学者谈治学"栏目发表了傅衣凌《我是怎样研究中国社会经济史的？》。

5月20日，黄盛璋在《文史哲》第3期发表《论李清照词的风格与艺术成就》，认为用通俗语言写词，最成功的古今以来只有清照一人。

作者指出，清照词的风格，在形式上表现的是语言俚俗浅近，而在内容上则是清新而有深意。这两者互为表里，不能分裂，要是只有俚俗浅近的形式，而缺乏清新有深意的内容，那也就没有什么可贵的了。清照词的好处就是两者兼而有之，而且写得比较成功，因此不能不认为是她的词重要的一个特征。

本期还发表了一组"关于中国近代史基本线索问题"的笔谈。胡滨认为，中国近代史上不存在所谓"三次革命高潮"，将革命高潮作为中国近代史分期的重要标志，也大有商榷的余地，因为它完全忽视了近代中国社会经济的变化，不足以显示出近代中国社会发展的规律。我国出版的一些中国近代史的著作基本上大同小异，陈陈相因，其原因就在于作者们在近代史的基本线索问题上，始终没有摆脱"两个过程"、"三次高潮"论的束缚。因此必须克服中国近代史内容陈旧、知识老化的现象，开创近代史研究新局面。孔令仁主张中国近代史基本线索的反帝反封建"双线说"，认为中国近代史上主要有两种反帝反封建的斗争，一种是农民的革命运动，另一种是资产阶级的革新、改良和革命运动,二者都是近代中国历史的主流。戚其章初步提出了"三个阶梯说",把中国近代史的基本线索划分为三段:第一段鸦片战争—太平天国,第二段洋务运动—中日甲午战争,第三段戊戌变法—义和团运动—辛亥革命。

李希凡在本期发表了《"真""假"观念与"梦""幻"世界——〈红楼梦〉艺境探微》,其后又发表了多篇"探微"系列文章。

7月20日,赵俪生在《文史哲》第4期发表《试论两宋土地经济中的几个主流现象》。

文章认为,在把具体的经济利益赤裸裸突出出来的普遍风气下,两宋在土地经济方面出现了一些它自己的主流现象。第一个主流现象应该是土地兼并,亦即土地向大土地私有者集中。第二个主流现象是宋朝统治者在田土问题上玩弄着的一个把戏,一方面"广置营田",另一方面"尽鬻官田"。第三个主流现象,是剥削阶级对被剥削者——换言之,在两宋就是田主对佃户——的看法,跟以前有所不同。假如奴隶主对奴隶的看法,是把奴隶看作俘虏和死囚;假如中古领主对农奴的看法,是把农奴看作牛马或骡驴的话;那么,五代两宋的田主对客户的看法,是把佃户看作农业劳动的动力和田主发家致富的本源。

葛懋春在本期发表了《关于加强史学理论研究的建议》,在学界较早呼吁加强史学理论研究。作者提出,史学理论的发展和加强,首先必须开展马克思主义史学史、史学理论发展史的研究,特别要开展对马克思、恩格斯等经典作家的史学原著的研究,以便从中学习马克思、恩格斯是怎样运用唯物史观来研究、分析历史的；同时，还要研究近百年来各国马克思主义史学家是怎样运用马克思主义立场、观点、方法来研究人类社会历史的。对于"五四"运动以后我国老一辈马克思主义史学家，他们开创马克思主义史学的经验，也应加以总结。其次，发展马克思主义史学理论，还必须加强研究中外史学史，深入研究地主、资产阶级史学，总结中外史学遗产中的积极成果，汲取其中合理成分。

朱德才在同期发表《论苏轼对宋词的开拓与创新》，认为苏词在思想上艺术上虽不无缺陷，但其对宋词的开拓与创新之功却是空前的，影响所及也是深远的。以后，辛弃疾承流接响，而又别开新境，将宋词艺术推向又一新的高峰，固赖时代及个人因素，但推本溯源，实亦得力于苏轼。

9月20日，孙昌熙、孙慎之在《文史哲》第5期发表《茅盾早期的比较文学研究》。

认为茅盾的比较文学研究，主要目的在于借此探索中国新文学发展的方向，开拓新的道路。而其中心点又在于如何借鉴优秀传统的经验，以创造适应于新的革命时代要求的为中国人民大众的具有民族特色的现实主义文学。这是茅盾比较文学研究的一个突出特点。

该期还发表了殷孟伦的《〈方言〉与汉语方言研究的古典传统》和韩连琪的《夏代是从原始社会解体到奴隶占有制形成的时代》。

11月20日,《文史哲》第6期卷首刊登评论《清除精神污染,坚持学术研究的正确方向》,参加全国性的清除精神污染运动。

文中写道:形形色色的精神污染,从其实质来讲,是资产阶级和其他剥削阶级没落腐朽的思想的反映,是与共产主义的思想体系和社会主义制度相对立的。比如有些理论著述把社会主义社会存在的某些弊端和发展过程中的不完善,统统说成是社会主义制度产生的"异化"现象。这种观点,便是抹煞了社会主义制度和资本主义制度的本质区别,实际上是散布对于社会主义、共产主义事业和对于共产党领导的不信任情绪,它不仅可能在人们的思想上造成严重的混乱,而且可能在政治上起离心离德的消极作用。这并非只是一般性的理论问题,而是关系到政治原则的问题。

1984 年

本年，思想文化领域全国性的"文化热"逐渐达到高潮。

6月，著名化学家邓从豪出任山东大学校长，戈平任山东大学党委副书记（主持党委工作）。

本年，刘光裕卸任。丁冠之由中国社会科学院哲学所调入山大，接任主编，直至1993年。

1月7日，《文史哲》第1期刊登一组"文化史研究笔谈"，为席卷80年代"文化热"之肇端。

这组笔谈包括庞朴的《需要注意文化史的研究》、蔡尚思的《关于文化史研究的几个问题》、胡道静的《加强和推广对物质文化史的研究》、祝明的《中国文化史与世界文化史》。参加笔谈的文章都要求改变新中国成立后把历史研究等同于经济史、政治史的做法，大力加强文化史研究、加强传统文化的研究。吴修艺《中国文化热》（上海人民出版社1988年版）一书指出："文化讨论在我国真正'热'起来，是从1984年开始的。"庞朴在《文化研究的热潮在回荡》（1986 年 3 月 24 日《理论信息报》）一文中也说："到了 1983 年尤其是 1984 年，随着体制改革的深入，从总体上研究中外文化已成为迫切的现实需要，于是一个澎湃的文化热便在全国范围内形成。"《文史哲》以敏锐的学术眼光组织的这组笔谈，堪称席卷 20 世纪 80 年代思想文化界的"文化热"的起点。

为"抵制资本主义精神污染"，本期《文史哲》还选登了《成仿吾教育文集》中的两篇文章——《关于学风问题》和《延安作风和延安时代的学校生活》。

3 月 7 日，殷孟伦在《文史哲》第 2 期发表《有关文辞训释的几个问题》。

这一期还发表了张维华、于化民《关于历史上的民族文化交流》，韩连琪的《春秋战国时代政治的变化》等学术论文。

5 月 7 日，《文史哲》第 3 期刊登郑鹤声、郑一钧的《略论郑和下西洋的船》以及邱克的《谈〈明史〉所载郑和宝船尺寸的可靠性》，对争论颇多的郑和下西洋船队中的宝船究竟有多大进行了探讨，在学术界产生较大影响。

周立升等所作《评〈管子〉书中"静因之道"的认识论》也发表在这一期上。

7月7日，向仍旦在《文史哲》第4期发表《中国古代文化史刍议》。

文章说："中国古代文化，源远流长，光辉灿烂，不仅国人引以为自豪，也使国际友人为之惊叹。然而对于中国文化史的研究，在相当长时期内我们未予重视。所以《文史哲》今年第一期刊登一组研究中国文化史的文章，颇能引起人们的注意。"作者认为，延续性与相对稳定性、同一性与多样性、内聚性与拒异性、民主性与封建性的结合，构成中国古代文化的基本特点。

本期还发表了孙昌熙的《论李广田散文的思想和艺术特色》，李兴芝、蒋俊的《关于建党前后马克思主义与无政府主义斗争的几个问题》等论文。

9月7日，《文史哲》第5期刊登周来祥的《建国以来美学研究概观》以及孙祚民的《中国农民战争史研究的回顾与展望》，庆祝新中国成立35周年。

本期"学者谈治学"栏目刊登了杨向奎的《师门记学》，介绍了顾颉刚研治古史的学术方法。

11月7日，匡亚明在《文史哲》第6期发表《论孔子的"三十而立"和开创私学》，对孔子的教育思想作了极高的评价。

文章认为，孔子一生用了四五十年"学而不厌，诲人不倦"的持久努力开创私学的结果，一举打破了贵族垄断文化教育和贵族世袭政治官职的局面，在当时历史条件下，是有不应低估的改革和进步意义的。

1985 年

1月7日,《文史哲》第1期刊登许思园遗作《中国诗之特色》。

本文认为中国诗之成就主要在两方面:一为空灵、蕴藉、清逸、淡远之风格意境,以陶、韦、王、孟、晏、欧诸家所造最高;一为人间忧患、族类同情之呼声,于杜少陵诗最为宏大。李太白气概在中国诗坛为独步,后人无从仿效,其才情源自西方,精骛八极,向灵境飞驰,然其风格乃中国传统,殆深有得于鲍、谢。少陵才情、志业不离儒家,然其诗篇浩荡、感激、沉郁、顿挫,在格律上必曾受西域舞乐影响。少陵曾言:张旭草书启发于公孙大娘浑脱剑器舞。郑虔狂草今有大人赋长卷流传,似与张旭出于同一渊源。开元、天宝间西域舞乐之来曾引发中国艺术诗歌创出一格调,其经过或不难探索。

曾繁仁的《试论美育的本质》也发表在这一期上。作者提出,审美力就是借助于形象的一种特殊的情感判断能力,而美育的任务就是旨在培养这种特殊的情感判断能力。它既不同于以培养认识力为任务的智育,也不同于以培养道德意志力为任务的德育,而有其独特的不可代替的本质。

本期还刊登了张维华、孙西的《16世纪耶稣会士在华传教政策的演变》。以往学界关于耶稣会士在华传教活动的论述中，很少有人谈及其传教政策改变的背景和过程，而这种背景和过程对于认识传教士随后的活动又至关重要。本文作者试图通过剖析16世纪耶稣会士在华传教政策演变的过程，力求正确说明这种传教政策演变的实质，以期对于明清之际来华的耶稣会士的传教活动，作出恰如其分的历史评价。

3月7日，葛懋春、项观奇《文史哲》第2期发表《浅谈历史科学概论的对象和体系》。

提出历史科学概论以马克思主义的历史科学作为自己的研究对象，它的任务主要是概括地从逻辑上说明历史科学是什么、怎样研究以及如何写作，可以说是"历史科学学"。在体系上，首先，历史科学概论应该说明什么是历史科学，包括历史科学的对象、任务、性质、特征、作用以及对承担这一任务的历史科学工作者的要求等。其次，历史科学概论还要论述历史科学的认识特点、研究方法，主要回答怎样对客观历史进行马克思主义的科学研究。这是历史科学概论的重点。再次，历史科学概论还应解释历史编纂的一般原则，说明如何以恰当的、完美的形式反映历史研究的成果，达到进行历史研究的目的。总之，历史科学概论主要就是概要地说明历史科学是怎样的一门社会科学，应该怎样进行历史科学的研究以及怎样进行历史科学著作的写作。这是国内学界较早对史学概论对象和体系进行论述的论文。

本期"治学漫谈"栏目还刊登了赵俪生的《我对"史学概论"的一些看法》。

狄其骢在本期发表《比较文学特性初探》，认为比较文学的特性，就在它的比较性，正是这种比较性，使比较文学充满活力。对象的比较性，使比较文学面向一个无比多样、无比广阔的客观可比世界，一个取之不尽、用之不竭的对象世界；方法的比较性，使比较文学能适应世界的可比性，自由结构比较性对象，充分发挥比较能动性，从比较中探索文学现象的深层内蕴。比较性对象和比较性方法的渗透合一，形成学科的比较特性，使比较文学具有无穷的活力，在自己的发展过程中，不断突破旧观念和旧方法，开拓出比较文学的新领域、新方向。

5月7日，《文史哲》第3期刊登"魏晋玄学笔谈"，在全国引起较大反响。

1984年11月，中国社会科学院世界宗教研究所、哲学研究所、历史研究所暨北京大学在北京联合召开魏晋玄学讨论会。会上对玄学的研究提出了一些新问题、新见解。为了把这一讨论引向深入，《文史哲》在与会代表的支持下，组织了这次笔谈。笔谈包括的内容大致是：玄学的定义和特征；玄学的形成、发展及分期；玄学的基本范畴及其含义；玄学的理论思维方法及主要玄学家的哲学性质；玄学的阶级性（以及与此有关的对门阀地主的评价问题）、玄学对当时社会政治思想文化的影响等。参加笔谈的有张岱年、任继愈、辛冠洁、王明、孔繁、牟世金、郑欣、许抗生、王葆玹、方立天、余敦康、金春峰、王国轩、周立升、李传明、钟肇鹏、牟钟鉴、陈战国、李申、王晓毅、胡绍军等。《文史哲》第4期连载了这次笔谈。

袁世硕在本期发表《〈金瓶梅〉平议》，对《金瓶梅》作了较高评价，认为《金瓶梅》是以它的新的艺术素质出现于中国小说史上，可以说有开拓之功，标志着中国小说发展到了一个新阶段。

胡新生的《西周春秋时期的国野制与部族国家形态》也发表在这期杂志上。文章认为，西周春秋时代的国野制，是在生产较不发达、原始共同体组织仍然存在的条件下，通过部族间的征服战争而形成的。国野制下基本的统治和奴役关系，表现为国中以周人为主体的统治部族对野鄙地区族外平民的压迫和剥削。与这种社会阶级结构相适应，当时的国家机器也是沿用了部落氏族的形式和外壳，表现为部族国家形态。这是一种早期的原始的国家，是处于一般政治国家之前的序幕。春秋战国之际，由于生产的发展，原始共同体逐步瓦解，个体经济形成，居民的流动杂居及贫富分化日益加剧，于是国野制最后解体。在这一历史过程中，国家也逐渐甩掉了套在它身上的部落氏族的古老框架，转变成独立性更强的、以划分郡县、募辟官僚为主要特征的政治性国家。

7月7日，刘大钧在《文史哲》第4期发表《帛〈易〉初探》。

本期发表的文章还有叶嘉莹的《每依北斗望京华——〈杜甫《秋兴》八首集说〉再版后记》以及徐鸿修的《商周青铜器铭文概

述》等文章。

9月7日，高清海在《文史哲》第5期发表《论现有哲学教科书体系必须改革》。

文章指出，在我国通行的哲学教科书体系，其基本框架是从苏联20世纪四五十年代前后形成的体系借鉴来的，存在种种缺陷，已不适于表现马克思主义哲学的理论内容，因此必须进行体系改革。

本期还刊登了丁守和的《瞿秋白对中国革命理论的贡献》以及步近智的《明末东林学派的思想特征》等文章。

11月7日，《文史哲》第6期刊文纪念冯沅君诞辰85周年。

包括冯友兰的《沅君幼年轶事》、张忠纲的《冯沅君先生的古典文学研究——为纪念先生诞辰八十五周年而作》、严蓉仙的《昨日青年的履迹——淦女士和她的〈隔绝〉》。

田居俭在本期发表《史学研究应向"第二条道路"迈进》，呼吁史学研究向社会史转向，向"第二条道路"迈进。这是80年代较早呼吁历史研究向社会史转向的文章。作者认为，我国的马克思主义史学，倘以李大钊的《史学要论》问世为起点，史家大体上完成了"从具体上升到抽象"的研究任务，其后应该适时地向着"从抽象上升到具体"的目标继续前进。即掌握了历史发展规律，胸有全局的史家，应当从驾轻就熟的中国通史格局中解脱出来，从当今编纂中国通史所通用的那种政治、经济、文化三足鼎立的框架中解脱出来，更上层楼，高屋建瓴，穷目局部，重新观察丰富多彩的中国历史，致力于形形色色的专史和专题的研究，"使抽象的规定在思维行程中导致具体的再现"。

为奖掖学术新人，本期杂志还摘要选登了傅有德、袁刚、张树铮三人的硕士论文。

1986 年

5月5日,《马克思恩格斯全集》中文版50卷全部出齐。这部全集共3200万字,收入2000多篇著作和4000多封书信以及400多件文献资料。

9月3日、13日、29日、11月9日邓小平四次谈到政治体制改革问题,认为不改革政治体制,就不能保障经济体制改革的成果,不能使经济体制改革继续前进,就会阻碍生产力的发展,阻碍四个现代化的实现。

12月中下旬合肥、上海、南京、北京等地部分高校学生上街游行,对学校教学管理和国家政治体制改革等问题提出意见,使这些城市的交通和社会秩序受到不同程度的影响。

1月,徐豫龙出任山东大学党委书记。

11月,著名数学家潘承洞担任山东大学校长。

1月7日,《文史哲》第1期刊文对亚细亚生产方式进行讨论。

包括项观奇的《论马克思心目中的亚细亚生产方式》和李永

采、魏茂恒的《关于亚细亚生产方式研究方法的几个问题》等文。项文认为弄清马克思心目中的亚细亚生产方式的原意,是解决亚细亚生产方式问题的前提。并大体分解开亚细亚生产方式的原有含义:"亚洲的文化民族的古代历史上的氏族制度",是亚洲的原始社会时期;东方的家庭奴隶制是"亚细亚古代""阶级压迫的主要形式"——虽然并不排除公社,更不排除专制国家。李、魏二人的文章认为亚细亚生产方式问题的讨论之所以分歧严重,究其原因主要是研究方法上存在问题。

周来祥的《美学是研究审美关系的科学——再论美学研究的对象》也发表在这一期上,认为美学是研究审美关系的科学,它以审美关系为中心,把美、审美和艺术统一起来进行研究。

3月7日,牟世金在《文史哲》第2期发表《刘勰的"征圣"、"宗经"思想》。

文章认为,从《征圣》、《宗经》两篇以至《文心雕龙》全书可知,刘勰的文学思想和儒家经典是较为密切的,他从中吸取了很多有益于文的因素,这是有助于《文心雕龙》在文学理论上的成就的。但刘勰不是以"敷赞圣旨"为目的来对待儒经,且借重或利用某些儒家的文学观点,也非严守师说而是有所改造、有所发展,这是刘勰能取得较大成就的更重要的原因。刘勰未能完全凌驾儒家之上,则是造成其不足之处的原因之一。

5月7日,狄其骢在《文史哲》第3期发表《中西诗学比较探源》。

文章认为,"言志"说和"模仿"说,是中西诗学的比较源头,比较基因。因为,这两种艺术观念,不仅是先秦和古希腊诗学的基本观念,反映了当时的历史文化和艺术实践,而且还作为一种民族的艺术素质和精神,渗透到中西艺术和诗学的历史演变中去,形成一种传统,一种标志。

同期还发表了赵俪生的《从宏观角度看鲜卑族在中世纪史上的作用》,以及彭兰、张世英的《谈闻一多的新诗及其思想——纪念闻一多先生逝世四十周年》。

6月10日至11日,为纪念《文史哲》创刊35周年,《文史哲》编辑部和山东大学青年社会科学工作者协会联合在山东大学举办"中国传统文化思想学术讨论会"。

山东大学、山东师大、山东省社科院、齐鲁书社、山东人民出版社、山东文艺出版社等单位的一百多位学者应邀出席了会议,就文化、传统文化、传统思想文化等概念的内涵,中国传统文化的基本特征,中国传统文化的现代命运,研究中国传统文化的方法和态度进行了探讨。

7月7日,周立升在《文史哲》第4期发表《帛〈易〉六十四卦刍议》。

文章认为,帛《易》六十四卦的卦序与今本卦序相较,是有明显的长处的。第一,它有一定的规律可循;第二,它有自己的排列原则；第三，它有自己的衍生关系。这些，正是今本卦序所不能及的。如果将帛《易》"六十四卦衍生图"和今本"六十四卦大成图"加以比较，不难发现，今本的卦序是经后人重新编排的。因为它既没有按照所谓"先天八卦"即乾一、兑二、离三、震四、巽五、坎六、艮七、坤八的顺序排列，也没有按照所谓"后天八卦"即乾一、坎二、艮三、震四、巽五、离六、坤七、兑八的顺序排列。有人说帛书六十四卦"乃经人改动"是"为了实用，不求甚解，按照当时通行的八卦次序机械地编造出帛书六十四卦这样一个呆板的形式来"，是不妥当的。也有人说，帛书六十四卦的卦序"只合于巫术之需要，不具有哲学之意义"，恐怕也不恰当。作者认为，今本卦序才真正是经人改动并重新加以编排的，其哲学意义也是后人引申的。

李振宏也在本期发表了《关于史学理论与史学概论的初步意见》。文章提出，史学理论体系包含三个方面的内容：以历史科学为研究对象的理论、以史学各专门领域为对象的理论概括、有关史料的理论和方法。这一意见得到学术界广泛关注和认同，对史学概论课程体系的构建产生了重要影响。

9月7日，刘泽华、张国刚在《文史哲》第5期发表《历史认识论纲》。该文是新中国成立后最早探讨历史主体认识结构的论文，对历史认识的特点、一般形式与过程、认知结构、基本方法以及关于历史认识的检验与发展等进行了全面论述。

为庆祝《文史哲》创刊35周年，本期刊发了一组纪念论文，回顾《文史哲》35年来的风雨历程。这批文章包括吴富恒的《回顾与前瞻》、陈之安的《几点希望》、杨向奎的《发现人才，培养人才》、萧涤非的《总结经验，继续前进》、罗竹风的《回顾以往，激励未来》、蔡尚思的《感想和希望》、吴大琨的《回忆〈文史哲〉初期的王仲荦教授》、殷焕先的《祝〈文史哲〉精神发扬光大》等。

　　本期还发表了两篇重要论文，参与趋于鼎沸的"文化热"讨论。张岱年的《如何正确认识传统文化》认为，中国传统文化具有复杂的内容，正确认识传统文化，就必须对传统文化进行全面的考察，力求避免"以偏赅全"的片面性；深刻理解传统文化的核心即传统哲学，领会其中的精湛思想；对于中西文化的异同也有比较全面的理解。张维华的《中国文化发展的方向》认为建设现代文化，首先必须解决两个关键问题，即如何看待中华民族的先民留下来的数千年的文化遗产，如何处理传统文化与现代化的关系；如何看待对外开放和吸收外来文化——当代欧美国家的文化，如何处理外来文化与现代化关系的问题。这应是文化讨论中的焦点所在。中国文化未来发展的方向只有一个，那就是必须建设中华民族的社会主义现代文化。新文化的来源有两个：首先，作为主导的方面，它将吸收容纳几千年来传统文化的精华。文化的发展自有其内在联系，全面否定传统文化，也就等于拦腰砍断中华民族的历史。再者，中国现代文化还将尽其可能地吸收西方的先进科学技术和思想文化成果。民族之间分离隔绝的时代已经结束了，各民族的长期交往，必然会造就一个融合各民族文化精华，不分中外东西的世界文化。正像中华民族的文化融合了国内各民族的文化一样，中华民族的文化最终也会被融合到世界文化之中去，这种趋势是越来越明显了。

本年5月，由山东大学等单位发起的首届全国文艺美学讨论会在泰安召开，王朝闻以及周来祥在会上的发言《关于艺术美学》和《文艺美学的对象与范围》也发表在这一期的杂志上。

韩连琪、牟钟鉴、来新夏、刘海粟、李希凡等也在本期杂志发表了文章。

11月7日，《文史哲》第6期开始开设"中国传统文化讨论"专栏，推动"文化热"向纵深发展。

本期刊发了徐经泽、吴忠民的《文化的效用性和再生性》，于化民的《关于文化问题的思索》，陈炎的《中国的儒家、道家与西方的日神、酒神》，高旭东的《鲁迅对中西文化发展模式的比较》等论文。

1987 年

1月1日,《人民日报》发表元旦献词《坚持四项基本原则是搞好改革、开放的根本保证》,指出:要使经济持续稳定地发展,把经济体制改革继续推向前进,搞好改革开放,必须坚持四项基本原则,旗帜鲜明地反对资产阶级自由化思潮。

1月16日,胡耀邦辞去中共中央总书记职务,全国开始展开反"资产阶级自由化运动",学术空气发生大的转变。

1月24日,《文史哲》第1期刊登一组"魏晋南北朝史研究笔谈",引起较大反响。

1986年9月,全国魏晋南北朝史学术讨论会在烟台召开,两个议题是"80年代如何研究魏晋南北朝史"以及"魏晋南北朝的历史地位"。《文史哲》编辑部认为这两个议题抓住了深入研究此段历史的关键,并触及整个历史学科的方法论问题和史学观念的更新与发展问题。为了推进对这些问题的深入探讨,特组织了该组笔谈。参加笔谈的有何兹全的《研究中国历史要重视方法,要突破、创新》、田余庆的《刻苦钻研大胆探索》、黄烈的《研究历史要讲求社会效益》、朱绍侯的《研究魏晋南北朝史要着眼于光明和进步》、洪廷彦的《再谈魏晋南北朝的历史地位》、万绳楠的《研究问题要注意事物之间的联系》、李培栋的《魏晋南北朝史研究的认识价值》、李光霁的《从奴婢农奴化和编户农民私人依附化谈起》、蒋福亚的《略谈魏晋南北朝时期的历史地位》等。

叶嘉莹在本期发表了《论辛弃疾词的艺术特色》，殷焕先发表了《关于方言中的破读现象》。

叶嘉莹的《论辛弃疾词的艺术特色》认为，辛词一方面以其英雄豪杰的志意与理念突破了词之内容意境的传统，另一方面更以其英雄豪杰式的艺术手段突破了词之写作艺术的传统。但是，这两个突破并未使辛词流于浅率质直，而是在雄奇豪放的同时，仍保有曲折含蕴之特美。辛词之艺术手段可分为语言与形象两个主要方面：在语言方面，辛词特善用古，亦善用俗，语汇最为丰富，而且句式骈散顿挫，语法变化多姿；在形象方面，辛词最大的特点是能在形象中随处引起感发，表现作者的志意与理念，使形象与情感完美地结合起来。

从本期开始，《文史哲》部分篇目出现内容提要。

3月24日，徐鸿修在《文史哲》第2期发表《从禄赏制的演变看周代的土地制度——兼评"军功地主"论》，对学术界流行的"军功地主论"提出疑议。

文章对军功地主兴起的时代、士卒赏田以及军功奖赏在生产关系变革中的作用作了深入探讨。

本期还发表了一些重要论文。黎子耀的《〈易经〉与〈诗经〉的关系》主要探讨了《易经》与《诗经》的关系，认为两经都是以阴阳五行思想为基调，都是由支干组成，都具有谜语性质，彼此所用的隐语往往相通，而且两经皆可断章取义。龚克昌的《论汉赋在中国文学史上的地位》认为，汉赋是两汉文学的正宗，她描绘了大汉帝国的风貌，传达了时代的心声。汉赋倾力于艺术技巧，发展了浪漫主义表现手法，注重文采，垂意铺陈，正与其忽视讽谏互为表里，表现了汉赋力图摆脱儒家经典的束缚，顽强地显示出文学艺术的特征，预告着"文学的自觉时代"的来临。

本期杂志还刊登了蔡尚思的《黄宗羲反君权思想的历史地位》以及傅衣凌的《谈史学工作者的知识结构和学术素养》。

5月24日，余敦康在《文史哲》第3期发表《阮籍、嵇康玄学思想的演变》。

认为玄学思想的发展是在既同世界对立又同世界统一的矛盾中进行的。就本质而言，玄学是一种阐发内圣外王之道的政治哲学，它力求与世界协调一致，为当时不合理的政治局面找到一种合理的调整方案。基于此，阮籍、嵇康前期的思想倾向于自然与名教的结合。魏晋禅代之际，险恶的政治环境使理想与现实的矛盾发展到不可调和的地步，调整的可能性完全丧失。玄学就从世界分离出来退回到自身，用应该实现的理想来对抗现有的存在。玄学发展到这个阶段，给自己涂上了一层脱离现实的玄远色彩。阮籍、嵇康把外在世界的分裂还原为内心的分裂，极力探索一种安身立命之道恢复内心的宁静，使世界重新获得合理的性质，在更高的层次上适合人们的精神需要。他们的玄学思想逻辑地演变为自然与名教的对立。

韩凌轩在本期发表了《恽代英早期思想的特点和主流》，在学术界首次分析了恽代英早期思想的特点，并对其早期政治思想的基本倾向提出了看法。作者认为，恽代英早期思想的特点是：主张以伦理改革为手段改造社会，但比较注意内省功夫；较早看到资本主义的弊病；受到无政府主义思潮的严重影响；受到空想社会主义思想的影响，但却具有积极进取和务实的精神。恽代英虽然受到无政府主义思潮的严重影响，且在1919年底以前有逐渐加深的趋势，但在对一系列重要问题的看法上与无政府主义者有着原则区别。其早期思想的主流是资产阶级民主主义，不是无政府主义。早期的恽代英是一个受到无政府主义思潮严重影响的资产阶级民主主义者。

7月24日，周来祥在《文史哲》第4期发表《中国的传统文化思想是中和主义的》。

文章认为，"和"是一个大概念，是中国传统文化的根本精神，它几乎涵盖一切，贯串一切。"和"也是一种古代人的心理结构和思维模式，他们以此来规范一切，陶铸一切，孔子思想由它陶铸而成，儒家思想由它陶铸而成，古代传统文化也由它陶铸而成。"和"的精神是源远流长的，是封建社会中占主导的观念。中国封建社会之长久，之稳定，也正好反证了"和"作为中国古代文化的主导精神之地位和作用。

本期"中国传统文化讨论"专栏还发表了龚书铎的《谈中国近代文化史的研究》,以及杨炳章的《韦伯"中国宗教论"与"儒学第三时期"》。

叶嘉莹发表在这一期的《论辛弃疾词》一文认为,辛弃疾不仅以其全部心力投注于词之写作,而且其志意与理念在作品中得到了本体之呈现。辛词中之感发,原是由两种互相冲击的力量结合而成的:一种力量是作者内在的"感物之心",另一种力量是外在环境的"感心之物"。辛词之感发的本质,虽以英雄失志的悲慨为主,然而辛词在风格与内容方面却又表现出多种不同样式与不同层次的变化。

9月24日,胡滨在《文史哲》第5期发表《洋务运动与中国近代化——兼论洋务运动与外国资本主义的关系》,对洋务运动作了较高评价。

文章认为,19世纪60年代至90年代洋务派兴办的近代工业,构成了当时民族资本主义工业的主体。如果没有洋务派的积极倡导和经营,古老中国资本主义工业化的产生可能还要推迟许多年。关于洋务运动与外国资本主义的关系,作者认为,从总体上说,洋务运动并不是"中外勾结"、"华洋会剿"的产物;洋务派兴办的近代工业并不是适应了外国资本主义对中国进行经济侵略的需要,而是在一定程度上阻止或限制了它们在华势力的扩张;洋务派虽然雇用了一批洋员担任技术方面的工作,但不能过分夸大这些洋员在洋务事业中的地位和作用。

本期新设"当代史学流派介绍"栏目,首期介绍的是"古史辨派"。

11月24日,杨向奎在《文史哲》第6期发表《"宜侯夨簋"释文商榷》。

同期还发表了刘蔚华的《楚国的社会改革与屈原的政治哲学》等文章。

1988 年

陈之安任山东大学党委书记。

编辑部进行人员调整,成立了以陈之安为主任,吕慧鹃、丁冠之为副主任的编辑委员会。编辑部主任仍由丁冠之担任,副主任为韩凌轩、龚克昌。编委会委员有:王誉公、田昌五、安增才、庄德钧、徐学圣、李乃坤、乔伟、乔幼梅、朱玉湘、牟世金、陈陆达、吴富恒、萧涤非、狄其骢、郑佩欣、周立升、周来祥、祝明、胡世凯、胡德麟、赵明义、袁世硕、徐经泽、葛懋春、董治安、臧乐源。

7月,《文史哲》被评为山东省优秀理论期刊。

1月24日,青年学者王学典在《文史哲》第1期发表《关于"历史创造者"问题的讨论》,对著名历史学家黎澍有关历史创造者问题的观点提出质疑。

"历史创造者"问题的讨论是理论界一次波及广泛的大论战。这次论争以大无畏的理论勇气突破了一些似是而非的理论教条,极大地推动了中国史学界和思想界的解放。

长期以来,"人民群众是历史的创造者"、"奴隶创造了历史"、"人民群众是历史的主人"等说法成为不容怀疑和否定的金科玉律,是必须膜拜的终极真理和理论指南。而实际上这些命题并非来自马克思和恩格斯的著作,更谈不上是马克思主义的基本原理。但因这些命题被看作是主流意识形态的一部分,所以这些命题都是不可讨论的禁区。但随着新时期思想解放向纵深推进,人们逐渐对这些命题进行质疑和反思。1979年,两位哲学研究者杨英锐、杨甘霖发表了《关于一个历史观的探讨》,反对"奴隶创造历史论",揭开了"历史创造者"问题讨论的序幕。1980年余霖、安延明又发表了《历史是整个人类创造的——"奴隶创造历史论"质疑》,引起了一些争论。1983年蒋大椿发表了《唯物史观与历史研究》一文,对"人民群众是历史的创造者"和"人民群众是历史的主人"公开提出辩难。把这场讨论推向全国的是著名史学家、理论家、80年代新启蒙思潮的代表人物黎澍,1984年,他在《历史研究》上发表了《历史的创造者及其他》,认为"只有人民群众才是历史的创造者"的说法是片面的,"人民群众是历史主人"的提法"是对马克思主义的曲解",并提出"历史是人人的历史。所有的人都参与了历史的创造","人们自己创造了自己的历史"。该文如一石激起巨浪,在历史学界乃至整个理论界掀起轩然大波,一场理论鏖战遂在史学界和理论界激烈展开。本期发表的青年学者王学典的文章,即是在这场论战达到高潮时的一篇重要文献。

该文在肯定黎澍相关论点的大前提下,试图超越黎澍对历史创造者问题的思考。作者提出一个在当时可谓惊世骇俗的观点,即物质生产财富的历史是劳动阶级与剥削阶级共同创造的,并以此为据对黎澍相关看法的不彻底性进行批评。在作者看来,撇开剥削阶级谈论文明时代生产历史的创造，是黎澍有关历史创造者问题认识的缺陷所在。并矢言"在黎澍终止思维的地方继续前进"，"在深刻反省我们以往对唯物史观理解的基础上重新认识唯物史观"。这些观点对主流观念进行了彻底颠覆，因此文章发表后，反响巨大。

黎澍在 1988 年《文史哲》第 3 期发表《把马克思主义从庸俗化的教条束缚下解放出来——答王学典》，对王文进行回应，认为"王学典对我的批评意见，其基本精神我认为是对的"，并为对自己的观点进一步说明和辩护。

庞朴在这一期发表了《〈五行篇〉评述》，认为马王堆汉墓出土的一份失传的儒家经典——《五行篇》，给几千年没有答案的子思、孟子五行说古谜，提供了答案。这个五行，不是后人猜测已久的金木水火土，也不是仁义礼智信，而是仁义礼智圣。这一观点广为学界接受，产生了重要影响。

本期杂志还刊登了〔美〕康达维的《论赋体的源流》、（香港）何沛雄的《〈子虚〉、〈上林〉与〈七发〉的关系》。自从 80 年代以来，《文史哲》非常注重加强与海内外学者的交流，发表了大量海外学人的学术文章。

贺立华和谭好哲分别在这一期发表了《论改革中作家自我超越的难题》与《从文学的本质看改革文学》。

3 月 24 日，田昌五在《文史哲》第 2 期发表《马克思主义历史科学的开创之作——重读〈中国古代社会史论〉》。

蔡德贵的《阿拉伯哲学史研究概论》也发表在这一期杂志上。

5月24日，张岱年在《文史哲》第3期发表《中国现代哲学是中国哲学史发展的新阶段》。

该文认为"五四"以来的中国思想史可以称为中国历史上的第二次百家争鸣。"五四"以来的思想发展，有一些与过去不同的显著特点，第一是西学东渐，第二是"儒学独尊"的结束。

张芝联的《关于拿破仑的评价及其方法论问题》、狄其骢的《冲击和命运——察看现实主义的生命力》，以及徐显明的《毛泽东早期法律思想初探》等文章也发表在这一期杂志上。

7月24日，张富祥在《文史哲》第4期发表《齐鲁文化综论》。

该文指出，齐鲁地区自古已成为统一的文化实体，是中国传统文化的重要发源地之一。至西周初期齐、鲁两国建立，标志着"齐鲁文化"的正式诞生。它的源流区划，应以大汶口文化与山东龙山文化的分布范围作界定。它经历了上古和中近古两个发展阶段：前阶段作为华夏中心文化区；后阶段则给人以落伍感，呈现出倒马鞍形的变化趋势。它由"齐文化"和"鲁文化"两大部分构成，并有一个演变和融会的过程。就其历史特征看，它从未显示出次生或派生的文化形态，始终作为典型的"中原文化"而存在，并且表现出高韧度的传承性、高强度的稳固性和密集性、很强的辐射性以及高度的"自我意识"。

蔡凤书在该期发表《中华文明起源"新说"驳议》，对中国文明起源多中心说提出驳正，认为，在公元前1600年前后，除了黄河流域，中国境内的其他地区还没有具备文明的基本因素。中国文明起源点"满天星斗"说是过分夸大了中国文明在各地区发生的独立性，是不符合历史实际的。在公元前 2000 年前后，黄河流域凝聚了自身和其他文化的因素，成为名副其实的中华文明的起源点。

本期还发表了《五四时期话剧的崛起与沉沦》、《论孔孚山水诗》、《西方意识流小说的基本表现手法》等论文。

9 月 24 日，葛荣晋在《文史哲》第 5 期发表《清代实学思潮的历史演变》。

该文认为，清初至康熙年间，由于清兵入主中原所引起的激烈民族矛盾以及随着资本主义萌芽的发展而产生的市民阶层反抗封建统治的斗争和西方文化对中国传统文化的冲击与融合，推动了实学的高涨；康熙朝后期和雍正、乾隆、嘉庆时，由于江南资本主义萌芽受到严重摧残，统治者大力复兴和提倡程朱理学并对知识分子实行高压和怀柔两手政策，以及从雍正朝起对外闭关锁国，使实学渐被朴学（考据学）所代替；从嘉庆朝后期开始，清王朝由"盛世"向"乱世"滑落，阶级矛盾以及中华民族与西方殖民主义的民族矛盾均趋尖锐，兼之学术流变的内在因素，使朴学又复转向经世实学。从纵向考察，清代实学是一个动态的历史范畴；从横向考察，它是一个多层次的社会概念；从演变过程看，每当"治世"，它往往埋藏在"纯学术"的外壳内，转向低潮，每当"乱世"，它却沿着"修实政，施实惠"的方向发展，进入高潮时期。

本期还刊登了蒋茂礼的《商品化中文学独立品格的沦丧》与杨

守森的《商品观念与中国当代文学的繁荣》两篇文章,对伴随商品经济的发展出现的文艺创作商品化现象进行争鸣。

10月15日,《文史哲》编辑部主持举办的"通俗文学学术讨论会"在济南召开。

会议主要研讨了通俗文学热的兴起及其原因、通俗文学的概念界说、源流演变及其特征、通俗文学的现状及其发展方向等问题。

11月24日,胡钟达在《文史哲》第6期发表《"五种生产方式"问题答客问》。

作者认为,奴隶制在历史上曾长期存在,但人类历史上最先出现的阶级社会不能称之为"奴隶社会";在人类历史上也从来没有出现过一个以奴隶制为主导的所谓"奴隶社会"阶段。不仅在古代东方,不存在"奴隶社会"这一发展阶段,就是古希腊罗马,从其整体来看,也不是"奴隶社会"。

乔伟在这一期发表了《关于法学理论研究的反思——论更新和改造法学的若干问题》。

1989 年

4月15日，胡耀邦在北京逝世，终年73岁。

6月4日，北京发生"六四风波"，此后学术思潮发生重大转向。

7月18日，《人民日报》发表"易家言"的《〈河殇〉宣扬了什么？》。此后，众多报刊开始对电视政论片《河殇》进行集中批判。文化保守主义开始兴起。

10月7日至10日，孔子诞辰2540周年国际学术讨论会在北京、曲阜两地举行。会议受到党和国家领导人的关注，新任中共中央总书记江泽民接见了部分海外学者，并发表高度评价孔子的讲话。这次会议表明了官方对中国传统文化思想的重视，产生很大影响。

1月24日，陈炎在《文史哲》第1期发表《反理性思潮的三重背景》。

文章认为西方反理性思潮是在文明与异化的二律背反、基督教文化的全面崩溃和哲学本体论的再生这三重背景下产生的，只有将这一特定的思潮放在特定的背景下加以考察，才能看清它的原貌，理解它的意义。

刘泽华、叶振华在本期发表《历史研究中的考实性认识》，认为历史研究是一种间接认识，其认识主体不能直接地接受和反映客体（史实），而需借助一定的中介（史料）。因此，辨析客体与中介之间是否符契，构成了历史研究中考实性认识的重要任务。从思维方式的角度来看，考实性认识的主要方法有六种：比较、归纳、类推、演绎、钩沉、溯源。考实性认识的一般形式是通过"存疑"—"搜证"—"考求"三段式发现史料中的矛盾点与契合点以证其是非的过程。考实性认识与其他认识形式相互依存、相互补充，各自有着重要作用，不可偏废。

3月24日，《文史哲》第2期刊登邹广文对高清海的访谈《十年哲学的回顾与展望》，对改革开放前十年当代中国哲学的变革从总体上进行评估。

5月24日，《文史哲》第3期出版"纪念五四70周年专号"，成为《文史哲》80年代十年新启蒙历程之绝唱。

刊登的文章包括彭明的《五四运动史研究的几个问题》，孙思白的《纪念五四运动70周年断想》，庞朴的《以五四精神继承五四精神》，李景彬的《五四文化意识的反思与中国文化结构的重建》，何中华的《试论中国文化的启蒙与超越——纪念五四运动70周年》，钱逊的《文化的普遍性和特殊性——文化研究中一个基本的方法论问题》，颜炳罡的《五四·新儒家·现代文化建构》，方克立的《第三代新儒家掠影》，杨向奎的《五四时代的胡适、傅斯年、顾颉刚三位先生》,孔繁的《胡适对清代"朴学"方法的总结和评价》,李德征的《五四时期的商务印书馆》,蒋俊的《中国应该建立"五四学"》,朱玉湘、胡汶本、韩凌轩、蒋俊、王文泉等人的《十年来五四运动史研究述评》;第4期又发表韩凌轩的《五四传统与中国现代化》。这些文章从不同角度和领域对"五四"运动进行了追忆和反思。

7月24日,傅璇琮、陈华昌在《文史哲》第4期发表《唐代诗画艺术的交融》。

文章认为唐代绘画在题材上发生了突变,山水画与花鸟画得到大的发展,分别成为独立的画种。山水画的发展是山水诗影响的结果,花鸟画的发展是咏物诗影响的结果。唐代山水画在形式和风格上也发生了突变。在形式上,不但以线条作为表现手段,而且用水墨的深浅浓淡代替了传统的青绿色彩;在风格上,由传统的富丽精工变为即兴挥洒、自然浑成。这种变化是唐诗重视真情实感、崇尚真率自然的审美倾向的影响所致。唐代花鸟画在审美时空构造方面不重物理时空而重心理时空,不重全貌描绘而重局部描绘的特点,也是受唐诗影响的结果。唐代绘画在色彩、线条、构图方面也给唐诗以影响。特别是对有绘画实践经验的王维,影响更深。

周立升在本期发表《论老子"得母""知子"的认识系统》,认为老子的认识论包含两个层次。一为关于道("母")的知识系统,一为关于物("子")的知识系统。"闻道"和"为学"是与之相应的两种截然不同的认识途径。老子把传统的气功养生术升华为哲学理论,故从本源上考察,其认识论也是在经验综合的基础上形成的。它一旦形成却表现出反经验及直觉主义的特色。这就决定了老子关于知识的价值取向是推崇"闻道"、贬斥"为学"。由老子开端的中国传统的直觉思维,缺少逻辑思想作为前提条件,是一种思维超越的整体性模式。中国传统哲学之所以没有形成逻辑思维的定势以推动实证科学的发展,与老子有着直接或间接的关系。

9月24日,《文史哲》第5期发表孙元璋的《两汉的文学观与两汉文学》以及崔廷瑢的《孟子的审美思想》等文章。

11月24日,袁世硕在《文史哲》第6期发表《〈聊斋〉志怪艺术新质论略》。

认为《聊斋志异》从六朝志怪小说"明神道之不诬"的观念中解放出来,也摆脱了唐传奇"以幻设之奇自见"的偏执,自觉地运用想象和幻想进行文学性的虚构,谈鬼怪狐仙大都有所寄托,借以表现作者的情志,在短篇小说形式上和艺术表现方面,也多有所突破。

王晓毅在本期发表《宇宙生成论向玄学本体论的转化》,提出贵"无"论玄学属于本体论范畴,而汉代神学目的论则表现为宇宙生成论。汉魏之际人物批评所诞生的贵"无"人才哲学与汉儒关于宇宙产生之前元气混沌无形观念的结合,是宇宙生成论向玄学本体论的转化契机。在其结合过程中,人才哲学是矛盾的主要方面,它的存在和发展,是把传统的宇宙本根由天地之外移向事物之中的主要动因。汉代宇宙观所提供的丰富资料,则为这一历史性转化奠定了思想基础。

1990 年

1月24日，张金光在《文史哲》第1期发表《论秦自商鞅变法后的农村公社残余问题》。

文章认为，商鞅变法后，秦村社残余势力尚强，秦乡村聚落内仍存在着共同的经济联系，乡村存有政社合一职能的残余，邑里村落内存在着共同社会经济生活，村社贵族残余势力依然存在。

该期还发表了李德征的《中外学者对洋务运动与中国近代化关系的几点看法》、吴开晋的《新时期诗歌对传统文化的继承和超越》等文章。

3月24日，丁守和在《文史哲》第2期发表《中国文化研究七十年》。

这一期还发表了郭英德的《蒲松龄文化心态发微》，孔范今、潘学清的《论中国现代小说发展中的后期现代派》、傅有德的《关于巴克莱的新原理》等文章。

5月24日，黄冕堂在《文史哲》第3期发表《清代农田的单位面积产量考辨》。

文章认为，研究清代历史，尤其是研究清代经济史，亟须了解当时的农业地租的剥削形态、剥削量和地租率等问题。为此，务必探讨当时的农田单产量。这就涉及田积、土质、度量衡制度和粮色品种等复杂因素，且要结合江浙、川湖、闽广和华北等地区的具体情况细加稽考。除了某些外国学者搞了一些并不十分准确的计量数字外，国内不少教科书或专著、论文，大都满足于用一些笼统的数据来对待问题，这是无助于研究的深入的。文章通过对清代的江浙、川湖、闽广和华北等四个区域的多方考察，得出结论：江南少数地区尤其是岭南、闽南一年可以双种双收以至可以三收者，最高亩产量可达稻谷五六石或七八石，极少者则仅能一石左右，但通常年景可保收三至四石，即稻谷三百五六十斤至五百斤。华北地区，系以生产小麦和高粱、谷子等杂粮为大宗，通过粗细粮计算，个别年亩产量最高的有达四五石者，极少者则仅有一二斗、二三斗，但一般仍以亩收二石为准，即一年接茬两收，亩收小麦和杂粮约二百三四十斤。至于长城沿线和东北、华北许多地区，天气寒冷，作物生长期短，因而不能确保从头年冬到次年秋能有两季接茬种植，则每年每亩粗粮产量仅能有百数十斤，小麦产量则仅能有数十斤至百斤不等。

刘祚昌的《论杰斐逊的独特风格》、徐向艺等人的《个人经济行为与经济秩序》、谭好哲的《超越形式禁忌与形式崇拜——马尔库塞"美学形式"论探讨》也发表在这一期上。

7月24日,《文史哲》第4期刊登李德征的《鸦片战争与中国人民的选择》及孔令仁的《要认真汲取鸦片战争带来的历史教训》等文章,纪念鸦片战争150周年。

9月24日,《文史哲》第5期以全部篇幅刊登"首届国际赋学术讨论会论文专辑",刊发了来自美、日等国及中国香港、台湾地区和内地众多辞赋学者的28篇论文,介绍国内外辞赋研究的最新成果以及山东大学的辞赋研究状况。

这些论文包括费振刚的《略论汉赋繁荣的社会背景》、董治安的《关于汉赋同经学联系的一点探索——从扬雄否定大赋谈起》、龚克昌的《文变染乎世情——谈魏晋南北朝赋风的转变》、刘乃昌的《论赋对宋词的影响》、张可礼的《东晋辞赋概说》等文章。

11月24日,徐显明在《文史哲》第6期发表《论权利》。

文章认为权利的真正内涵是法律上的力与其保护价值的统一,人是唯一能在法律关系中将二者连接起来的媒体。自由与权利虽属同质的东西,但它们之间仍有诸多形式上的差别。在权利的所有类型中,基本权利居于权利体系的根本地位,权力只是权利的变种。任何权利都有着确定和运行两方面的界限,制约权利的法的形式是义务,权利的绝对值总是等于义务的绝对值。突破权利界限,必定构成权利滥用,而能够被滥用的权利一定是那些加入权利人意志的处于行使状态中的权利。判断权利是否被滥用有着法律上的和道德上的双重标准。在特殊的权利滥用中道德标准更能清楚地透视权利人行使权利的目的。

　　本期还发表了杨奎松的《大革命前期的国共关系与共产国际》和马瑞芳的《〈聊斋志异〉对冥界题材的开拓》。杨文对大革命前期国共关系以及共产国际的作用这一研究整个大革命时期国共关系的关键性环节进行了比较全面和细致的分析说明。马文认为，以最不现实的形式做最现实的文章是《聊斋志异》对冥界题材的开拓。具体表现在用冥界题材反映清初的民族灾难和贰臣丑面、用冥界题材投射封建吏治、用冥界题材揭露科举取士制度的弊端。

1991年

1月18日，陈平原、王守常、汪晖等13名学者举行学术史研究座谈会，并于同年11月出版人文研究集刊《学人》。第一辑卷首登载了一组11篇"学术史研究笔谈"，集中表达了"思想淡出，学术凸显"的为学旨趣，标志着90年代学风的巨大转变。

3月2日、22日，上海《解放日报》刊发署名皇甫平的文章《改革开放要有新思路》和《扩大开放的意识要更强些》。前一篇文章指出：研究新情况、探索新思路，关键在于要进一步解放思想。计划和市场只是资源配置的两种手段和形式，而不是划分社会主义和资本主义的标志，资本主义有计划，社会主义有市场。后一篇文章指出：90年代上海的开放要迈大步子，必须有一系列崭新的思路，敢于冒点风险，做前人没有做过的事。

12月25日，苏联正式解体，宣布国名由"俄罗斯苏维埃联邦社会主义共和国"更名为"俄罗斯联邦"，戈尔巴乔夫下台，叶利钦上台。

《文史哲》荣获"山东优秀理论刊物"奖。

1月24日，《文史哲》第1期刊登一组"义和团研究论文"。

1990年10月7日至11日，中国史学会、中国义和团研究会主办的"义和团运动与近代中国社会国际学术讨论会"在济南举行，130多名中外学者出席了会议，其中28名外国学者分别来自美国、日本、英国、德国、澳大利亚、波兰、匈牙利和韩国等国家。部分会议论文刊登在这一期的杂志上，包括李侃的《再谈中国近代农民问题》、孙祚民的《义和团运动史若干理论问题研究评议》、〔美〕周锡瑞的《试论义和团仪式的社会意义》、陶飞亚的《19世纪山东新教与民教关系》、苏位智的《八国联军没有始终如一的主谋》。其中，孙祚民的文章就学术界存在争论的"关于义和团运动的性质"、"关于义和团运动是否反封建"、"关于义和团运动的'封建蒙昧'"、"关于义和团运动的'笼统排外'"、"关于义和团运动的历史作用"等问题进行了讨论，对"否定义和团"的观点提出了批评。

3月24日，狄其骢在《文史哲》第2期发表《关于文学主体性问题》，对刘再复的"文学主体论"进行批判。

1990年11月2日至5日，由国家教委社会科学发展研究中心、山东大学、中国社会科学院文学研究所、《文学评论》编辑部、中国艺术研究院马克思主义文艺理论研究所、《文艺理论与批评》编辑部、北京大学中文系、中国人民大学语文系、北京师范大学中文系、武汉大学中文系、四川大学中文系联合发起的"文学主体性问题讨论会"在山东济南召开，集中对刘再复的"文学主体论"进行批判。本期杂志发表的狄其骢的文章就是这次会议上的论文。狄文认为刘再复的主体性观念，显然不是属于马克思主义的，最明显地表现在他是奋力排拒反映论的，他为主体割除了一切自身之外的关系，让主体回归自身，所以主体就是主体，主体性就在自身。虽说刘再复提到什么认识主体，实践主体，但他所谓的认识主体就是精神主体，而他所谓的实践主体，只是精神主体的工具操作。刘再复把主体封闭在主观精神圈里，对精神主体这个他所谓具有无限创造力的内宇宙，加了许多高级的赞美之词。所谓文学的主体性，也就是人的心理机制，就是作家的需要和情感活动。说得更简洁些就是人道主义的爱，文学的主体性就是爱的力量。从此可见，刘再复以人为思维中心，以人为出发点和归宿的人本主义，变成了以精神或爱为思维中心，以精神或爱为出发点和归宿点的唯心主义了。

蒋俊在本期发表了《"新世纪派"思想研究》。文章认为，以宣传无政府主义为特色的"新世纪派"的出现，是辛亥革命前夕特定历史条件下的产物，并非由少数留欧学生忽发奇想所致。从庸俗进化论和人性论到"以教育为革命"，再到"普及革命"，构成了"新世纪派"的理论基础和思想倾向。他们的基本立场是站在资产阶级革命派一边，但并不满意资产阶级革命派的纲领，对资本主义既充满希望又心怀疑惧。在文化思想方面，他们批判封建伦理道德，要求摆脱旧思想，提倡新理新学，有利于当时的思想解放运动，但同时，他们的主张又带有民族虚无主义和"全盘西化"的倾向。

5月24日，田昌五在《文史哲》第3期发表《谈桂陵之战及其相关诸问题》，对史书记载较为模糊的桂陵之战进行了考证。

文章依据临沂汉墓出土的《孙膑兵法》，对桂陵之战的相关问题进行了考释，认为此战地当在今山东菏泽东北郊之桂陵，齐胜魏，俘庞涓。从此，齐最强于诸侯，而孙膑也因其奇妙战策而名显诸侯。

王学典在本期发表了《从偏重方法到史论并重——40年代中后期中国历史科学的动向之一》，认为20世纪的最初10年，尤其在20年代，是中国史学界崇尚材料、崇尚考据的时代。而崇尚理论、崇尚方法，则是30年代中国史坛的主流。到40年代中后期，中国马克思主义历史学在经过与史料学派的长期较量后，总结了自身以往失误的教训，逐步认识到掌握史料的重要性。注重史料，注重考证，敬重史料学派，构成了40年代中后期中国马克思主义历史学的基本倾向。

苗润田在这一期发表了《〈庄子〉内篇与早期黄老思想的比较》，认为庄子与早期黄老学者以"道"为天地万物的总根源及存在根据，以"虚而无形"为"道"的基本性质；以"道"为思维的对象；以"齐物"或"齐万物"为一般原则、方法；以"无为"为旨归。而在所有这些方面，他们又各有独特的理解，形成了各具特色的思想体系。

7月24日，赵明义在《文史哲》第4期发表《马克思主义政党学说的研究对象和理论体系》。

同期还发表了朱玉湘的《建国初期良好社会风尚的形成与党风建设》。

9 月 24 日，《文史哲》第 5 期刊发一组研究墨子的论文。

由山东大学与滕州市联合主办的全国首届墨子学术研讨会暨墨子学会成立大会于 1991 年 6 月在墨子故里山东滕州市召开，该期《文史哲》发表这组论文以作响应，包括苗枫林的《给墨子以应有的学术地位》、陈之安的《关于墨子的两个问题》、蔡尚思的《墨子的历史地位与当代价值》、张岱年的《论墨子的救世精神与"摹物论言"之学》和杨向奎的《谈谈〈墨经〉的研究》。

11 月 24 日，杨国荣在《文史哲》第 6 期发表《力命之辨与儒家的自由学说》。

文章认为儒家的力命之辨发轫于孔子。孔子的仁道原则确认人有行仁的能力，把人作为具有自由品格的主体，但他不了解主体力量的现实根源，把这种根源推到了超验之域。孟子划分了"在我者"与"在外者"，试图化解力与命的冲突。他把人的自由与"在我者"联系起来，表现了主体自由向个人道德实践与心性涵养的靠拢。并以"正命"把天命的主宰（在外者）与自觉地顺从天命相协调。荀子继承发展了孔孟的思想，将力命之辨与天人之辨相统一，把自由的领域扩展到天人之际，使自由获得了更为深刻的历史内涵，并超越了孔孟的内圣走向。力命之辨的如上演变，从一个侧面表现了儒学的多重内涵，对尔后的中国哲学（特别是儒家哲学）产生了颇为复杂的影响。

田昌五在本期发表了《就秦汉奴隶制度谈古史分期问题》。该文通过考察秦汉的奴隶制，认为秦汉社会中确实存在奴隶制度，而且在东汉之前还有买卖奴婢的市场，但这种奴隶制是封建社会中的奴隶制，其最后的归宿是转为封建制。凭着自己的主体认识，不加分析地把各种奴隶制的材料凑合起来，用空张虚薄的方法改变秦汉社会的性质，尽管可以热闹一阵子，终归是要破灭的。主观和客观要一致，历史和逻辑要统一。不顾客观的历史进程，凭主体认识扩张出来的历史，是不会成功的。

本期杂志还刊登了由郑宜秀整理的王仲荦遗作《敦煌石室出〈西州图经〉残卷考释》。杨向奎的《说"理"》、孟祥才的《中国农民战争问题研究的回顾与展望》、胡滨的《论近代中国向西方学习及其特点》、吴承明的《近代中国工业化的道路》也发表在这一期的杂志上。

1992 年

1月18日至2月21日,邓小平视察武昌、深圳、珠海、上海等地,发表著名的南方讲话,重申了深化改革、加速发展的必要性和重要性。其后,中国改革开放的步伐加快。

《文史哲》荣获山东省优秀期刊一等奖。

1月24日,孙昌熙、高旭东在《文史哲》第1期发表《孔子论〈诗〉与鲁迅论〈诗〉》。

3月24日,孔范今在《文史哲》第2期发表《历史价值范畴里的符号选择——鲁迅批孔新议》。

文章认为,不同层面或不同性质范畴内的目的性追求,决定了不同的价值认识和价值范畴。鲁迅的批孔,是在"五四"新文化运动的基本规范中进行的,属于历史性的行动,和以学术研究为目的的当代孔子再评价不能同日而语。在当时的历史情境中,历史昭示给先驱者们的革命原则是弃古取今。鲁迅也清醒地知道,把孔子当作一切旧文化的代表来批判,所进行的实际上是一种偏离对象本体的历史批评，但历史转折时期需要这种超常的批判。他的批孔，实际上是在历史价值范畴里的符号选择，不必把这一历史行动硬拉到当代评孔的学术范畴里来自寻烦恼。

本期还刊发了陈卫平的《明清之际西方传教士的天主教儒学化》。

5月24日，何中华在《文史哲》第3期发表《哲学学论纲》，提出建立哲学学的主张。

文章认为哲学学是一个由不同学科组成的学科群：在文化的逻辑层面，哲学与文化原型的关系构成元哲学的对象；在文化的历史层面，哲学与原始文化之间的始源性关系成为哲学发生学的研究内容；在文化时代性维度上，哲学与时代精神的关系确定了哲学社会学的考察范围；在文化民族性维度上，哲学与不同文化系统的关系构成比较哲学的研究领域。"哲学是什么"为哲学的基本问题，对它可作出各种可能的回答。哲学学与哲学理论、哲学史之间的开放性联系，决定其兼具规范性和描述性双重特征。

本期《文史哲》还刊登一组文章纪念毛泽东《在延安文艺座谈会上的讲话》发表50周年，包括狄其骢的《〈在延安文艺座谈会上的讲话〉的现代意义》、曾繁仁的《试论毛泽东美学思想的伟大意义——纪念〈在延安文艺座谈会上的讲话〉发表50周年》、王凤胜的《周恩来的文艺统一战线思想》等。

7月24日，《文史哲》第4期发表一组传统文化研究论文。

包括安作璋、王克奇的《黄河文化与中华文明》，丁原明的《楚学与汉初黄老之学》，陈朝晖的《北魏的儒学与士人》。

安作璋等认为，在中华古代文明的多元文化中，黄河文化是最有代表性、最具影响力的主体文化。作为一种植根于黄河流域的地域性文化，它产生于新石器时代，经过长期的发展和文化交流，在明清以后逐渐融入统一的中华文明之中。由于其本身具有经济上的先进性、政治上的正统性、学术上的包容性及所处的特殊的地理位置，黄河文化长期居于中国古代多元文化的领导地位，成为当时多元文化的凝聚中心和中华古代文明当之无愧的代表，并且不断给予周围的多元文化深刻的影响，最终形成了以黄河文化为核心的、统一的、不可分割的"多元一体"的文化体系——中华文明。中华文明的统一性和不可分割性，是我们维护国家统一和民族团结的精神文化支柱。

9月24日，《文史哲》第5期刊发一组研究洋务运动的论文。

论文包括皮明庥的《洋务运动与中国城市化、城市近代化》、章鸣九的《洋务运动研究如何深入》等文章。

乔幼梅在本期发表了《女真奴隶制的演变》，提出女真族在其始祖函普时代，已实施"征偿法"，并出现了"举债生息"的"巨富"，到太祖阿骨打建国时（1115年），奴隶制已经形成。此后，通过反辽侵宋战争，大肆掠夺异族奴隶和财富，促使奴隶制进一步发展，并借助猛安谋克的移民屯田和括地，把奴隶制扩展到新的统治地区。基于此，女真奴隶制表现出自己固有的特征。金世宗即位

（1161年）以后，由于迭遭被奴役人民的反抗，以及受到中原先进的封建制度的影响，女真奴隶制逐渐衰败。

郭延礼在本期发表了《近代资产阶级革命派的小说理论》，认为近代资产阶级革命派在小说理论方面的主要成就是：正确阐明了小说与社会生活的关系；借鉴西方美学的观点，探讨了小说的艺术性能；论述了塑造人物的现实主义艺术原则；正确评价了中国古典小说遗产。近代资产阶级革命派的小说理论，不仅纠正了资产阶级维新派小说理论的某些偏颇，而且有了拓宽和深化，为"五四"以后小说理论的发展提供了借鉴。

11月24日，《文史哲》第6期出版。

本期刊发了丰坤武的《中国古代文论中的人文观念》，林兴宅的《诗味新解》，鞠志强、闫涛的《谈中国古代的悯农诗》，刘石的《苏轼"以诗为词"内因说——兼论苏辛之别的一个问题》等论文。

1993 年

8月16日,《人民日报》登载该报记者毕全忠写的《国学,在燕园悄然兴起——北京大学中国传统文化研究散记》。该文的发表被看作是20世纪90年代国学研究再度复兴的标志。

11月,《上海文学》第6期刊发王晓明等人的对话《旷野上的废墟——文学和人文精神的危机》,以此为开端,爆发了一场持续两年多的全国性的人文精神大讨论。第二年,《读书》杂志连载5组以"人文精神"为总题的讨论,把这次讨论推向高潮。

从第2期起,编辑部进行调整,韩凌轩任主编,寇养厚任副主编。

1月24日,《文史哲》第1期出版。

本期刊发了董治安的《论曾子——关于历史上的曾子和曾子的历史评价》、刘泽华的《汉代"纬书"中神、自然、人一体化的政治观念》、马新的《略论春秋战国时代的隐士》、曾繁仁的《关于德国古典美学的三个基本命题》等论文。

3月24日,《文史哲》第2期开设"纪念顾颉刚先生诞辰100周年"专栏。

本期刊发了王煦华的《顾颉刚先生对民间文学、民俗学的研究及贡献》、顾潮的《顾颉刚与傅斯年在青壮年时代的交往》、刘起釪的《顾颉刚先生卓越的〈尚书〉研究》、顾洪的《关于顾颉刚先生读书笔记的特色》等论文。

萧涤非在本期发表了《杜甫诗歌的艺术性》。文章认为杜甫十分重视诗的艺术性,是一个在体裁、风格、艺术技巧、创作方法等方面集大成的诗人。杜甫的叙事诗的艺术特点是:典型化的手法、对现实的客观描写、心理刻画、语言的个性化、细节描写。杜甫的抒情诗的艺术特点是:具体形象、情景交融、语言精练、大发议论、幽默含蓄。

5月24日,《文史哲》第3期用整期杂志的版面刊登了一组魏晋南北朝史研究论文,对魏晋南北朝时期的政治经济和文化进行了多方面研究。作者既有国内学术大家,也有日、韩等国知名学者。

论文主要有何兹全的《崔浩之死》、赵向群的《论十六国时期河西主要民族的地位与作用》、许福谦的《东魏北齐胡汉之争新说》、朱大渭的《魏晋南北朝文化的基本特征》、郑欣的《西晋的历史地位》、万绳楠的《对文化史研究的思考》、中村圭尔的《关于南朝户籍的两个问题》、朴汉济的《西魏北周时代胡姓再行与胡汉体制》,以及谷川道雄的《内藤湖南的六朝论及其对日本学术界的影响》、池培善的《南燕与慕容德》等。

7月24日,《文史哲》第4期开设"改革开放与市场经济"栏目。

受市场经济大潮泛起的影响,《文史哲》杂志日益关注市场经济环境下的学术生态。本期"编者的话"说:"改革大潮,波涛滚滚;中华大地,日新月异。作为学术期刊,如何从内容到形式主动适应社会主义改革和建设的需要,是一个十分严肃而又必须回答的时代课题。这个栏目,既可以探讨改革开放和社会主义市场经济的重大理论问题,也可以介绍各地改革开放的成就和经验。"本期"改革开放与市场经济"栏目发表的文章主要有何中华的《对社会主义市场经济的几点哲学思考》和徐向艺的《论有秩序的市场经济》等。这一期的"市场经济与文化艺术"栏目还发表了刘光裕的《文化艺术产品需要市场交换》、贺立华的《历史的进步:把文艺家推向市场》、蒋茂礼的《呼吁:文艺家品格不能为金钱而失落》等。

为纪念台儿庄战役55周年,本期还刊发了一组"台儿庄大战55周年国际学术研讨会"会议论文,包括韩泰华、牛桂云的《台儿庄战役的历史地位及影响》,〔美〕唐德刚的《台儿庄大捷的历史意义》,蒋永敬的《从〈徐永昌日记〉看台儿庄大战》,韩凌轩的《台儿庄大捷与蒋李关系》,吕伟俊的《论台儿庄大战中的爱国主义精神》。

9月24日,《文史哲》第5期新设"近现代思潮与人物研究"栏目。

本期刊发了田昌五的《论郭沫若的史学体系》和蒋俊的《梁启

超早期史学思想与浮田和民的〈史学通论〉》等文章。田文认为郭沫若史学体系的主体在中国古代社会,他认定中国古代存在过发达的奴隶制,而因曲解"亚细亚生产方式"所得出的东方不发达奴隶制社会说难以成立。郭的史学体系还涉及中国封建社会,认为它是各类封建社会中最发达的一种形态,呈现出大开大合、大起大落的变动状态,具有长期性、曲折性、反复性的特色,但绝非"长期停滞"。作者认为,郭沫若史学体系的学术价值、社会价值和现实意义是不容忽视的。蒋文以梁启超对日本史学家浮田和民著《史学通论》的借鉴为例,一方面探讨梁氏早期史学思想的渊源,另一方面分析了他在引进外来思想方面的做法。

龚克昌的《评汉代的两种辞赋观》也发表在本期上。该文认为汉人对汉赋的确明显地存在着两种不同的观点和态度:一是坚持儒家的立场、"诗人"的传统,经学的写作原则,把辞赋视为宣传儒家教条的工具,遏制文学艺术美的发展。另一种是摆脱儒家思想束缚,把辞赋从经学的桎梏中解放出来,走向生活,走向世俗,发展完善文学艺术——辞赋自身的特点,以满足人们日益增长的对文学艺术——辞赋的要求。前者是一种保守倒退的思想,应加以扬弃;后者是一种开放前进的思想,应给予历史的评价。

本期还刊发了日本学者石川祯浩研究李大钊早期思想的文章。

11月24日,《文史哲》第6期刊登一组论文,纪念毛泽东诞辰100周年。

本期刊发了樊瑞平、何中华的《毛泽东与哲学》,汪澍白的

《毛泽东与前代兵家韬略》，臧乐源的《"五爱"是毛泽东伦理思想的精华》，郭桂英、吕连仁的《毛泽东农民问题理论的形成》，孟祥中的《毛泽东与中古典小说》，包心鉴的《毛泽东与邓小平社会主义改革观比较》，李庆臻的《论邓小平思想的"两个坐标"》7篇文章。

1994 年

10月5日,孔子诞辰2545周年纪念与国际学术研讨会暨国际儒学联合会成立大会在北京举行。谷牧被推选为第一任会长。中共中央政治局常委、全国政协主席李瑞环,中共中央政治局委员、国务院副总理李岚清莅会并讲了话。10月7日,国家主席江泽民会见了部分与会代表。

12月5日,胡绳在《瞭望》周刊第49期发表《介绍一篇文章》,对"国学热"提出批评。次年,《孔子研究》第2期上推出一组"传统文化笔谈"(11篇),与胡绳进行商榷,为"国学"辩护。这一争论,被看作是"马克思主义史学"与"国学"的一次正面碰撞。

《文史哲》杂志荣获由华东地区优秀报刊评审委员会颁发的"1993年度华东地区优秀期刊一等奖"。

据有关单位统计,1994年《文史哲》所刊发的文章被国内各大报刊转载、摘登92篇,居总序、社科类期刊榜首。

1月24日,《文史哲》第1期刊发了姚会元的《论状元"下海"办实业》。

"编者的话"说:"我们并不是提倡文人下海,但是知识分子以自己的技术和知识为社会主义市场经济服务还是应该的。"

田昌五在本期发表了《在历史的三岔口上》,对改革开放作了深层次的思考,认为按照中国历史的发展规律,中国已经进入了第四次社会经济的大循环,即市场经济大循环的轨道到了又一个循环上升、跳跃前进的阶段。但在中国面前出现了三条经济大循环的轨道:第一条是传统的经济循环轨道;第二条是苏式社会主义经济循环轨道;第三条是市场经济大循环轨道。中国只有从苏式社会主义经济大循环转到社会主义市场经济大循环才有出路,市场经济大循环的规律,从本质上说,就是价值和剩余价值规律。价值和剩余价值规律,并不专属于资本主义。为少数人谋利益,就属于资本主义;为多数人谋利益,就属于社会主义。需要防止的是利用这个规律为少数人谋利益,而不能是反对利用这个规律。

本期开辟了"学术人物"栏,发表了孔范今写的韩国国立汉城大学校中文科教授金学主的小传。

3月24日,王育济在《文史哲》第2期发表《宋太祖传位遗诏的发现及其意义》,对"宋太祖死时没有留下传位于太宗的遗诏"这一定论进行了颠覆。

作者依据《宋会要辑稿》中首次发现的太祖传位遗诏和宋太宗宣布遗诏后即位的记载,认为"宋太祖死时没有留下传位于太宗的遗诏"这一"定论"在史料论断上存在着根本的失误,而且,以往以这一"定论"为依据而得出的有关宋初政局的若干学术结论,也不能不重新加以考虑。

应编者之约,本期"学术人物"发表了美国著名中国学家柯文撰写的《我的学术生涯》,概述了其治中国学的简要经过。柯文是美国中国学的创始人和奠基人费正清的高足,他的《在中国发现历史》一书,提出了与美国的中国学传统不同的"中国中心观",一反过去殖民地历史的框架,主张以中国为出发点,深入精密地探索中国社会内部的变化动力与形态结构,并力主进行多学科协作研究。这一观点,在国际上引起强烈反响。

5月24日,《文史哲》第3期新设"国学新论"专栏,呼应日益兴起的"国学热"。

"编者的话"说:"如果说80年代那次传统文化热较多地涉及传统文化的消极面的话,那么90年代这一次传统文化热则更多地表现为冷静的思考,企望从新角度、以新方法开辟传统文化研究的新局面,更加全面、深入地探索传统文化与现代化建设的关系。为了把传统文化研究引向深入,我们开辟了'国学新论'这个栏目。"本期,该栏目发表了张岱年的《如何研究国学》、张世英的《传统与现在》、萧兵的《"新国学"的悬想》、叶舒宪的《国学方法论的现代变革》等论文,从不同角度论述了如何进行国学研究。

"学术人物"栏刊登了美国中国学家柯文撰写的《我的老师费正清》。

7月24日，吴富恒、狄其骢在《文史哲》第4期发表《面临挑战的文化建设——文化问题纵横谈》，从全球化、中西冲突、市场经济等多个方面论述了文化建设的战略意义。

颜炳罡在本期发表了《现代新儒家研究的省察与展望》，认为现代新儒家研究中尚有两个问题有待于澄清：一是对现代新儒家范围的界定分歧太大；二是对现代新儒家之为新的意义探讨不足。因此应当将现代儒者、现代儒家、现代新儒家三个概念区别开来。现代新儒家新之为新的意义主要在于它重新调整了传统儒家"内圣外王"的义理结构；在思维方式上，现代新儒家由传统儒家的"圆而神"的智慧，经消化西方哲学的"方以智"，重新达到新的"圆而神"；传统儒家只言心性之学，未明言道德的形上学，现代新儒家则明言之；传统儒家没有开出知性之独立系统、现代新儒家则开出之。

9月24日，《文史哲》第5期发表一组研究农民起义的论文，纪念《甲申三百年祭》发表50周年。

论文包括白钢的《甲申史事的启示》、孟祥才的《深入探索封建社会产生农民起义和农民战争的历史必然性》、滕新才的《1643—1644年李自成战略失误平议》、朱子彦的《论明代江南农业与商品经济》、田昌五的《中国农民战争的阶段性及相关诸问题》、孙达人的《王朝周期、农民战争和社会的财富积累》，为相对沉寂的农民战争史研究注入活力。

宋全成在该期发表了《论生产力与上层建筑的直接矛盾及其运

动》,提出在相对稳定的任何一个特定的社会形态内,生产力无须彻底改变生产关系而与上层建筑构成直接矛盾,生产力与上层建筑的矛盾运动,推动着特定社会形态内的社会经济的向前发展。

从本期开始,《文史哲》推出"社会发展与现代化"专栏。在本期这个栏目里,发表了《东亚产业圈带与环渤黄海地区的发展》、《论北欧社会发展模式》等文章。

王元化的《莎剧艺术杂谈》也发表在这一期的杂志上。

11月24日,《文史哲》第6期刊发了一组"国家与社会关系研究"文章。

文章包括罗燕明的《转轨时期的国家权力和职能》、王列的《国家的文化意识形态职能》、肖金明的《政府权力重构论》、朱宝信的《培育有中国特色的市民社会刍议》等。这些文章论述了转轨时期国家与社会在一定程度上的分离以及国家职能的转化与重构,论述了在社会主义市场经济体制下培育和建立中国特色的社会主义的市民社会的有关问题。

在历史方面,本期刊发了高敏的《北魏孝文帝太和年间北地支酉起义考略》、徐鸿修的《春秋时代执政正卿的选拔》等文章,尹保云的《开拓第三世界研究的新领域》一文比较系统地介绍了美国加州大学圣地亚哥分校历史系教授斯塔夫里亚诺斯于1981年出版的《全球分裂:第三世界的历史进程》一书的结构框架和主要特点。

在"学术人物"栏里,发表了著名历史学家、著名中西交通史研究专家张维华的自传。

1995 年

1995 年，李泽厚在《告别革命——回望 20 世纪中国》一书中明确提出告别革命，引起很大争议。

《文史哲》被评为山东省优秀期刊。

1月24日，漆侠在《文史哲》第1期发表《宋学的发展和演变》，突破了此前以理学为主体的思想史旧框架，被认为代表了宋代学术思想史研究的新方向。

该文对宋学进行了总体论述，对与汉学相对立的宋学形成的历史与社会背景、在庆历新政时期宋学形成阶段的代表人物和学说、宋仁宗英宗时期宋学发展阶段的四大学派——荆公学派、温公学派、苏蜀学派和以洛、关为代表的理学派，对南宋时期宋学演变阶段过程与各大学说都进行了较为深入的研究，文末论述了宋学演变的社会历史背景，并特别提出，学术思想史的研究，必须与该时代的政治和经济等社会状况紧密结合，找出其内在关联，相互作用的线索，这样的研究方能摆脱单纯地从思想到思想的研究模式，也才能够无限拓展学术思想史研究的深度和广度。

为了推动孙中山研究的深入发展,"治学漫谈"栏发表了孙中山研究的著名专家、广东社会科学院院长张磊的文章《深化与拓展孙中山研究》。此文系他在"孙中山与近代中国国际学术研讨会"上的发言,对推进孙中山研究提出了许多新颖、深刻而中肯的意见。

3月24日,田昌五在《文史哲》第2期发表《中国历史体系新论》,引起学术界广泛关注。

该文是作者几十年研究中国历史的结晶。他认为,中国封建社会的发展规律是以土地为基础的社会大循环规律。整个中国封建社会的历史可以划分为三个大段落,也就是三次大循环:从战国至秦汉至魏晋为第一次循环过程;从南北朝经隋唐至宋代,为第二次循环过程;从辽金元经明清至民国为第三次循环过程,现在开始转入第四次大循环过程,并开始进入世界一体化征途。

在"学术人物"栏,发表了龚克昌介绍当代著名文学史家陆侃如教授的文章。"治学漫谈"栏则发表了当代著名美学家周来祥谈中国美学研究的文章。

孔范今在本期发表了《重新读解孔子的智慧》。文章认为,以对经典文本进行阐释为特征的传统文化发展史和以批孔为核心内容的本世纪的文化批判,是取向截然相反的两种价值认识过程。一旦将对孔子智慧的重新解读置于两种认知系统的参照之中,它便获取了超越对象本体的理论意义。孔子思想是一个由多元内容互相制约又互相启动连接的结构系统,涵纳深广,既有属于本体论方面的创造性建构，又有方法论意义上的丰富内涵，体现了对于人类生存悠远的人文关怀。如何超越其历史的局限性与片面性，进行多种价值范畴的科学辨析，是当今的人们在反思历史和重新读解传统文化的过程中，不能不予以注意的。

5月24日，《文史哲》第3期刊登杨向奎就"儒学与现代化"发表的谈话。

杨氏就儒家思想在中华民族的文化和中华文明中的地位、儒家思想对形成中华民族凝聚力的重要作用、儒家的开放精神和儒家伦理思想的精华对建设现代化的有序社会的重要意义、儒家思想在世界文化交流中的重要作用等问题进行了精彩的分析，并就"五四"反传统、新儒学和当前"国学热"的评价问题谈了自己的看法。

王学典发表了《关于加强"史学社会学"研究的初步设想》。作者认为，史学社会学的宏观研究固然应该重视，微观史学社会学尤其是一个亟待加强亟待开辟的研究领域。这主要是指直接制约史学、特别是直接制约史学家的那些社会因素。这方面的研究，在以往的历史研究中十分薄弱。加强史学社会学的研究，将会对史学的振兴和繁荣起重要作用。

在"学术人物"栏，刊发了《一代通儒钱穆先生》。

7月24日，《文史哲》第4期出版。

本期刊登了具有较强现实意义的几篇论文。包心鉴的《当代发展理论新走向与我国社会文明新发展》指出,我国正在全力进行的现代化建设,必须重视市场经济发展中的文化力的生长,把提高人的现代化素质放在生产力发展中的首要地位;必须重视市场经济发展中的人文价值追求,把促进社会全面进步和人的全面发展作为发展社会主义市场经济的最终价值取向。王忠武的《制度创新论纲》从制度创新的角度,论述了我国体制改革的有关问题。刘忠世的《交往形式的历史发展阶段及其特征》,考察了人类交往形式的历史演变。

"学术人物"栏,介绍了张岱年的学术生涯和学术贡献。

徐鸿修的《西周春秋军事制度的两个问题》对历来研究相对较薄弱的西周春秋军事制度提出了自己的不同看法。郑欣对东晋在淝水之战中获胜的经济原因进行了分析。尚永亮的文章分析了唐代元和时期宰相的任用和政治兴衰的关系。

9月24日,《文史哲》第5期刊发了一组文章,纪念世界反法西斯战争胜利50周年和中国人民抗日战争胜利50周年。

文章包括朱玉湘的《抗日战争与中国经济》、陶飞亚的《抗战时期中共对基督教会的新政策》、关绍纪的《抗日战争前期美国对国共关系的政策》、刘培平的《"安内攘外"与"反蒋抗日"》、朱懋铎的《试论法西斯运动何以能在德国肆虐》,以及德国学者莱恩哈特·库纳尔的《新极右势力在德国兴起的原因》等。

"学术人物"栏,向读者介绍了季羡林的学术成就。

11月24日,《文史哲》第6期组织"面向21世纪的人文学科"笔谈。

本期邀请了王岳川、许明、尤西林、谭好哲、陈炎等中青年学者就人文学科的历史与现状、人文学科的人文性与科学性以及如何在人文学科领域发扬传统、走出误区等问题发表看法。王岳川认为,目前人文科学所以面临许多困厄,一是我国传统文化的过重的经世致用情结,使人文科学日益超越自我的心性启蒙和精神理想建构的本体界限,而与政治相结合,与群体相纠结;二是在现代化过程中,人文科学受到自然科学和社会科学的挤压,同时人文科学的学术规范又遭到"后"学的调侃式颠覆。要改变这种状况,只有使人文知识分子回到个体独立的立场,以自己的精神品格、心性资源为唯一支撑,以新世纪的世界性眼光看待人类的未来走向,对自我和世界,对科学、进步、现代化作出深刻的反省。许明认为,人文科学的知识增长是以新概念、新范畴的提出为标志的,甚至是以新的思维框架的提出为标志的。以知识增长为尺度的科学精神是每个人文学科研究者应该努力追求的。针对人文学科普遍存在"著书不立说"的现象,他认为有必要建立制定知识增长的一般范型。尤西林认为不宜提人文科学的逻辑,而只宜谈人文科学的特性。他从人的本质这一概念出发对人文科学的特性进行了分析。谭好哲认为人文科学在内容和方法上既有客观的描述和解释方面,又有主观的理解与评判方面,高度的科学性与正确的价值取向的有机结合,应是人文科学研究的目标。陈炎认为,由于人文科学所面对的大多是人类复杂的精神现象,它的许多命题和结论既无法在标准的实验环境下加以证明，也无法以统计学的经验数据为基础，在这一意义上，人文科学充其量只是一种准科学。他从人文科学在西方的发展历程，论述了接近科学意义的人文学科得以成立的依据。

本期还邀请了汪建、何中华、邹广文、刘杰、泉成等哲学界人士开展了在"世纪之交的哲学探索"笔谈，就中国哲学的走向进行探讨。

在文学方面，孔范今的《中国近代四部著名小说的生成和价值内涵》对中国近代小说中的四大名著发表了新看法，认为鲁迅把这四部小说统称为谴责小说，未必尽当。张可礼的《刘勰论魏晋玄言诗》对作为我国古代诗歌发展史上一个重要阶段的玄言诗以及刘勰对它的评价进行了深入的分析。

这一期的"学术人物"介绍了傅斯年的学术贡献。

1996 年

5月16日,"九五"国家重点科技攻关项目"夏商周断代工程"正式启动,旨在研究和排定中国夏商周时期的确切年代。

著名美学家曾繁仁担任山东大学党委书记。

1月24日,蔡尚思在《文史哲》第1期发表《今后新文化应当是"辩证发展"》,对"尊孔热"提出批评。

文章认为,今后新文化的发展应当是辩证发展。所谓"辩证",即辩证法的辩证,而不是形而上学的极端片面与教条主义的一切照搬的办法。所谓"发展",是必须基本遵循发展史的发展,而不是停止、倒退与折中的方向。在两千多年的封建王朝与民国时代北洋军阀统治下,来个新文化运动的"打倒孔家店",很有必要,是正常的;在解放战争时期,朝野出现了尊孔反共,来个批孔,也是很有必要,也是正常的。到了"文化大革命"时期,宣传"儒法斗争史",高举尊法反孔的旗帜,而夹杂着"反孔反周公",就很不正常了。"文化大革命"结束以后不久,学术界不少人与"文化大革命"

的所谓"反孔"对着干,就出现了"尊孔热"、"尊易热"、"传统热",热到空前未有的程度,更不好说是正常的了。

胡新生在本期发表了《禹步探源》,对作为我国古代巫术步伐的禹步的来源进行了探讨。

文章指出,春秋以来,大批跛者加入"以舞降神"的巫师行列。随着跛巫群体的发展,巫术舞中"步不相过"的蹇跛步法逐渐为众多术士所认同。惯于假托的战国术士宣称这种巫术舞步出自夏禹,并将其命名为"禹步"。从此,禹步即被所有术士奉为经典性的基本步法,且对宗教、巫术等仪式产生了深刻的影响。在神化跛步、确立"禹步"名称方面,迷信巫术和崇拜夏禹的墨家学派曾起过重要的推波助澜作用。

在"治学漫谈"栏目发表的《追求有思想的学术》一文系对《学术集林》主编王元化的访谈录。在谈话中,王元化发表了思想与学术、义理与考据、基础理论与应用学科的关系等问题的看法。

3月24日,徐显明在《文史哲》第2期发表《人权理论研究中的几个普遍性问题》。

该文就马克思主义人权观、人权的概念、人权的分类、人权的价值、人权与自律的关系等问题进行了论述。

该期发表的丁原明的《〈鹖冠子〉及其在战国黄老之学中的地位》一文,对学术界长期以来视为伪书的《鹖冠子》提出了新看法:认为它不是伪书,并在黄老之学发展中占有重要地位,是道一元论向气一元论转化、道法结合向道与仁义礼法诸思想融会转化、法天地而治向法制度而治转化的中间环节。

周来祥在本期发表了《和谐美学逻辑与历史》，概述了自己的治学历程和学术体系。作者认为，美与艺术都是动态的、历史的，美与艺术只有物质和意识之分，而在美的本质和艺术的审美本质、美的历史形态和艺术的历史形态方面都是一致的。美学作为对美和艺术的逻辑概括，古代的美学是素朴和谐美的美学，近代是崇高的美学，现代是辩证和谐的美学。逻辑上的一般意义上的美学，将是对这一历史长河凝缩的把握。当丑成为一种独立的审美对象之后，我们对美的范畴和形态，也会产生一种新的视角，新的看法。

董治安在本期发表了《〈吕氏春秋〉之论诗引诗与战国末期诗学的发展》。文章指出，成书于战国末年的《吕氏春秋》，于"诗三百"若干篇的作者和创作背景、于孔子师徒并惠施言诗，提供了难得的资料。书中引诗表明，在秦并六国之前一段时间，人们已在很大程度上接受了儒家"以诗为经"的观念，而各家学术思想正逐渐趋向合流。《吕氏春秋》引诗文字与汉人"四家诗"传本均有较多差异，而与战国其他文献引诗出入不大，很可能有相对稳定的"古本"作依据。作者对于逸诗的征引和推重，说明直到战国之末，儒家之三百篇传本依然未能在其他诸家习诗者那里被定于一尊。

本期发表的吴晋生、吴薇薇的《〈竹书纪年〉非伪书辨》，对《竹书纪年》"伪书说"提出了驳论。

本期"学术人物"栏，介绍了蔡尚思的治学成就。

5月24日，姜义华在《文史哲》第3期发表《中国走向现代化的和平革命与新理性主义》。

作者认为，当代中国，正在以和平方式进行着一场走向现代文明的革命。这方才是一场真正意义上的社会革命。在这场变革中，主导方面仍然是有序、均衡、规范的状态。但是，无序、失衡、失范状态也确实是严重的。从以致中和为主要特征的中华文明的根本性质出发，可以有信心地预见到，中国完全能够以一种吸收了现代文明各种积极成果的新理性主义，来解决好社会大转折中出现的诸多失序、失衡、失范的问题，实现使中华文明自身现代化的目标。

本期还发表了两篇研究陈寅恪的文章。丁鼎的《王国维、陈寅恪史学考据比较论》对王国维、陈寅恪的史学考据的异同进行了分析，刘正的《陈寅恪先生年谱研究序说》介绍了海内外研究陈寅恪先生的情况，并订正了某些论著的若干错误。

"学术人物"栏介绍了郑鹤声的学术成就。

该期刊发的施旭生《艺术创造的文化通约》一文探讨了艺术与文化的关系，认为艺术作为一种特殊的文化样式，它不仅仅受到文化的整体制约，而且还在诸方面显示反叛。在顺应与反叛之间，给艺术以源于文化并引导文化的生存空间和价值体现。

7月24日，季羡林在《文史哲》第4期发表《清代的甘蔗种植和制糖术》。

该文资料丰富，见解独到，对经济史、科技史和文化交流史研究具有极高价值。篇首对《文史哲》作出高度评价，云："山大《文史哲》为蜚声海内外的高层次的学术刊物，仰慕已久，其中文章颇读过不少。"

为了纪念山东大学社会学系建系10周年，该期刊发了一组反映该系科研成果的文章，包括吴忠民的《社会发展研究四个视角的比较分析》、徐经泽等人的《村级社区组织的现状与趋势》、杨善民的《中国农村社区发展探讨》、庄平的《对我国农村发展不平衡的几点认识》、杨俊启的《寻求农村人口城市化的合理途径》以及李芹的《科学技术促进人的现代化的机制与条件》。

在"学术人物"栏，介绍了冯友兰的学术成就。

尤西林在该期发表了《巫：人文知识分子的原型及其衍变》。文章分析了作为人文知识分子的原型的巫及其衍变，认为巫术文化时代解体以后，巫逐渐分化，形成后来的知识分子。其精神在人文知识分子脉系中得到承传。

9月24日，蔡德贵在《文史哲》第5期发表《庄子与齐文化》。

该文一反学术界认为庄子思想是楚文化熏陶和哺育的结果的看法，认为庄子是齐国人，《庄子》一书的思想来源于齐文化，最充分地体现了齐文化的特点。

该期还发表了方立天的《慧远的政教离即论》。文章分析了东晋僧人慧远的政教离即论，认为从慧远关于政教关系的基调来看，他十分强调出家僧侣独立于政治，强调政教分离，同时又多方面论证佛教与政治的一致性，肯定其相即不离的关系。从总体来看，佛教既独立于政治又有益于政治的观点，是慧远政教关系思想的出发点和归宿点。

"学术人物"栏介绍了费孝通的学术贡献。

11月24日,美国学者冯珠娣、何伟亚在《文史哲》第6期发表《文化与战后美国的中国历史学》,对战后美国中国学研究的发展脉络进行了梳理。

王学典的《中国当代史学思想的基本走向》认为,经过学术界的努力,跨越战时历史观念的新史学将成为21世纪史学界的主流,其特征是:历史观念上的反机械决定论倾向,方法论上的科技整合倾向,课题选择上的向民间社会还原的倾向。

这一期还刊发了其他重要论文。美国学者冯珠娣、何伟亚的《文化与战后美国的中国历史学》对战后美国中国学研究的发展脉络进行了梳理,马新的《商品经济与两汉农民的历史命运》指出,两汉的农民所经营的并非通常所说的自给自足的小农经济,而是与商品市场有着千丝万缕的联系的半封闭的、半自给自足的小农经济。政府的沉重剥削,商业资本和高利贷资本的高利盘剥,再加上天灾,使大量农民或流亡,或沦为依附人口与奴婢,或弃本逐末,或起兵反抗,只有极少数幸运的农民的地位得到升迁。刘克宽的《由对话方式看新时期小说的艺术转型》认为,作为以潜对话方式呈现的新时期的小说,其艺术转型与作者选择的话语接受者有直接的关系。刘文探索了新时期小说创作由浅层对话到深层对话的发展过程。谢晖的《从法理社会看中华民族精神重构》指出,人类社会的发展迄今经过了自然社会、伦理社会和法理社会三个时代,当今中国正处于伦理社会向法理社会的演变过程中，因此，中华民族精神必须以法理精神取代伦理精神。在法理社会，中华民族精神重新建构的内在要求是：浓厚的人文精神、普遍的平等精神、彻底的自由精神、规范的契约精神和有序的理性精神。

本期学术人物栏，介绍了美国著名中国学家孔飞力教授。郑欣的文章回忆了陈寅恪 20 世纪 50 年代在中山大学的有关情况。

1997年

从本年第4期始,编辑部进行调整,蔡德贵任主编,寇养厚、陈炎任副主编。并聘请了多位著名学者担任杂志顾问,他们是:季羡林、臧克家、饶宗颐、张岱年、任继愈、杨向奎、邢贲思、汝信、李慎之、袁行霈、王元化、孙思白、庞朴、叶朗、黄楠森、方克立、厉以宁、杨牧之、傅璇琮、方立天、冯天瑜、奚广庆、戴逸、楼宇烈、张立文、钱中文、李希凡、刘蔚华、李庆臻。

1月24日,《文史哲》第1期发表文章纪念孙中山诞辰130周年。

周兴樑的《孙中山的革命活动与美国友人》一文分析了孙中山的革命活动与美国友人的关系,认为历史已经证明,中国民主革命的胜利,要靠中国革命党人和人民自力更生的艰苦奋斗,而不可寄希望于西方列强政府财政方面的援助。何科根、胡波的《孙中山的近代化思想与华侨》分析了孙中山近代化思想与华侨的关系。一方面指出孙中山的中国近代化思想的产生、形成和发展,在一定程度上和华侨社会有关;另一方面也分析了孙中山的近代化思想对华侨的作用和影响。

王育济在本期发表了《论"陈桥兵变"》,既分析了"陈桥兵变"的大气候,又分析了兵变前赵匡胤集团的两次机遇和时缘的巧合,更进一步分析了"陈桥兵变"奇迹的背后所凝结着的卓识与理性以及政治良知,从而指出这种奇迹对两宋政治所产生的深刻而有益的影响。

本期"学术人物"栏,介绍了翦伯赞的学术贡献。

香港学者蒋英豪在本期发表了《林纾与桐城派、改良派及新文学的关系》。该文认为,林纾虽为桐城派"护法",但他从不承认自己是桐城派;他虽认同康梁改良派的政治理想,却从未参加改良派的政治团体,始终珍惜自己古文家的身份;古文家的特殊身份使他的翻译事业能有特殊色彩,而以游使自命的古文家,更是使他晚年抗拒新文学的主要因素;他对外国文学的介绍,在中国文学史上有划时代意义,他仿效西方文学的尝试对推动中国文学走向世界,其作用也不可忽视。

3月24日,张学军在《文史哲》第 2 期发表《新时期现代主义小说的历史流变》。

该文认为,作为传统现实主义的对立面进入当代文坛的现代主义小说,其发展过程大致经历了三个阶段:从 1979 年到 1984 年为探索期。这时还处在对西方现代主义艺术形式的借鉴阶段,艺术观念尚未发生根本性的变化。从 1985 年到 1988 年为现代主义小说发展的高潮期。西方现代主义文学的各种艺术观念和形式技巧竞相登台,趋新猎奇,各领风骚。许多作家的艺术风格在这一时期走向成熟。但也潜伏下疏离当前文化环境、受到读者冷落的危机。从1989年到90年代中期为现代主义小说发展的转型期。在危机中,现代主义小说进行了自我调整。减弱形式实验,中止文本游戏,重视故事情节,关注人物命运,追求价值尺度,是转型期现代主义小说的整体特征。

田昌五在本期发表了《慧能在中国思想史上的地位》。文章认为,慧能禅宗的妙义,在于把佛从彼岸世界移植于内心世界,于内心世界中看到彼岸世界。其历史特征,实在是儒学论性的佛学化,又为以后佛学化儒学铺平了道路,因而具有承前启后的意义。由于玄学和儒学均为佛学所吸收,成了中国化的佛学,因而从南北朝至隋唐,就只有经学而无儒学。唐中叶以后,又出现了恢复中国本土文化的思潮。由此引出宋代的理学与心学来。

何中华、张晓华在本期发表了《当代发展观的演变及难题》。作者既将世界范围内发展理论经历的几个发展阶段进行了梳理,又回顾了改革开放以来中国的发展理论研究历程,并指出了进一步深入研究发展理论亟待解决的几个问题:一是正确看待学科视野,从而在发展理论的诸多学科之间建构起一种互补整合和建设性的对话关系;二是方法上要注意思辨方法与实证方法的有机结合;三是从哲学层面上反思现代化与社会发展的一系列问题,进而建立我们自己的发展哲学。

5月24日,李伯聪在《文史哲》第3期发表《走向新世纪的科学技术哲学》。

该文对科学技术哲学这个学科的发展进行了讨论，认为21世纪科学哲学发展中最引人注目的"新边疆"和新重点将是对心的哲学的研究和对经济哲学的研究，在科学哲学和技术哲学的研究中借鉴国外学者的研究成果是绝对必要的。

乔伟在本期发表《邓小平法制思想论纲》，从十个方面进行概括和分析了邓小平提出的中国特色的社会主义法制体系。

胡滨遗作《关于左宗棠的评价问题》也发表在本期杂志上。作者针对史学界的流行观点提出了不同看法：左宗棠在消灭阿古柏侵略政权、收复新疆领土的斗争中立下了功劳，在收回伊犁及中法战争中主战，这些都是区别于李鸿章等人的地方，但在其他的对外交涉中，同李鸿章的态度基本一致。他创办的福州船政局同李鸿章等创办的江南制造局在性质上也完全相同，在学习西方、进行改革方面，左宗棠是洋务派中偏于保守者。不能说左宗棠是爱国的，李鸿章是卖国的，在洋务派中不存在爱国派与卖国派的区别。

鲍鹏山在本期发表了《中国古典诗歌内在结构之变迁》，论述了中国古典诗歌内在结构的变迁。他认为，从古体诗演变为近体诗，由于对偶句式的采用引起内部结构的变化，即由叙述型诗歌变为描绘型诗歌，最终趋向于诗中有画的美学理想。

为纪念张维华逝世10周年，本期刊发了赵捷的《回忆张维华先生》以为怀念。

7月24日，季羡林、任继愈、刘俊文在《文史哲》第4期发表《〈四库全书存目丛书〉编纂缘起》，对四库存目的由来、四库存目书的文献价值以及《四库全书存目丛书》的编纂情况进行了详尽介绍。

杨国荣在本期发表了《心学的理论走向与内在紧张》，对王阳明心学的发展作了探讨。作者认为，王阳明早年即以如何成圣为第一等事，晚年的四句教也没有脱离这一主题。相对于正统理学的本质主义立场，王阳明的心学确实展开了不同的哲学视野。但是，心学的思考一开始便呈现出二重品格：心所内含的个体性与理所表征的普遍本质、先天本体与后天的工夫如何定位，始终是一个理论的难题。从心学的历史演进看，以二重性为表现形式的内在紧张又引发了王门后学的分化。

这一期还刊登了张金光的《老子的社会政治哲学新探》，认为老子从其"道论"出发，提出了他的社会政治学说，其核心是自然无为论。其"无为"，并非无所作为，而是要求无妄为，亦正是顺自然而大有作为。他对社会人生充满忧患意识，批判了反"天之道"的"人之道"。从其内圣外王之道，自然可逻辑地推出他的公仆意识。他是一个积极救世者。他主张建功立业，不过要"功成身退"，也就是要退出既成事功的圈子，再立新功，如此而不已。其"小国寡民"之说，并非开历史倒车，而是他的理想国。他的"甘其食，美其服，安其居，乐其俗"的主张，便是其要求物质文明与精神文明都达到相当高度发展境界的十二字社会方针。

郑春在本期发表了《鲁迅与传统文化的羁绊》，对鲁迅与传统文化的关系进行了探讨，认为鲁迅是现代中国真正做到严格意义上认识自己的少数哲人之一。鲁迅的思想代表了中国人对自身认识达到了一个前所未有的高度和深度。鲁迅的伟大源于他对自我的认识和解剖。

9月24日,《文史哲》第5期新设"人文学科世纪回顾与展望"栏目,连续刊发了一批有影响的高质量论文。

该栏目本期刊发了四篇文章,首先发表了一组"市场经济与政治发展"(笔谈),邀请10位来自政治学界的中青年学者包心鉴、林尚立、桑玉成、许耀桐、洋龙、谭君久、高建、蔡拓、王振海、信春鹰等围绕市场经济与政治发展的互动关系展开讨论,提出了一系列富有启发意义的见解。该文"编者按"说:"在当代中国,传统计划经济体制向社会主义市场经济体制的转变,成为社会结构转型性发展的主要标志,政治发展如何参与社会结构的转型性发展,政治体制是否面临着一个转型的历史性任务,完成由传统政治体制向现代社会主义民主体制的转变,成为学术界关注的焦点。"谭好哲的《世纪之交文艺学研究的反思与前瞻》认为,20世纪中国文论经历了自古代文论系统到西方文论系统再到马列文论系统这样一个由不断否定而趋向新阶段的辩证发展历程。这种格局的形成,与20世纪中国经济和政治上的社会转型与文化和艺术上的嬗变有着深刻的内在关联。在反思历史时,对20世纪中国文论尤其是对居主导地位的马克思主义文艺理论与批评中存在着的诸多失误、缺陷和问题,以及不同观点与学说之间相互对话与论争的合理性、必要性应有清醒自觉的认识,但这是为了更好地坚持和发展马克思主义文艺理论,使其趋向新的境界,达到新的高度,不能以否定其历史成就与理论价值为代价。至于跨世纪文艺学的未来发展前景,无论从中国现代文艺理论的历史走向还是从其功能定位来看,都应该以创建中国特色的马克思主义文艺理论为主体依托和目标归宿。这样一种理想状态的理论系统应该是民族性、现代性、科学性与革命性的统一。欲达此目标，文艺学研究应该从马克思主义文艺理论的既有成果，尤其是从其对文艺性质的基本规定性出发，以民族的生活和文艺实践为理论生长点，并在广泛吸取中外古今文论优秀成果的基础上进行创造性的理论综合。

11月24日，王学典、孙延杰在《文史哲》第6期发表《实证追求与阐释取向之间的百年史学》。

文章高屋建瓴、从宏观上勾画出20世纪中国史学演进的轨迹，将百年中国史学史，概括成为史料考订派与史观派的世纪对抗史。该文"编者按"说：从世纪之交的高度反思百年中国学术嬗变，已成为无法回避的时代课题。梳理整个20世纪中国学术的若干重要思潮和观念，将构成"人文学科世纪回顾与展望"专栏的主要议题。本专栏另一篇文章是夏锦乾的《徘徊于经学与科学之间的20世纪中国学术》，作者认为，经学的偶像崇拜与考据的求实精神之内部矛盾，必然导致传统学术的式微；而由西学的引进所带来的科学精神，又具体表现为进化论与历史唯物论这两大理论模式。由前者向后者的不断发展，显示了传统学术的转型和科学精神的深化。而彻底根除经学余孽，则正是防止学术僵化的必要措施。

曾繁仁在这一期发表了《评墨子"非乐论"美学思想》。文章认为，作为我国先秦时代最早论述音乐问题的专题文章，墨子的《非乐》篇集中探讨了乐与生产、乐与治国、乐与人民、乐与传统、乐与娱乐等一系列重要问题，反映了当时庶民阶层的美学要求，是我国、乃至世界范围内下层人民美学思想的第一个雏形。尽管受当时历史环境的影响,墨子的美学思想中确实有着急功近利的局限,但其所急之功、所近之利,均与广大劳动人民的现实生活密切相关,因而在理论上开启了"关心民众"的现实主义美学的先河。

为加强国际间的学术交流,本期杂志还发表了韩国学者的两篇文章,朴现圭的《许兰雪轩与李清照之比较》认为,朝鲜宣祖时期(约当明万历时期)的女作家许兰雪轩与中国宋代的女作家李清照有许多共通点。朴英顺的《〈沧浪诗话〉与清代诗论》提出,在清代诗论中,叶燮的诗论、王士祯的神韵说、沈德潜的格调说、袁枚的性灵说、翁方纲的肌理说,较有代表性,它们都从正反两方面接受了《沧浪诗话》的影响。

1998 年

1月，国家新闻出版署从全国3824种正式社科期刊中推出"全国百种重点社科期刊"（简称"百刊工程"），《文史哲》跻身其中的15种重点学术理论类期刊，与《中国社会科学》《经济研究》《考古》《文艺研究》《北京大学学报》（社科版）等同列。

曾繁仁出任山东大学校长。

1月24日，季羡林在《文史哲》第1期发表《对21世纪人文学科建设的几点意见》，引起较大反响。

1997年10月4至6日，《文史哲》等单位联合发起召开了"面向21世纪的人文学科建设暨季羡林学术思想研讨会"，季羡林应邀出席会议并发表演讲，就人文学科在21世纪的发展进行了预测。本期特将他演讲的全文发表。季羡林认为21世纪的人文社会科学要发展，但是必须要有新的指导思想，这就是"天人合一"。21世纪，从学术发展来看，学术交融会越来越明显。

黄维华在本期发表了《"谷"与〈诗经〉中三首女性悲怨诗》。

作者发现,《诗经》中有三首表现妇女婚姻生活不幸的诗歌,其起兴均与一个"谷"字相连,究其原因,应与上古时代的女阴崇拜有关。该文从"谷"字的分析入手,试图发现这些诗作背后的原始文化意蕴,并进而启发今人从一个新的角度去读解古诗。

从本期开始,《文史哲》扩版,从每期的 104 页扩大到 128 页。"本刊扩版首期编后感言"中说:随着世界经济一体化和我国市场经济的深入发展,人们越来越认识到重物质、轻精神倾向的弊端。面对这种倾向,有识之士心中不断涌起深切的悲凄之情。工具理性日益肆虐,而价值理性却仍未受到应有的充分重视,社会发展与进步因此而被设置了重要障碍。科学理性与人文精神的统一是社会进步的基本要求,科学头脑与人文教养的结合是学人成才的先决条件,人类自身的生存意义和价值,是人文社会科学工作者研究的重要对象,呼唤道德正义、和平与发展,振兴社会科学和人文精神,是人文杂志义不容辞的神圣职责。本刊将继续不遗余力地去弘扬人文精神,为提高人的精神灵性和道德品位之佳作提供发表园地,为人类提供精神家园。

《文史哲》扩版之际,著名学者季羡林先生题词志庆:"全国有关人文社会科学的杂志,为数极多,但真正享有盛誉者颇不多见,山大《文史哲》系其中之一。在上面发表一篇文章,顿有一登龙门之感。扩版以后,相信前景会更加辉煌。我希望你们能述旧学,铸新知,古今中外,融会贯通,加强书评工作,文章选题更加多样化,期能与世界接轨,既拿来,又送去,在世界范围内弘扬中华民族的优秀文化。"著名学者饶宗颐先生也给《文史哲》题词:"开拓万古之心胸"。

3月24日,何中华在《文史哲》第2期发表《"科玄论战"与20世纪中国哲学走向》。

作者认为,"科玄论战"作为一个富有象征意味的文化事件,昭示着20世纪中国哲学的基本走向。科学派与玄学派的对峙,在时代性、民族性和人类学本体论等不同维度上,表现为新学与旧学、西学与中学、理性与价值之间的冲突。科学理性所内蕴的走向科学主义的基因,中国文化在特定历史际遇的选择,决定了科学派的生成。科玄两派分别为马克思主义哲学的中国化和现代新儒家的兴起提供了思想史背景。科学主义的解读,影响了马克思主义哲学的全面诠释。马克思主义哲学的人文化和现代新儒家的科学化趋势,显示出理性与价值相整合的取向。它在很大程度上规定了21世纪中国哲学所面临的历史使命。理性与价值能否整合及如何整合,将成为新世纪哲学无法回避的课题。马来平的《中国现代科学主义核心命题刍议——兼论自然科学方法在人文、社会科学中应用的限度》提出,"科学方法万能"是科学主义的核心命题,也是始终贯穿中国现代科学主义思潮传播和发展过程中的一条红线。尽管当年科学主义者倡言"科学方法万能"对中国的学术发展起到了矫正方向、拓展方法和提高方法意识等积极作用,但说到底,"科学方法万能"乃是一个错误命题,因而给中国的学术研究带来了多方面严重的消极作用。这些消极作用突出了正确认识自然科学方法在人文、社会领域中应用限度问题的迫切性和尖锐性。原则上说,自然科学方法适用于一切求真活动,在人文、社会科学中有广阔的应用天地,但推广应用时应根据人文、社会现象的特点,对其适当进行创造性的改造和变通。

5月24日,《文史哲》第3期发起"儒学是否宗教"笔谈,将新时期"儒学是否宗教"之争推向全国,开启了"儒学是否宗教"之争的新纪元。

张岱年、季羡林、蔡尚思、郭齐勇、张立文、李申等学术界知名学者应邀参加了这次讨论。这次笔谈讨论的主题主要有三个:1.儒学是"学"还是"教"?2.如果是"教",那么,它是"教化"之"教",还是"宗教"之"教"?3.如果是宗教,那么,它是汤因比的"是指一种人生态度"的宗教呢,还是蒂利希的"就最基本的意义而论""是终极的关切"的神学信仰体系呢?这次笔谈规模大,规格高,推出后迅速引起学术界的关注,并波及全国,将由来已久的有关"儒学是否宗教"的讨论推到了高潮。受此影响,2001年,"孔子2000"网站组织了全国范围的关于"儒学与宗教"的讨论,2002年,中国社会科学院哲学所与《中国哲学史》编辑部联合举办了全国性的"儒家与儒教"的学术研讨会。迄至今日,"儒学是否宗教"的讨论仍在向纵深发展。

段德智在《近三十年来的"儒学是否宗教"之争及其学术贡献》一文中对《文史哲》组织的这次笔谈作了高度评价。文章认为,1978年以来的30年是我国宗教哲学兀然崛起和高歌猛进的30年,也是我国宗教哲学界百家争鸣的30年。而在这些学术争鸣中,"儒学是否宗教"之争具有特别重大的学术意义和价值。了解和把握这一学术争论,不仅对具体地深入地理解狭义的当代中国宗教哲学乃至整个当代中国哲学的发展具有重要意义,而且对于全面深刻地理解广义的当代中国宗教哲学乃至整个当代中国哲学的发展也具有重要的意义。文章将这一重大问题的争论区分为三个阶段予以考察:从1978年到1988年,亦即从1978年任继愈先生在南京召开的中国无神论学会成立大会上首次提出"儒教是教"的观点起到1988年他在《文史知识》上发表《具有中国民族形式的宗教——儒教》止,可以看作是"儒学是否宗教"之争的第一个阶段,即初始阶段。"儒学是否宗教"争论的第二个阶段大体可以说是从1998年《文史哲》组织的笔谈开始的。虽然在从1988年至1998年的十年时间里,关于"儒学是否宗教"的争论并未停息,而且在某些方面也取得了显著的进展。但总的来说,这期间的讨论还不够系统和深入,而且参与的学者还不够多,讨论的规模还不够大。这种状况至1998年有了根本的改变。其主要标志就是《文史哲》编辑部组织了全国性的关于"儒学是否宗教"的笔谈。文章认为,1998年,《文史哲》编辑部组织的"儒学是否宗教"的笔谈规模比较大,规格也比较高,有关领域的大陆知名学者都应邀参加了这次笔谈。北京大学的张岱年曾经持儒学只是哲学不是宗教的观点,但是后来他修正了自己的观点。他在这次笔谈中说:"对于宗教,可以有不同的理解。对于儒学,也可以有不同的理解。因而对于儒学是否宗教,可以有不同的观点。根据对于宗教的一种理解,可以说儒学不是宗教;根据对于宗教的另一种理解,也可以说儒学也是宗教。"基于这样一种立场,他将儒学界定为"一种以人道为主要内容、以人为终极关怀的宗教"。北京大学的季羡林则一方面主张"'教'即宗教",另一方面又主张用"发展的观点"来看待"儒学"或"儒教"。他认为,正如"佛教经历了一个由佛学到佛教的历史发展过程"一样,儒教也经历了一个"从'儒学'到'儒教'的历史演变的过程"。复旦大学的蔡尚思主张"儒学非宗教而起了宗教的作用"。武汉大学的郭齐勇则沿着杜维明和秦家懿的思路,强调儒学的宗教性。他断言:"中国传统人文的道德精神是具有宗教性的,其特点是内在与外在、自然与人文、道德与宗教的和合。"儒学不是宗教,它却"具有宗教性的品格"。我们可以说它是"人文教","此'教'含有'教化'和'宗教'两义"。中国人民大学的张立文认为,儒学不仅"有很深厚的天命的宗教根基",而且"具有终极关切和灵魂救济的内在超越的品格和功能",因而其自身"已具备精神化宗教的性质(或称其为智慧型宗教)"。他强调指出,能够达到对儒学之为宗教或具有宗教性的认识,关键在于超越西方文化中心论。"如果我们超越体制化宗教的标准来看精神化宗教,换言之,超越西方基督教为衡量一切宗教的标准,那么,中国古代就存在着宗教的传统。"至于所谓"教化"之"教"与"宗教"之"教"的区别,张文则认为是"人为"的。"因为任何体制化或精神化的宗教都具有教化的功能,并一直发挥着教化的作用。"中国社会科学院的李申则进一步强调了"教化之教"与"宗教之教"的统一性,宣称"教化之教就是宗教之教"。李申认为,教或教育有两种:一种是世俗的教育,一种是宗教的教育。儒者的教化,从董仲舒到朱熹,所行的是"作为宗教的儒教的教育,而不是普通的世俗的教育"。因此,他的结论是"儒教是教化之教,这教化之教就是宗教之教"。

段德智的文章赋予这次笔谈较大学术意义,认为"《文史哲》

编辑部组织的这次笔谈在一个意义上可以看作是'儒学是否宗教'之争的一个风向标。如果说在 80 年代初，这场争论的正方（即持'儒学是宗教'观点的）仅任继愈一人，绝大多数的学者持反方（即否认儒学是宗教或具有宗教性）的立场，则在这次笔谈中事情便几乎被倒置了过来，对儒学是宗教持激烈反对态度的显然变成了少数，肯认儒学具有宗教性质或'儒教是教'说的无疑占到了压倒性的多数"。

2008 年 9 月 17 日，《中国民族报》"在纪念改革开放 30 周年"专刊中也对《文史哲》组织的这次笔谈给予积极褒扬。该期报纸用整整一个版面对改革开放以来中国宗教哲学领域的重大理论争鸣进行了回顾，将"儒教是否宗教"之争与"宗教鸦片论"之争以及"全球宗教哲学的本体论"之争并列为改革开放以来意义最为重大的学术讨论，并认为"'儒学是否宗教'之争在 1998 年《文史哲》组织的笔谈中推向了全国，达到了高潮"。在作者看来，近 30 年中国宗教哲学领域的论争虽然比较频繁，但是对中国宗教哲学研究真正起到推波助澜作用的则主要是"儒教是否宗教"之争等 3 场论争。虽然在这 30 年间中国宗教哲学领域还有许多别的学术论争，如"宗教神学是否理性"之争，"宗教哲学的全球化与民族化（本土化）"之争以及"儒学是哲学宗教抑或宗教哲学"之争等，但无论是就规模来看，还是就其对中国当代宗教哲学研究的驱动和促进方面，"儒教是否宗教"之争等 3 场论争要重要一些。这 3 场学术之争不仅足以窥见中国宗教哲学近 30 年来所取得的丰硕成就，而且也足以窥见改革开放对当代中国宗教哲学建设的非凡意义以及中国宗教哲学近 30 年来的思想历程。(《30 年的 3 次宗教哲学之争》)

1998年8月7日的《光明日报》"论苑撷英"栏目也介绍了参加笔谈文章的基本观点。

本期"人文学科世纪回顾与展望"发表了几篇有分量的论文，杨守森的《20世纪中国作家心态概观》认为，从主导倾向来看，本世纪的中国作家，主要表现为政治型、人文型与超然型三种心态，但因主客观条件的不同，具体作家的心态又是复杂的，往往表现出矛盾性与多面性。邓红风的《大众文化的崛起与20世纪西方文学》提出，随着大众传播媒体的诞生而崛起的大众文化构成了对20世纪西方文学的挑战。为了应付这一挑战，西方文学在实践上选择了大众传播媒介难以与之竞争的表现形式和主题，在理论上顺应西方学术思潮的语言学转向，确立了文本在审美中的至高无上的地位。刘剑君、刘京希的《钱端升与中国政治学的发展》将钱端升比作中国现代政治学的开创者。在他们看来，中国政治学的发展，特别是比较政治的兴起，首先应归功于钱端升的贡献。作为一名深得西方现代政治学之精髓的优秀学者，钱端升将西方政治科学的方法引入中国，并以此追溯现代政治的起源，分析中国政治的演展，传播科学政治的理念，剖析国际政治的架构，从而极大地拓展了中国现代政治学的发展空间。

在史学方面，郑欣的《何晏生年考辨》对玄学创始人何晏的生年进行了细致的考辨，否定了现有的诸种说法，考定何晏当生于194至199年之间，而最大的可能是生于196年。

7月24日，冯天瑜在《文史哲》第4期发表《东亚智慧与可持续发展》。

该文对东亚文明与现代化的关系进行了深入探索，提出东亚的整体观同现代整体思维之间存在着否定之否定的逻辑相关性，可以为现代整体思维提供启示源泉。作者认为，东亚智慧关于文明双重效应的认识以及克服文明悖论的设计，对现代人认识并疗治"现代文明病"具有参酌价值。东亚智慧的现代启示性还在于它蕴含着克服人类中心主义的思想因素。以"一天人，合知行，同真善，兼内外"为特征的东亚智慧将为人类社会的可持续发展提供宝贵的精神资源。

本期还发表了美国著名中国学家柯文的《20世纪晚期中西之间的知识交流》，对晚近东西方文化的交流的变迁进行了深刻的解剖。在柯文看来，一个多世纪以来，中西之间知识交流有一个基本模式：西方的兴趣主要在于了解中国，而中国则主要着眼于学习西方。造成这种差异的原因部分程度上是由于西方人自己的优越感，部分程度上是非西方人对这种情况的认可。到20世纪晚期，情况变得复杂：许多西方人自己对西方在文化、道德领域中的优越提出质疑，对于把"西方"和"中国"作为两个各自独立、划分明确的实体的观念提出了越来越多的挑战；与此同时，中国人系统地输入海外的中学，通过西方人的研究来了解中国，以拓宽和深化关于中国自身的知识。总的说来，20世纪晚期中西之间的知识交流仍然处于不对称状态。

张立文在本期发表《论朱熹哲学的时代精神》，认为朱熹哲学担当了重建价值理想，整合儒、释、道三教文化以及理论形态转型的历史责任。朱熹哲学是时代精神的精华，它体现了求理精神、主体精神、忧患精神、力行精神、求实精神、道德精神和开放精神。

9月24日,《文史哲》第5期刊登一组"戊戌变法与中国现代化道路"笔谈,纪念戊戌变法100周年。

《文史哲》编辑部和山东大学哲学系于1998年6月6日联合举办了专题学术讨论会,来自北京、上海、南京、武汉、郑州等地的60余名学者聚集济南,围绕戊戌变法的历史地位、成败得失,及其对当今中国现代化道路所提供的经验教训等问题进行了全方位、多角度的研讨。这组笔谈发表了何中华、马洪林、颜炳罡、翁美琪、吕明灼、高旭东、仪平策、胡成、雷颐等新锐学者在这次会议上的发言稿。

这一期杂志还刊登了郝雨的《20世纪中国文学观念的发展及演变》,对20世纪中国文学观念的演化作了鸟瞰式观察。作者认为,20世纪中国文学的真正发端,本质上是由于文学观念的变革。20世纪中国文学的性质,也是由文学观念的性质所决定的。为政治、为人生、为艺术成为本世纪文学观念多元构成中的三大基本线索。围绕这三种基本观念,我国文坛上一直贯穿着传统与现代、东方与西方的话语论争。刘克敌的《陈寅恪的"红妆"研究与〈红楼梦〉》指出,陈寅恪虽无研究《红楼梦》的专文,但在其他论著中,特别是在《柳如是别传》、《论再生缘》等红妆研究论著中却反复提及《红楼梦》。他关于《红楼梦》的论述大致有两个方面:一是在整体评价方面,认为《红楼梦》是大事均有所本的写实之作,后四十回亦为曹雪芹所写,全书结构不够精密等。二是在红妆研究方面,经常以《红楼梦》作为参照系,将其所赞颂的历史上的真实女性(如柳如是及《再生缘》的作者陈端生)与《红楼梦》所塑造的女性形象(如林黛玉)进行比较,从而寄寓自己追求个性自由和精神独立等诸多情怀。

方立天的《华严宗的现象圆融论》认为,事事无碍论是最能代表华严宗理论特征的学说,其意义为佛的殊胜境界、宇宙的最高层次、观法的最后目标和真如本觉。六相圆融和十玄无碍是该学说的理论要点。该学说表达了华严宗人对宇宙整体、尤其是对事物与事物之间相互联系的基本看法,表现出深邃的哲学思维与丰富的逻辑论证。虽然事事无碍论继承了印度大乘佛教的思想,但其结构、内涵与旨趣都表现出与印度佛教迥异的中国思想风貌。

刘晓东的《论六朝时期的礼学研究及其历史意义》对六朝时期礼学研究的成就专门进行了梳理,认为六朝时期对先秦礼仪制度所进行的一系列改造,成功地将更新了的礼仪制度变成了礼教观念的适宜载体,因此保证了礼教观念的延续性和超越性,从而形成了稳定的社会结构模式和文化观念模式,在中国历史上的作用和意义,与周代制礼是同等重要的。

姜宝昌的《〈墨经〉与语言学》对《墨经》有了新的发现,他认为《墨经》中有不少条目论列了语言学的某些公例和事实,这些内容应该成为中国语言学史的重要组成部分。遗憾的是,这一点几乎被学者们忽略了。

11月24日,《文史哲》第6期刊登了国家科技部部长宋健1996年5月16日在"夏商周断代工程"启动大会上代表官方所作的发言《超越疑古、走出迷茫》。

《文史哲》特意为该文加了"编者按":国务院实施"夏商周断

代工程",不仅可大大推进中国先秦史的研究,且在国际国内具有深远的现实意义。当前,依靠考古学和古文字学研究的巨大成就,借助现代天文、物理、计算等自然科学的强有力支持,对三代乃至五帝时期的科研工作定能超越疑古状态,走出迷茫阶段。

为纪念戊戌变法 100 周年,本期再次发表一组"戊戌维新与中国文化近代化"笔谈,包括郭延礼的《戊戌知识分子的历史使命感》、陈永标的《近代知识分子的社会责任感》、颜廷亮的《维新变法运动与中国文学的近代化》、曹旭的《戊戌维新与黄遵宪诗风新变》、马卫中的《戊戌变法的思想基础与诗界革命的关系》,这些文章从多个方面回顾了戊戌变法 100 年来对中国思想文化的影响。

为纪念童书业逝世 30 周年、诞生 90 周年,本期《文史哲》特发表黄冕堂撰写的《怀念童书业先生》,对童书业的治学风范进行了情真意切的回顾。

杨国荣在本期发表了《经学的实证化及其历史意蕴》,对明清之际经学实证化的实践及意义作了探索。作者认为,明清之际,随着社会历史的剧烈变迁及社会文化的变化,传统的儒学渐渐发生了某种转换,这种演变在清代进一步展示为经学的实证化趋向。经学的实证向度既以文化历史变动为背景,又与科学价值地位的提升相联系,其中包含着值得注意的思想史意蕴。在经学的实证化过程中,文字、音韵等学科本身似乎也经历了由"技"到学的演化。在传统儒学中,语言、文字、天文、历算等本来属于具体的"技"或"艺",清代学者在从理学返归经学的前提下,进而以小学、天文、历算等具体科学为治经的主要手段,并将科学的治学方法与经学研究融合为一,与之相应,科学也开始作为经学的一个内在要素而获得了自身的价值。

谢飘云的《中国近代散文的多重变奏》对中国近代散文的发展历程做了全面的梳理,认为近代散文在新旧文化潮流交替中经历了4次重大转变:鸦片战争前后,以龚自珍、魏源等人为代表的散文创作表现出衰世批判者的理性精神,标志着散文近代化初期的最高成就;从19世纪初起,冯桂芬、王韬等人又以改革者的开拓气概,把近代散文的发展推上了一个新阶段;在与甲午风云结伴而来的近代散文变革高潮中,梁启超等维新变法者的文体创新开创了一代新文风;辛亥革命至"五四"运动前后,秋瑾、邹容等民主革命家散文的语言革新迈出了近代散文带根本性变革的步伐,对近代白话文的形成及文体拓展有举足轻重的作用。近代散文的这一创作主流与恪守传统却又起着微妙变化的散文流派汇成中国散文走向近代化的多重变奏。

1999 年

《文史哲》连续获得三项全国性大奖：首届"全国双十佳社科学报"、首届"国家期刊奖"、"第二届全国百种重点社科期刊"。

1月24日，王恩田在《文史哲》第1期发表《〈史记〉西周世系辨误》。

该文对长期困扰学术界的《史记》所载西周世系的错误进行了全面的、具体的分析，指出了周王朝和其他各国规整的子继谱系究竟错在何处，并力图找出致误的根由。作者认为，《史记》所载西周姬姓各国世系可分三个类型，异姓各国可分为两类。鲁国由于有记录直系的"世"和记录旁系的"昭穆"两套系统，因而其西周世系是有年可考的、可信的。

本期还发表了一些重要论文。刘文英的《精神太极图——精神系统的一个新模型》试图根据中国哲学固有的阴阳观念对精神现象的分析，为精神系统建立的一个新的模型。在这个模型中，意识是太极图的阳面，潜意识是太极图的阴面，潜意识和意识既阴阳相反,又互渗互补,因而精神系统是一个"负阴抱阳"、阴阳合的有机整体。作者认为,这个模型既能正确说明意识和潜意识的不同性质,又能正确说明两者之间辩证关系,因而能解释一切正常与非正常的精神现象,比弗洛伊德的模型更符合实际。韩国学者闵周植的《东亚美学中的"风流"概念》对中国、韩国、日本历史上的"风流"概念进行了考察。在他看来,三国关于"风流"的概念虽各有其不同的民族特点,但大都包含着美、艺术和感性认识这三方面的内涵,因而可被视为东亚美学的基础概念。在日常生活中,"风流"指一种超脱于世俗伦理和行为规范的风度和气质。当这种具有自由精神和反叛色彩的风度和气质脱离了日常生活,以个性的方式直接寻求某种内容的充实时,"风流"就会上升为一种超脱的艺术或美的境界。

近代史上的教会大学在传播西方文化方面已为人所知,但是这些大学在振兴国学方面的贡献还没有引起人们的注意。实际上,在中国社会发展起来的教会大学不仅是传播西学的机构,教会大学的一些国学系、所和哈佛燕京学社在研究中国文化历史方面也做了不少开先河的工作,齐鲁大学的国学所和哈燕社的合作就是一个例子。本期刊登的陶飞亚、刘家峰的文章《哈佛燕京学社与齐鲁大学的国学研究》对这些问题作了具体回答。

3月24日,叶秀山在《文史哲》第2期发表《语言、存在与哲学家园》。

该文认为,海德格尔提出的"语言是存在的家",表明了语言与存在的不可分割，二者是表里关系，语言与存在"同在"。哲学要求的语言，不是日常语言工具，而是更具体、更实在的语言，是和"存在"、"同在"的"语言"。哲学所思、所说的那个存在，是具体的、时间性的、历史性的存在。在某种意义上，"哲学"、"哲学家"与"存在"、"同在"。正是在这个意义上，哲学就真的不是一种理论的工作，而是一种"生存方式"、"生活方式"。从某种意义上说，哲学要求的语言，不是工具性的，而是存在性的，而存在性语言，则更需要生活。于是，哲学离不开母语。坚守自己母语的同时，应努力将不同语言的哲学思考成果化解，使之成为自己的语言，从而丰富和扩大自己的存在方式。

本期还发表了其他论文。莫其逊的《美学在现代人文学科中的地位》指出，在新的文化语境中，由于美学与现代反理性思潮、语言论转向、后现代主义、生态保护主义等诸多流派间的相互渗透，及其在宗教信仰和意识形态危机的背景下重建人文关怀的努力，使其在人文学科中的地位日渐重要，有着取代哲学认识论而由边缘进入中心的趋势。武润婷的《中国近代小说创作的三次高潮》认为，近代小说的创作高潮，发生在不同的历史阶段：从鸦片战争前夕到19世纪末是侠义公案小说的高潮期；从庚子之变到辛亥革命前夕，是谴责小说的高潮期；从辛亥革命前后一直到20世纪30年代，是"鸳鸯蝴蝶派"小说的高潮期。这三次创作高潮中，小说家创作的宗旨不同，作品的风格迥异，但总体上看，这些作品都广泛而又真实地反映了近代不同历史阶段的广大民众的心理期待和审美需求。而通过这三次高潮所展示的近代小说的发展走向，不仅和近代社会的发展走向密切相关，也和西学东渐有一定的联系。陈绍燕的《孟庄命论比较》认为,"命"是孟子哲学和庄子哲学中的重要范畴。孟子从传统的天命论出发,将命规定为"莫之致而至者,命也"。庄子从道论出发,将命规定为"未形者有分,且然无间谓之命"。其共性在于"命"对于人和物来说都是一种不可知晓、又不能把握的必然性。孟子以其自我道德修养的自觉性和对人格精神的高扬,实现了对"命"的超越。庄子则以"知其无可奈何而安之若命"和无待的逍遥之游实现了对"命"的超越。两者的致思趣向不同,但都为后人留下了宝贵的精神财富。景蜀慧的《陶渊明思想中之墨派倾向探源》认为,陶渊明思想丰富而复杂,儒学理想主义占主导,在人生选择、生活态度及社会政治思想中均有墨家思想的倾向。其墨家思想的渊源,一是先秦之后墨家思想在社会的流传;二是其家族之宗教与学术传统中的墨家成分的影响,尤其是曾祖陶侃的影响最大。

5月24日,王大建在《文史哲》第3期发表《中国经济重心南移原因再探讨》。

一般认为,中国经济重心南移的主要原因,是由于北方长期战乱,北人南下带去了先进的生产力和众多的劳动力。王文指出,此说存在巨大缺憾。北方的衰颓与南方的兴起,根本原因在于南、北方人各自的行为模式:北人过度重农,古代农业达到一定程度后,发展速度必然减缓;过度垦殖,又导致植被严重破坏,致使天灾肆虐,农业发展受阻;南人诸业并重,农业、林业、渔业、手工业、商业齐头并进,终于夺得经济重心的桂冠。

7月24日,《文史哲》第4期刊登一组"创造性思维与知识创新"笔谈。

包括金吾伦的《知识创新的机制和创造性思维的实质》、夏甄陶等人的《知识生产是人的积极的、创造性的活动》、俞吾金的《创造性思维三题议》、欧阳康的《创新工程——人类创造本性的深度发掘和自觉运用》等。参加讨论的学者从哲学认识论、社会认识论和科学哲学的角度,对何谓创造性思维、它与知识创新和知识经济的关系如何等问题进行了研究和探讨。

该期发表的牛运清《新时期·新时期文学·改革题材文学》认为,新时期的主要特征是改革开放。改革开放题材文学是新时期文学一道亮丽的风景线,它与"文革"前"跟形势"、"写中心"的文学大相径庭。在文学创作日趋私人化、边缘化、商品化的情况下,改革题材文学呈现卓然不群的美学品格:强烈的时代感、使命感、真实感、悲壮感,具有揭示矛盾、匡扶正气、寄托理想、提升灵魂的警策功能和鼓舞力量,其思想穿透力、艺术感染力、情感震撼力深获读者称赏与共鸣。

仝晰纲的《春秋战国时期乡村社区的变异及其社会职能》也发表在这一期。文章认为,春秋战国时期,各国都把乡、里作为国家政权的基层组织,并通过行政管理、连坐制度、宗教控制、人口控制加强了对乡里的统治。农村社区也发生了从井田到相伍、从封闭到开放、从同养公田到履亩而税、从国野分处到国野合一、从血缘组织到地域组织的变异,乡里组织的社会职能逐渐强化,成为国家控制的重要手段和形式。

9月24日,《文史哲》第5期刊发两组笔谈。

一组是"中国当代文学50年"笔谈,有孔范今的《新时期文学的数度突围与选择》、陈宝云的《已经走过的一步与刚刚迈出的一步》、贺立华的《中国当代文学精神的律动》、房福贤的《中国抗日战争小说的历史回顾》。"编者按"说:中国当代文学伴随着共和国的脚步,走过了50年的风雨历程。在新世纪钟声即将敲响的时刻,总结50年文学的经验、教训,探讨50年文学的发展规律,以期振兴新世纪文学,成为文学评论界关注的热门话题。孔文认为,50年间最辉煌的应为新时期文学,这个时期文学的4次突围显示着文学在迅速更替甚至失范的状态下不断发展;陈文认为50年文学有重要的两步走:一步走出了二元对立和一元价值取向,一步从农业文明的田野走向工业文明的市场;贺文论说了中国当代文学精神及其在50年间4个不同历史时期的沉浮消长;房文则从抗战文学这一题材领域切入,分析了当代文学反帝任务尚未完成的理由。

另一组是"儒学的研究、普及与大众化"笔谈,包括孔繁的《有关儒家思想研究之普及问题之思考》、刘蔚华的《要不要提出儒学的大众化》、楼宇烈的《中国现代社会与儒家伦理》、宋志明的《时代呼唤平民化的儒学》、赵吉惠的《略谈儒学的普及与大众化》、汤恩佳的《儒道宜普及于庶民》、刘示范的《要用科学态度对待孔子思想》等。"编者按"说:儒学是中国传统文化的主流。正确贯彻"批判地继承"的方针,对儒学进行价值选择,对其中蕴含的积极的、进步的、精华的成分,予以新的转化,使之与当前的时代相适应,是建设社会主义精神文明的需要,也是建构中国特色的社会主义文化的重要内容。儒学研究如何与现实结合？儒学怎样普及？以及要不要提出儒学的大众化？这些问题都是前学术界思考的热点。本刊登载这组笔谈，以期能深化对相关问题的认识。

杨朝明在这一期杂志上发表了《周先王继承制度研究》。作者认为，关于三代时期的继承制度，以往殷、周迥异说影响很大，其根源多因对《史记·周本纪》关于周先王世次的记载认识有误，又受古公亶父立少子季历、文王立次子武王及武王传位等所造成的假象的影响，从而对周先王的继承制度认识比较模糊。鉴于学界的最新研究证明，殷商甚至夏朝时期与西周一样，都是实行嫡长子继承制，周先王当也如此。

11月24日，《文史哲》第6期刊发一组有关墨子研究的文章。

1999年8月18日至20日，由中国墨子学会、山东大学等单位联合主办的"第四届墨学国际研讨会"在墨子故里——山东省滕州市召开。为了推动墨子研究，特别编发了这组论文，包括吴官正的《普及墨学具有重要的现实和历史意义——新编〈墨子名言〉序》、任继愈的《"中国墨子学会"在21世纪所面临的任务——在第四届墨学国际研讨会开幕式上的讲话》、曾繁仁的《千年"绝学"的伟大"复兴"——墨学研究的百年回顾与前瞻》等。

本期，王汶成在《世纪之交的新时期文艺理论》一文中认为，新时期文论在改革突进中形成的多元化格局以及几次研究重心的转移，都跟引进和学习西方现代文论的先导和激发作用有关；而新时期文论在发展中出现的种种偏差，特别是"两个脱节"（与传统和与实践的脱节）的倾向，也跟过分求新求变的风气和对西方现代文论的过度的、无节制的、无选择的输入有密切的关系。新时期文论的各家各派要想摆脱"两个脱节"造成的"疏离"境况，获得超越性发展，就必须面向新的综合，走综合创建的道路。综合创建的关键在于异中求同、贴近实践和相互沟通。宋云峰在《如何认识社会主义制度下的封建主义现象》中提出，对我国社会主义制度下仍然存在着的封建主义现象，有两种观点值得注意：一是封建主义无处不在论，二是封建主义合法存在论。这两论都是错误的。社会主义制度下仍存在着封建主义现象，是由我国的历史和具体国情决定的，经过社会主义革命和建设道路的探索，社会主义制度的优越性已经得到了比较充分的体现。然而，我国的社会主义仍处在初级阶段，生产力不够发达的实际决定着封建主义残余存在的客观性，社会主义初级阶段并不是为了容许封建主义存在而人为地制造出来的。在一定意义上讲，我国的社会主义初级阶段是逐步消灭封建主义残余的历史阶段。晁福林的《论"初税亩"》认为，春秋时期秦国的"初税亩"与当时该国的政治发展密切相关。它不是出自三桓，而是出自东门氏。"初税亩"只是谋划之中的事，并未能付诸实践。鲁国土地赋役制度的真正变革，是春秋晚期的"用田赋"。

为庆祝中华人民共和国成立50周年，本期杂志还发表了虞和平的《中国近代史研究50年》以及张克敏的《新中国50年思想解放历程及其启示》。

2000年

11月9日,"夏商周断代工程"正式公布《夏商周年表》,引起国内外学界的批评和质疑。

7月,山东大学、山东医科大学、山东工业大学合并组建为新的山东大学。数学家展涛教授出任合校后首任校长,中共山东省委常委朱正昌任党委书记。

7月23日,《文史哲》第一任主编杨向奎先生逝世,享年91岁。

1月24日,何中华在《文史哲》第1期发表《"人性"与"哲学":一种可能的阐释》。

文章认为,人性问题作为人及其存在的始源性和本然性问题,它同哲学的合法性问题内在相关。人的肉体存在和精神存在的二重化,构成人类学本体论悖论。历史上真正的哲学家都对此有着深刻的体认。精神存在对于肉体存在具有优先性和至上性,从而构成人和人的存在的内在理由。对人的二重化的分别确认,形成了人性论上的性恶论和性善论之分野,它们折射着经验立场同超验立场的对立，并塑造了完全不同的哲学传统。

郑春的《试论当代历史小说的创新努力》提出，历史小说是衡量一个民族精神世界的重要尺度之一，当代历史小说的突出贡献在于：人的还原，让以往被捧上天空的神和贬入地狱的鬼以真实可信的面目回归人间；研究的强化，在史实考据和精神考据领域开拓出一个极为广阔的认识天地；精神力量的追求，注重开掘历史现象背后的精神资源，努力写出一种精神来。这些创新努力不仅令人瞩目而且极具历史意义和思想意味。

杜书瀛等在《学术本位的回归》中说，20世纪90年代，随着市场经济推动下的文化转型中知识分子地位的边缘化，一批中国学人开始了对于80年代学术界思潮林立、主义风行的繁盛时代的深刻反省。同时，摆脱意识形态话语束缚而回复学术独立地位也日益成为中国知识分子的自觉追求。一个相对独立的、民间性的学术空间开始形成。"回到国学"作为某些中国知识分子的自觉而主动的集体行为，标志着80年代反传统思潮的被取代，标志着90年代许多知识分子重建中国文化价值的自觉意识和学理选择的出现和时兴。然而，当下最需要的是立足于90年代的社会现实、文化现实、文学现实、文论现实，进行中西融会、古今结合的研究。从一种"跑马占地"式的急功近利到冷静深入的"专心耕耘"的变化，标志着中国整个学界的学术心态的日渐沉实和在新形势下重建文论话语、回归学术本位、确立学术范式的期盼。

3月24日，台湾学者郑吉雄在《文史哲》第2期发表《钱穆先生治学方法的三点特性》。

该文认为钱穆治学方法具有扩散性、内聚性和时代性三个显著特点。扩散性是指治学范围的不断扩大和对中国文化的发扬光大，内聚性是指对各类原始文献资料的深入钻研，而时代性则指读书与著书立说时所富有的经世精神。其学术思想归宿于中国的文化传统，学术生命与中国文化生命融为一体。

本期还发表了其他一些论文。郭延礼的《"诗界革命"的起点、发展及其评价》提出，"诗界革命"是近代资产阶级文学革新运动的重要组成部分，也是中国诗歌迈向近代化的开端。早在"诗界革命"这一口号未正式提出前，近代诗坛已呈现出变革的趋势。"诗界革命"的起点是"新学诗"，中间经过了"新派诗"、"潮音集"和"新体诗"几个阶段。"诗界革命"作为近代诗坛上的一次革新思潮，不能仅仅局限于资产阶级维新派的范围内，也应包括"南社"中的部分诗人和资产阶级革命诗人秋瑾等。

孔范今的《梁启超与中国文学的现代转型》认为，以戊戌变法失败为契机所引发的梁启超式的反思及其迥异于前的历史性行为，表征着历史由政治变革转向文化启蒙的深刻变化。它虽然只是发生于两次政治变革的历史空当中难以持久，但有幸成了20世纪文化启蒙运动的开端。梁氏的文化批判及其对"诗界革命"、"文界革命"与"小说界革命"的积极倡导，已揭橥了"五四"新文化运动和文学革命时期所关注的诸多基本命题，并以其在新历史层面上的整合，事实上构成了中国文学现代转型的开端。

王永波的《西周早期铜器王年及相关历史问题》通过对西周早期铜器的形制、铭文内容及部分关键人物的身份、地位、活动年代等问题的详细考订，对西周青铜器断代中著名的"康宫康庙说"提出质疑，证明令方彝中的周公即为周公旦，令簋中的王姜为武王之后、成王之母邑姜，作册夨令乃是康王初年的作册大之父，其任作册之职的时间只能在成王时代，而旅鼎中的太保为召公奭，其伐反夷的时间是在成王东征之时；进而证明其他相关铜器也应属于成王时代的遗物。

5月24日，《文史哲》第3期刊发一组"科学精神、人文精神与科技创新"笔谈，就三者之间的关系展开讨论。

参加讨论的包括何中华《科学与人文：保持必要的张力》、马来平《作为科学人文因素的崇尚真理的价值观》、王学典《"历史"与"科学"》等。"编者按"说：人文精神的失落是一个带全球性的问题，对此，学术界虽有一定程度的认识，并在1993—1996年开展过人文精神的讨论，但这次讨论是"语境"和其他方面的原因，往往对概念的界定予以过分关注，所以有玄虚、空疏和形而上之不足，学院化倾向太明显。事实上，问题的关键不在于如何界定"人文精神"，而在于如何促进人文精神，如何使人文精神与科学精神结合。

李继耐、张希宇在这期杂志上发表了《论墨子的军事防御思想》，指出：墨子主张"非攻"，反对不义战争，赞同正义战争。他的军事防御思想体现在四个方面：一、"有备无患"是积极防御的基本前提；二、全方位的防御思想；三、建立高效畅通的指挥系统；四、全民皆兵的群众战争思想。为了军事防御，他还设计制造了相应的武器装备，将先进的科技手段运用于军事领域。

7月24日，庞朴在《文史哲》第4期发表《中庸与三分》。

庞朴认为，中庸的所谓中，就是第三者；承认二分又承认中庸，也就在事实上承认了一分为三。世界本来便是三分的。由于二分法的先入为主，人们总习惯于称"中"为"中介"，视之为两极之间起联系作用的居间环节，或者是事物变化过程的中间阶段；还相信中介环节是暂时的，必将向两极分化而最终归结为二元的天下。待到二分法不足以解释一切现象时，亦有人主张一分为多。其实三就是多，多必归于三。三分法有一维、二维、三维的形态。

本期还发表了其他论文。周来祥的《新中国美学50年》将新中国美学50年来的发展历程大致分为两个阶段。新中国成立后至"文革"为第一阶段，这一时期通过美学大讨论形成了四派学说，为以后的美学研究奠定了基础。改革开放以来进入第二阶段，这是中国美学的收获季节，美学队伍空前壮大，美学领域不断拓宽，美学理论也有了创造性的突破：由原来的"老四派"发展为自由说、和谐说、生命说等"新三派"，取得了丰硕的研究成果。周立升的《论墨家的价值衡定与选择》指出，墨家价值观作为中华民族传统价值观的有机组成部分，其特色十分鲜明。在义利之辨问题上，墨家主张义利统一；在公私之辨问题上，墨家主张大公无私；在义生之辨问题上，墨家主张义贵于生。在价值选择问题上，墨家提出了"利之中取大"、"害之中取小"的选择原则，构成先秦诸子价值观中最为精彩的部分之一。马瑞芳的《〈聊斋志异〉的男权话语和情爱乌托邦》认为，《聊斋志异》爱情故事有明显封建教诲化倾向，爱情女主角经作者主观意志过滤,以男权话语扭曲成"蒲松龄式"女性形态:以男性需要为中心,子嗣凌驾一切。作者久以鹤梅当妻子,用小说精神漫游,创造出穷书生驰想天外的情爱乌托邦,以神鬼狐妖形式出现的女主角对落魄书生无条件忠诚,只付出不索取。因作者对两性采用双重标准,"矢死靡他"的爱情被纳入"双美一夫"男权轨道。只有男性中心酸腐论调减退,道德说教让位真实人生、真情真性,对女性美观察描写占主导地位时,作者才能创造出鲜活的女性形象并蕴含深邃哲学内涵,爱情故事得以姹紫嫣红、历久弥新。马新的《论两汉乡村社会中的宗族》认为,两汉宗族以九族为限,是以父系血缘关系为纽带而形成的宗法共同体。强宗大姓是乡村社会的支配力量,他们把持乡里政治,影响州县行政,成为相对独立的集政治、经济、武装于一体的社会单位。宗族问题对两汉王朝而言,是一柄锋利的双刃剑,也是导致东汉王朝分崩离析的重要原因。刘京希的《从国家化社会主义到社会化社会主义——兼论社会主义的本质特征》指出,从"社会主义"一词的始意,到马克思主义经典作家对科学社会主义的阐释,社会主义无不以社会化为其本质特征。社会主义通过社会化对资本主义的个人主义进行历史否定。传统社会主义模式以国家化社会主义否定社会化社会主义,最终付出了惨痛的代价。在新的历史条件下,反思社会主义的理论与实践,使社会主义以更加健康的形象走向21世纪,必须抛弃传统的国家化社会主义模式,回归社会化,走社会化社会主义之路。"以社会为主义,为社会而主义",实现经济、政治、文化生活的全面社会化,是社会主义走向新生的必由之路。

9月24日,《文史哲》第5期发表一组"转型时期国家与社会关系的多维透视"笔谈。

该组笔谈约请了3位学者,分别从经济学、法学和政治学的视角,就转型时期国家与社会关系的调适这一重大理论和现实问题开展研讨。包括徐显明的《社会转型后的法律体系重构》、包心鉴的《改革高度集权的管理体制:权力变移的关键》、黄少安的《转型期的国家可以成为推动市场化进程的力量》。

蔡德贵在本期发表《有选择地开发齐鲁传统文化的现代功能》,指出齐、鲁文化不是一个文化系统,各有其内容和特点。秦汉以后,齐、鲁文化融入中国传统文化,成为传统文化的主体,但仍表现出不同的功能和作用。今天开发齐、鲁文化的现代功能应根据其不同内容和特点,具体说,开发齐文化的智力功能,以促进改革开放和社会发展;开发鲁文化的伦理功能,以保证社会的稳定与和谐。

这一期还刊发了傅永军的《现代性与社会批判理论》。文章认为,现代性已成为思想话语的中心。社会批判理论作为一种对待西方现代社会合理化过程的哲学话语,主要体现为一种现代性批判,社会批判理论接受韦伯的合理性理论作为分析现代性问题的框架,从社会批判和理性建构两个维度构筑了所谓"现代性的病理学"。尽管社会批判理论内部在现代性批判问题上有着差异,但他们共同铸造的现代理性批判却以其普遍性特征,弥漫日常生活,昭示着现代性批判的意义。

11 月 24 日，阎纯德在《文史哲》第 6 期发表《比较文化视野中的汉学和汉学研究》。

该文提出，汉学是国外学者在对中国历史文化进行研究的过程中所形成的一门独特的学科，而汉学研究则是中国学者对汉学成果进行再研究的反馈行为。二者都是在跨文化的基础上进行的，因而应具有自觉的比较文化视野。在世界一体化的今天，由于多元文化发展的需要，汉学、汉学研究、比较文学这三个原来互不相关的学术领域正在不断地靠拢，相互借鉴，将为新世纪的人类文明作出新的贡献。

这一期还刊发了其他文章。高旭东的《后殖民语境中的东方文学选择——兼评当前诗学讨论中的"失语症"论》认为，西方新近兴起的后殖民主义批评传入中国之后，有论者以此来指责"五四"新文化与新文学的方向，认为自此之后的诗学选择丢弃了民族的传统，患了"失语症"。事实上，通过对"五四"新的文化、文学与诗学的全面反思，却可以得出截然不同的结论。在后殖民的文化语境中，东方的文学选择不应该回到古代去，而应该吐纳东西，创造出现代性的诗学话语。王小舒的《神韵诗学研究百年回顾》认为，神韵诗学的发展在 20 世纪可以分为前后两个阶段，以共和国的建立为界，其中贯穿始终的是研究观念的演变与更新。前一阶段属于现代神韵学的萌发期，大致有两种趋向：一种用个性来阐释神韵，另一种则侧重于中西方美学观的比较。后一阶段神韵学遭到过全面否定，80 年代后进入高潮，中心转向审美，领域涉及诗歌史、诗歌美学、文化渊源研究和艺术比较研究，人与自然的审美关系逐渐成为关注的中心，而神韵的当代价值也开始提上了日程。

2001 年

1月24日，**季羡林在《文史哲》第1期发表"庆祝《文史哲》创刊50周年特稿"《弥勒信仰在新疆的传布》。**

该文对中外学界尚无人谈及的弥勒佛在佛教由印度传入中国的过程中所起的重要作用进行了考索。作者认为，在佛教传统中，弥勒为未来佛，后来主要受到波斯的影响，产生了救世主思想和功德转让思想，这与佛教小乘自力解脱的思想大相径庭，是佛教史上的一大转变和进步。弥勒信仰在新疆以及后来在中国内地能够广泛传布、历久不衰，是与救世主思想分不开的。由于地理位置，印度佛教东传，新疆首当其冲，根据对吐火罗文、于阗文、粟特文、回鹘文等文献的详细考查，可知弥勒信仰在新疆传布很广，最集中的地区是龟兹和焉耆。弥勒佛在佛教由印度传入中国的过程中起到了重要的作用。

2000年7月，"首届东方美学国际学术会议"在呼和浩特举行。作为对首届东方美学国际学术会议的响应，本期《文史哲》刊发了一组"东方美学的研究前景"笔谈。参加这次笔谈的有韩国岭南大学闵周植的《全球化时代东方美学的角色》、日本神户女子大学滨下昌宏的《东方美学的可能性》、首都师范大学王德胜的《全球化语境中的东方美学》、韩国梨花女子大学俞俊英的《作为东亚美学共同话题的"儒道互补"》、日本广岛大学青木孝夫的《东亚美学的课题：以日本为焦点》、中国内蒙古艺术学院宋生贵的《东方美学的当代话题》。讨论的中心话题是 21 世纪东方美学的国际地位及研究前景以及如何在新的历史条件下为东方美学重新定位等重大问题。

3 月 24 日，《文史哲》第 2 期刊登了"庆祝《文史哲》创刊 50 周年特稿"、徐鸿修撰写的《求实创新博大精深——杨向奎先生治学的开拓进取精神》，对《文史哲》首任主编杨向奎的治学成就进行了总结。

文章说：作为史学界蜚声中外的著名学者，杨向奎先生继承和发扬了前辈学者的优良传统，并运用新方法，发掘新史料，开拓新领域，由史学而经学、小学，由实学而哲学，由哲学而理论物理，均有卓越贡献。仅就史学成就而言，他的治学具有如下特色：一、由信奉"层累地造成的古史"说到接触马克思主义，并以之为指导而形成科学方法论；二、尊重前贤而又不迷信权威，为《左传》、《周礼》洗冤以使之免于湮没，并主持发掘整理了孔府档案资料，丰富和开拓了史料建设；三、熟练地运用以考古资料和文献资料来互相印证的"两重证据法"，取得高水平的成果，并根据亲历凉山彝族考察进而掌握了以文化人类学资料印证古代史的"三重证据法"。求实创新的不懈探索，博大精深的学术成果，使杨向奎先生巍巍然成为一代史学大家。

张忠纲、赵睿才在本期发表《20世纪杜甫研究述评》，认为20世纪中国内地的杜甫研究深受新旧文化、东西文化交互撞击及多次政治思潮的影响，以1949年、1976年为界呈现出三个时期，依次表现出剥去封建时代加给他的"圣化"的外衣、只把他作为普通诗人来研究，将他视为时代的代言人；被送以"人民诗人"的桂冠与将"扬李抑杜"推到惊世骇俗地步的大转折；正本清源后全方位的中兴、总结及努力建构杜诗学史的特点。

5月19日至21日，"《文史哲》创刊50周年纪念会暨人文精神与现代化学术研讨会"在北京举行。

时任中共中央政治局委员、全国人大常委会副委员长姜春云到会祝贺，季羡林、张岱年、何兹全、李希凡、庞朴等在会上发了言，对《文史哲》50年所取得的辉煌成就给予高度评价。季羡林在致辞中说："我认为《文史哲》还是在我们全国各大学文科学报里面是很有特色、很有地位的。"张岱年也认为："《文史哲》是山东大学主办的刊物，然而她不仅仅是山东大学的刊物，她具有全国性。50年来她发表了许多文章，其中许多文章很有价值，对新中国学术的进步起了促进作用。"何兹全说："50年来，《文史哲》对发展中国史学、繁荣中国史坛，作出了很大贡献。"李希凡说："50年来，《文史哲》无愧于曾经辉煌于古代的齐鲁文化之乡，它继承了'百家争鸣之学'的优秀传统，为促进新中国的学术发展，作出了自己的贡献。"教育部社政司副司长阚延河致辞：《文史哲》在学术界是一个品牌刊物,是一个名刊,是一个大刊,我国高校所办的学术性刊物里真正办成《文史哲》这样水平的还很少。学者们还就"人文精神与现代化"这个学术界普遍关心的问题进行了热烈的讨论。

5月24日,徐显明在《文史哲》第3期发表《〈文史哲〉与山东大学文科建设——〈文史哲〉创刊50周年献辞》。

文章说:《文史哲》是山东大学文科的灵魂,她奖掖后学、扶植新人的方针,表征着一种创新;《文史哲》也是山东大学的传统,她把人文精神与科学精神相融,激励人们追求卓雅;《文史哲》还是山东大学的品牌,无数青年学子正是先知有《文史哲》,而后才知有山东大学。《文史哲》传承了山东大学前50年的道德文章,开启了山东大学后50年文科的灿烂辉煌。

本期"人文学科世纪回顾与展望"栏目刊登了邓京力对王学典的访谈——《探索中国当代史学思潮的变迁——王学典教授访谈录》。访谈主要围绕当代中国史学思潮的变迁,尤其是20世纪八九十年代学术风气的嬗替来进行。王学典认为,从80年代中期到整个90年代,学术界包括史学界所发生的最重要变化,就是"学术"对"思想"的取代。整个80年代的史坛、学坛,仍然屈从于意识形态的控制。而整个90年代的史坛、学坛已基本走出了意识形态的笼罩。意识形态的退潮,直接导致了多元化史坛格局的形成:唯物史观派史学、西方式的社会科学化史学和所谓"国学"的复兴。这种三分天下的局面将会长期共存。在这种背景下,唯物史观派史学要想生存下去,必须为自己的存在重新立法。重新诠释自己的学术史,挖掘自身传统所固有的学术含义,是这种"立法"工作的内容之一。唯物史观派必须重新回到民间来,重新确认自己的民间身份。20世纪40年代唯物史观派在中国的大发展、大繁荣,佐证了这一立场的有效性。回到民间来,是唯物史观派史学克服目前合法性危机的前提性选择。

谭好哲的《论文艺美学的学科交叉性与综合性》探讨了文艺美学的学科定位和性质问题。作者认为,把文艺美学作为美学或文艺学的下属分支学科,从所谓"一般美学"和"一般文艺学"的逻辑预设出发对文艺美学的定位、性质及相关问题进行简单逻辑推演和学术克隆的做法是不可取的。文艺美学是在美学与文艺学两大学科长时期的相互渗透、融合基础上产生的一个具有交叉性、综合性的新兴文艺研究学科。交叉性决定了文艺美学与某些传统的美学理论和文艺理论在对象、内容甚至体系架构上的某些一致性或重复性,同时也决定了这一新兴学科在学科生成和理论生长中的综合性。以学科交叉为基础,在研究对象、理论内容、研究方法等方面走综合创新之路,将是文艺美学学科发展的契机和优势所在。

王建民在这一期发表了《论活劳动商品》。文章认为,马克思关于活劳动不是商品的论证有误,主要问题是忽视了他发现的商品生产中的劳动二重性,把应作为具体劳动理解的劳动无意中理解为抽象劳动。马克思对商品价值的载体没有进行彻底的抽象,把使用价值理解为物的使用价值,这一不足造成了政治经济学的若干基本规律不能在其经济学体系中贯彻到底。针对此观点,孔令栋在《文史哲》2002年第5期发表《为马克思辩解——就"活劳动商品"

问题与王建民教授商榷》，对王建民的观点提出反驳。孔令栋认为，马克思关于劳动不是商品的论证是其经济学严密体系的基石之一，这一论证具有科学性。王建民试图动摇马克思的这一观点，不仅不能推动理论的发展，而且使自己退回到李嘉图学派的矛盾中去。

常玉芝的《黄组周祭分属三王的再论证》对素有争论的殷墟甲骨文中的"黄组卜辞"所属时代进行了论证，认为从黄组周祭卜辞和晚商青铜器铭文中的康丁及其配偶对武丁、文丁、帝乙的称呼，从以王二祀、王六祀、王二十祀的周祭记录复原的周祭祀谱看，都证明黄组周祭应分属于文丁、帝乙、帝辛三王。

7月24日，蒋海升在《文史哲》第4期发表《政治与学术的互动——20世纪50年代的〈文史哲〉》。

该文对《文史哲》在创刊之初就崛起为学界瞩目的名刊的原因进行了透视，作者认为，《文史哲》之所以能异军突起，得益于自己独特的"家世"背景：政治理论宣传家掌舵、学坛名流为左膀右臂的编辑班底使得《文史哲》在意识形态与学术的结合上如鱼得水，众多著名学者的加盟和青年学者的脱颖而出更是锦上添花。

9月24日，王岳川在《文史哲》第5期发表《简论儒道思想的精神互动性》。

该文认为，在中国思想史研究中，人们一般只看到儒道思想在范式与体系上的差异，其实两者从思想源头看还存在着相通相契的关系。这主要表现为：1. 老子思想的多元性对孔子的影响；2. 由于汉墓帛书《老子》与郭店竹简《老子》的发现，学界根据通行本得出的老子反对"仁"、"义"、"礼乐"的观点并不符合老子思想的实际。

黄颂杰在该期发表了《西方哲学的人性与神性之历史演化——兼论马克思在哲学上的革命性变革之一》。文章指出，由苏格拉底和柏拉图所奠定的西方哲学的人性和神性的特征，构成了西方哲学的深厚的传统。现当代西方哲学家赋予人性新的含义，批判并力图清除哲学的神性，成为西方哲学的新的形态和发展趋势，但迄今西方哲学未能彻底清除哲学的神性。马克思批判改造了哲学的人性，彻底清除了哲学的神性，成为哲学史上的革命性变革者之一。

10月15日至16日，由《文史哲》编辑部主办的"季羡林学术思想研讨会"在济南举行。

80多名专家学者应邀参加了会议，对季羡林的学术思想和学术贡献展开了充分讨论。90岁高龄的季羡林先生亲临会场。

11月24日，《文史哲》第6期刊登中国社会科学院院长李铁映的《千年文明论赞》。

文章以恢弘的气势对中国公元后第二个千年的历史文明作了宏观的总结。文章指出，公元后第二个千年的开端，正是中国北宋开国不久，呈现出一派文明昌盛的景象。在此后的1000年中，火药、印刷术、指南针广泛运用,典籍文化、医药文化、建筑文化和文学艺术各领风骚。思想文化领域,理学盛行一时,心学别开生面,永康、永嘉,讲求实际。文人画、书法、古典诗词和京剧,成为精神文化的四大名牌。千年文明体现出强大的民族亲和力,讲究事物的整体性和有机性,其原创性与包容性紧密相连。在原创中包容,在包容中创新,是中国文化的性格。16世纪,中国国力下滑,清代乾隆后期,与世隔绝。后半期的二三百年间,危机重重,终至陷入任人宰制的境地。在新千年开始之时,考察和反思公元后第二个千年中华民族的生存状态、命运遭际和文明收获,深化和重释"以古为镜,可以见兴替"的历史意识,从中可以找出重振大国雄风的精神动力和历史经验。

陈炎的《文艺美学、文艺社会学、文艺心理学的学科分野》指出,我国文艺学领域的学术发展,有赖于自觉的学科意识和内部的合理分工。这期间,文艺美学、文艺社会学、文艺心理学三大学科不仅在内容上要实现互补,而且在方法上要实现分工。只有真正明确了这一学科分野,才可能打破长期以来名异而实同、混沌而未分的研究模式,建立起真正意义上的文艺美学、文艺社会学和文艺心理学。

孔令栋的《权威与依附——传统社会主义模式下的国家与社会关系》认为,国家形式取决于国家与社会的关系,国家权威以及社会成员对这种权威的依附,是传统社会主义模式的社会结构的根本特征。社会成员通过依附于单位组织而高度依附于国家。传统社会主义模式中的高度集权,正是以这种依附关系为基础的,只有破除这种依附关系,确立社会成员的独立个性,才能建立起高度民主的社会主义新模式。

郑杰文在本期发表了《墨学研究方法的近代化历程》。文章认为,近现代墨学研究取得了很大成就,其重要原因之一是墨学研究方法的逐步近代化。清儒治墨用书证法,并将这一传统方法发展到顶峰。梁启超始尝试运用西学论著结构形式来阐述墨学义理,但其论述方式仍为传统书证归纳式,呈现出研究方法演变的过渡形态。胡适有机融合中西研究方法以治墨,完成了对墨学研究方法的近代化改造,建立起国学研究方法的近代化范式。墨学研究方法的改进,是近代以来国学研究方法巨变的缩影。

本期还刊发了一组"发展与创新"笔谈,包括杨春贵的《理论创新:意义与机制》、赵凤岐的《与时俱进开拓创新》、杨俊一的《发展与创新:重构当代历史唯物论》、杨信礼的《发展与创新的价值评价尺度》。

2002 年

8月，山东省副省长邵桂芳接替朱正昌出任山东大学党委书记。

本年度《文史哲》荣获三项殊荣："国家期刊方阵双奖期刊"、第二届"国家期刊奖"提名奖、第二届"全国双十佳社科学报"。

据中南财经政法大学图书馆期刊信息服务部统计，2002年《文史哲》被转载文章93篇，在全国综合性社会科学类期刊中排第3位。

从本年开始，《文史哲》改版，由原来的小16开改为大16开。并增加容量，由128个页码，扩大为168个页码。

成中英的《第五阶段儒学的发展与新新儒学的定位》、黄冕堂《中国历代粮食价格问题通考》、杨大春的《主体形而上学解体的三个维度——从20世纪法国哲学看》获首届"《文史哲》名篇奖"。从2003年开始，《文史哲》设立"年度名篇奖"，每年6月15日至9月15日进行评比，评出上一年度《文史哲》刊载的学术质量最高、社会反响最好的文章1—3篇，每篇奖励10000元人民币。

1月24日，季羡林在《文史哲》第1期发表《漫谈伦理道德》。

指出道德问题集中体现在如何处理人与自然、人与人以及个人身、口、意的关系之中。正确处理这三种关系就是最高的道德。从人类发展的历史看，制约这些关系的伦理道德不可能一成不变。各个时代、各个民族、各个国家情况不一，道德标准也不可能统一。因此，我们必须提出，对过去的道德标准一定要批判继承，万古长青的道德教条是不存在的。

本期还刊发了其他论文。

何中华的《现代语境中的大学精神及其悖论》提出，所谓"大学精神"是指现代意义上的大学所体现出来的理念及其文化内涵，它是现代性的产物，从教育与文化的内在联系看，教育担当着传承文化道统、开发人的潜能、塑造道德人格的使命。现代大学精神由于内在矛盾日益游离教育的这一人类学本体论意义，大学精神的悖论主要表现为科学精神与人文精神的冲突、整合与隔离的对立、"为人"与"为学"的分裂、目的性与手段性的矛盾。

朱德发的《现代中国文学制导性传统探源》认为，世界化与民族化相互变奏的现代文学制导性传统是在"五四"前后的文学变革运动中形成的，鲁迅、郭沫若、茅盾以及诸多文学群体从理论到实践坚持并完善了这一文学传统，使其在现代文学的建构和演化中发挥了制导作用。

从本期开始，《文史哲》开设"当代学术名流与学术史研究"栏目。"编者按"说：随着中国加入WTO，中国会进一步融入国际社会。中国学术要发展要与国际学术界对话必须采取"拿来主义"

与"送去主义"相结合的办法,进一步了解国际学术界,扩大中国学术界的国际影响。当代学界名流 70 岁至 98 岁的老辈学者,如季羡林、张岱年、任继愈、费孝通、雷洁琼、臧克家、钟敬文、王元化……都值得学界认真研究,写出有分量的学案。对其中 80 岁以上的名流学者,甚至应该进行抢救性研究。还有一批国内外有一定知名度的中青年学者,也应该使他们进一步走出国门,走向世界,在中国学术史上发挥重要作用。首期刊出的是季羡林研究和高亨研究,包括朱威烈的《从文化战略视角看季羡林先生的学术思想》,钱文忠、王海燕的《陈寅恪与季羡林——一项学术史的比较研究》,以及董治安的《高亨先生及其〈周易〉研究——纪念晋生师逝世十五周年》。三篇文章对两位著名学者的学术思想及功业进行了多个角度的研究。

本期还刊载了两篇研究道家的文章,刘文英的《道家的精神哲学与现代的潜意识概念》认为,深入研究道家精神哲学,必须引入现代潜意识概念。道家的精神概念不仅包括有意识的活动,而且特别强调潜意识活动。道家的精神追求包括知道、得道、乐道三个环节,其实现主要靠潜意识活动。道家精神修养的过程是从意识状态开发,而逐步进入一种特别的潜意识状态。道家精神哲学有其特殊旨趣,包含许多有价值的思想成分。丁原明的《道家的科学精神与人文精神》提出,道家的科学精神与人文精神是依据"道法自然"的原则得以透显的。当它依据这个原则去求"真"时,则表现出合规律的遵道循理、追求世界的本真状态和在其相对主义体系中潜含着若干科学认识因素的科学精神。当它将这个原则延展到属人的世界而成为价值范畴时,则表现出众皆平等、"常德乃足"和安顿人类生存终极关怀的人文精神。道家的科学精神与人文精神展示了"事实世界"与"价值世界"相统一的人类理想的生存状态，并对弥合当今科学文化与人文文化的分裂，建构新的科学人文主义有借鉴价值。

3月24日，《文史哲》第2期刊登了对王元化的访谈《关于中西哲学与文化的对话》。

2001年9月11日，法国哲学家德里达访问上海，与王元化就中西文化之异同进行了长时间对话。这次谈话之后，《文汇读书周报》记者就此与王元化进行了一次对话。本期的《文史哲》在刊首公布了此次对话。针对德里达提出的"中国没有哲学，只有思想"，王元化认为，"起源于希腊的西方哲学和中国从先秦发端的哲学，从基本方面来说，只是在思维方式和表达方式上不同，而在研讨的实质问题上，并没有太大的殊异，虽然两者往往会作出不同方面的探讨，甚至是相反的结论"。王元化肯定中西文化是有差异的，如中国先秦时代的《周礼》以及《诗序》是写意型的，而亚里士多德《诗学》则是写实型的。王元化认为，中西之间通过接触，能够彼此增进一些文化背景的了解。二者在不同的思维方式、抒情方式、表达方式中，存在着异中之同。如果不同文化的概念都是不同质的，那也就不存在文化上的比较研究了。一个时代的主导思潮对思想文化的兴衰会起决定作用。中西哲学之间存在着很大的差异，但就其所涉及的领域或所要解决的问题来看，都有某种类似或相同之处。

格日勒图在这期发表了《在不同文明撞击中发展的蒙古文学》。文章称,在不同文明撞击下发展起来的蒙古文学,具有四个显著特征:其一,文化上的兼容性和自立性,导致了蒙古文学的繁荣发展和稳定生存。其二,民族历史的艰难历程和经济发展的淤滞延缓,决定了文学内容的相对集中和文体表述的趋于定型。其三,诗性的语言和直观的思维,确立了韵文作品的主导地位和创作模式的固定倾向。其四,深厚的民间文学传统,导致了口头文学与书面文学的相互交融。

这期发表的黄冕堂《中国历代粮食价格问题通考》一文对我国历代粮食价格的问题进行了考察。文章指出自秦汉以至清代,我国每石皮粮(如南方的稻谷,北方的粟谷、高粱)的价格为:汉代30—130钱;魏晋南北朝250—500文;初唐至盛唐50—200文,唐后期200—400文;北宋200—700文,南宋1000—1500文;明初250—300文,明中后期400文。清代顺康之际300—800文,康乾时期1000—1600文,嘉道至清末2000文以上。总体而言,各个朝代的前期尤其是初唐、盛唐和明代,经济繁荣,政治鼎盛,此时的粮价格外低廉平稳,人们多有谷贱伤农之叹。汉初每石皮粮三四十钱,明清初期均为300文上下。由于明清的斗桶比汉代的大四倍,因此,经历近两千年,粮价实际变化不大。此外,粮食地区差价很大,大城市与小城镇相差悬殊。

本期的"当代学术名流与学术史研究"栏目刊登了秦岸舶等人的《王元化先生的学术思想》、王学典的《20世纪80年代的"新启蒙"与黎澍》、张可礼的《陆侃如、冯沅君先生〈中国诗史〉的主要贡献》、余江的《追求进步严谨治学——纪念陆侃如先生》、张忠纲的《萧涤非先生的杜甫研究》，对这些学术界的重要人物在学术史上发挥的作用和所具有的意义进行了论述。

5月24日，日本著名中国思想史专家、大东文化大学教授沟口雄三在《文史哲》第3期发表《中国思想和思想史研究的视角》。

文章说，20世纪后半叶，日本汉学研究的视角改变了以往把中国视为在现代化道路上落伍的后进国家的看法，转换了审视新中国的眼光。21世纪前半叶日本汉学理想的研究视角应当是：怎样在认识中国时，把欧洲的现代与社会主义加以相对化？怎样在现代与后现代之间确立认识中国的坐标。就开放世界中的中国研究来讲，还希望把视野扩大到中国之外，展开一种超越哲学、思想和思想史研究框架的新研究。

陈绍燕的《中国竞争思想的演变及其当代思考》独辟蹊径，对较少有人注意的中国古代竞争思想进行了论析。作者认为，虽然为维持社会人际关系的和谐，中国古代的思想家对竞争多采取排斥的态度。但许多思想家和开明的统治者为了经邦济世、富国强兵，在其社会实践活动中采取了一些鼓励竞争的政策，这主要表现于科举选才和奖励耕战两个方面。这些政策的实施对推动我国古代社会的发展起到了重要的作用。近代以降，随着西方思想的传入，竞争观念被人们公开接纳。生存竞争一时成为中华民族救亡图存的思想旗帜。许多思想家对竞争进行了多方位的思考，为后人提供了不少宝贵的启示。为了应对我国市场经济建设中已经发生和即将发生的各种复杂情况，立足现实、借鉴前贤，树立正确的竞争观念、制定严密的竞争规则以解决竞争中出现的偏差，已是当务之急。

李恒瑞的《理论界应走向新的思想解放》认为，社会实践的发展呼吁新的思想解放，推动新的理论创造。只有以与时俱进的精神坚持和发展马克思主义，扫除理论创新道路上的各种思想障碍，才能在一些重大现实理论问题上实现新的突破。影响新的思想解放的主要思想障碍是教条主义、官僚主义和言行不一等不正之风。在端正学风的过程中，一个十分重要的问题，就是要高度重视清除封建主义思想的影响，把反对教条主义、官僚主义、言行不一等不良学风的斗争同反对封建主义思想的斗争二者有机地结合起来。中国具有长期的、浓厚的封建主义传统。我们是从半封建半殖民地社会经过短暂的新民主主义社会而走向社会主义道路的。旧中国留给我们的封建主义的传统太多，民主法治的传统太少。在旧中国封建专制条件下形成的依附性、虚伪性等人格"异化"现象，在今天依然产生着影响。由于市场经济不发达，小生产的生产方式和自然经济的交换关系仍然广泛存在，封建主义思想仍然具有留存和滋长的经济基础，这就决定了反对封建主义思想的斗争的长期性和艰巨性。从推进新的思想解放的角度看，必须充分认识和评价实行政治民主、发展人民民主的重要的认识论的意义，即民主是解放思想的重要条件，民主是克服教条主义、官僚主义、言行不一等不良学风的有效的保证。扫除封建主义思想的影响，从经济关系方面说，要大力发展市场经济，实现从自然经济向市场经济的转变；从政治关系方面说，就是实行和发展人民民主制度，推进政治体制改革，活跃民主生活。发展人民民主，倡导民主精神，是清除封建主义影响的根本的政治途径，当然也是贯彻思想路线、克服不良学风的政治前提。

崔明德的《先秦政治婚姻初探》认为，就族类、中原诸侯国关于夷狄的概念及国势而言，先秦政治婚姻大致可分为七种类型：先秦各国主要出于结交军事同盟、恃大国以图存、取人之国、巩固盟约、解除兵威、酬恩报德等目的而联姻，但各种联姻的性质不尽相同。先秦政治婚姻呈现出多元化、多方位，"媵"婚现象比较突出，小国往往被婚姻大国所灭，强国干预弱国内政等特点。尽管先秦时期的政治婚姻与汉唐和亲有很大差别，但前者对后者的影响是非常明显的。

7月24日，《文史哲》第4期发表美国夏威夷大学中国研究中心田辰山的《中国的互系性思维：通变》。

该文指出，对照西方形而上学本体论和宇宙论思想体系，可以得出中国传统的思维方式基本上是一种互系性思维方式。从《易经》可以找到"通变"这一互系思维的关键性观念。它区别于西方主流思维的突出特点是以偶对性为核心的宇宙本身互动连续观；这对西方由先验论和二元主义导致的两极概念不可解决的矛盾冲突思维，构成一种不可比拟的参照结构。以"通变"作为特点的互系思维凝聚为中国主要思想流派的方式而且融于民间文化。20世纪它是解读西方"辩证法"的框架，成为中国马克思主义的特定方式。

该期还发表了其他一些论文。

贺立华的《入世与中国文化现代化转型》认为，中国加入WTO顺应了世界文明的潮流，WTO原则精神与中国传统文化的矛盾冲突是当今时代的深刻主题之一，其结果必将促使以儒家精神为核心的中国传统文化得以跃迁和升华。这次文化转型是20世纪初"五四"新文化运动的血脉延续，是"民主科学"启蒙口号的法制化的具体实践行动，它将是比"五四"更深刻、更切实、更有效的文化现代化转型运动。在全球化的文化流动中，中国的有识之士当在"对内促转型、对外促互动"中有所作为。

蒙培元在《漫谈儒学与家庭伦理——从亲情关系说起》中提出，儒学伦理是德性伦理，其核心是仁。它首先从家庭亲情关系开始，包括夫妇之间的尊重和忠诚，父母子女之间的慈爱和孝敬。现代家庭结构发生了变化，特别是市场经济走进了家庭，财产和权利、义务方面的问题突出了，但是亲情关系是不能改变的。在平等的基础上继承、发扬儒家伦理，与现代家庭生活方式结合起来，对于家庭的稳定和谐、人的素质的提高是至关重要的。

本期的"当代学术名流与学术史研究"栏目发表了季羡林的长篇回忆文章《我的小学和中学》，第5期刊发了季羡林撰写的《我的高中》。

9月24日，美国夏威夷大学哲学系教授成中英在《文史哲》第5期发表《第五阶段儒学的发展与新新儒学的定位》，首倡儒学发展五阶段说。

该文将儒学划分为原初阶段、从古典儒学到汉代儒学、宋明新儒家、清代儒学、当代新儒家五个阶段，第五阶段中新新儒学的兴起在面对当代新儒家的盲点与弊执而进行再启蒙并回归原点再出发。其中内含两个重点：重点之一在掌握自我以掌握宇宙本体，掌握宇宙本体以掌握自我；重点之二在掌握天人一体的整体以面对现实，以发现问题、分析问题、解决问题。

黄发有发表了《21世纪中国文学的文化选择》，认为世纪之交市场话语的勃兴与启蒙思潮的低落，使中国文学的主体出现了内部分化，采取了多元的文化选择。以群体为本位的道德理想主义摆出了道德至上的姿态，试图从农业文明和共同体社会中寻找精神资源，借以反抗物欲横流的道德危机；以正当的人性要求为依据，还俗潮流推动着文学的娱乐化和世俗化进程，但戴着"自由"和"个性"面具的虚无主义和消费主义倾向，将文学引向了恶俗的歧途；拒绝沦为工具的审美理想主义，捍卫着文学的个人性、过程性与常识性，成为价值的守护者和现实的监督者，与现实进行富有建设性和批判性的对话。作者认为，21世纪的中国文学只有摆脱群体性、目的性和工具性的束缚，才能确立自己的独立品格。

王立新的《闽学与湖湘学》认为闽学与湖湘学都是二程洛学在南宋的流衍与发展，两个理学流派从各自初创时起，便有着极其密切而友好的学术关系，他们互相切磋，彼此诱发，推动各自的发展，也促进了南宋理学的繁荣。但到了朱子时代，两个学派关系之性质发生了重大变化，从讲友变成了论敌。尤其在张南轩过世以后，闽学以老大的姿态凌驾于湖湘学之上，遏制了湖湘学派的发展并相当程度地造成了中国学术发展的损失。

11月24日，美国哈佛大学教授杜维明在《文史哲》第6期发表《全球伦理的儒家诠释》。

文章写道：1993年世界宗教大会发表的普世伦理宣言中明确指出，孔子思想是普世伦理基本原则的源头活水之一，但儒家的缺席实为一大遗憾。同年，亨廷顿提出"文明冲突"的构想，把儒家文化与伊斯兰文明相提并论，作为当代西方民主世界的对立面。在文化宗教领域内沉默而在经济政治领域中曝光，使儒家的优点黯然不彰而缺失暴露无遗，这对新儒家的发展是极为不利的。孔汉思深信宗教之间的相安无事是人类社群得以和平共存的先决条件，其普世伦理便是通过宗教对话而消解矛盾冲突的权法，但其淡化和削弱的诠释策略必然导致抽象的普世主义。亨廷顿的"文明冲突"论，从西方，特别是美国的战略立场设思，有着浓郁的冷战情结，视儒家为权威主义和中国威胁论的理据。我们认为儒家具备关切政治，参与社会和重视文化三种属性。面对文明冲突的危险，我们务必强调对话的重要，通过文明对话来考虑生态环保、社群整合、文化多元及相互参照的可能，这比以抽象的普世主义为前提的伦理宣言更切合实际，这就是全球伦理的儒家诠释。

杨大春在这一期发表了《主体形而上学解体的三个维度——从20世纪法国哲学看》，从不同侧面对主体形而上学的解体过程和原因进行了研究。作者认为，从近代哲学到现代哲学再到后现代哲学的过渡，就身体问题而言，存在着由机械的身体到身心统一的灵化身体再到物质性欲望身体的演化；就语言而言，存在着由透明的理想语言向半透明的生活语言再向完全不透明的自足语言的变迁；而就他者而言，存在的是从否定他性到相对他性再到绝对他性的过渡。这些或者渐进或者突变的趋势在扩大"主体"外延和广度的同时，逐步掏空了近代"主体"的内涵和深度，导致了主体形而上学的最终解体。

本期还发表了一组"全球化时代的政治文明"笔谈。2002年5月31日,江泽民在中央党校省部级干部进修班毕业典礼讲话中提出,"建设社会主义政治文明,是社会主义现代化建设的重要目标",如何理解政治文明,怎样建设社会主义政治文明,一时成为人们关注的理论学术热点。本期《文史哲》特约请国内政治学界的几位专家,就政治文明的相关问题展开笔谈。包括徐大同的《关于政治文明的随想》、洋龙的《政治文明的地位与功能》、王惠岩的《建设社会主义政治文明》、包心鉴的《经济全球化的实质与社会主义政治文明的选择》、汪锡奎的《国家政权建设是社会主义政治文明发展的关键》。

张政文的《20世纪中国文学史研究方法论反思》认为,20世纪中国百年的文学史研究可归纳为三种基本类型:经验实证方法论类型、理论逻辑方法论类型、文化阐释方法论类型。经验实证方法将文学事实何在作为文学史研究的基本对象,将描述文学事实、建立有关文学史知识体系为研究的根本目的,但忽视了文学史研究的人文特征,具有自然科学性质。理论逻辑方法将探索文学现象何以存在作为文学史研究的基本任务,力图在复杂的社会关系、理论体系和普遍精神逻辑中找寻寓藏于文学现象背后却又决定着文学发展的各种规律,但常常忽视了文学史的历史复杂性和文学本位性。文化阐释方法将文学史研究判定为研究对象与研究主体在现时态中相互建构的个体对话过程,强调研究主体的个性文化功能和阐释效应,但其研究的知识性、有效性难以得到普遍的确立。

曾振宇的《儒家孝论的发生及其变异》认为,注重自然亲情、追求人格独立与平等的原生儒家孝论，自秦汉以降便走向了它自身的反面。愚忠与愚孝一同诞生，强调子女对父母尊长绝对无条件的顺从是秦汉之后孝论最大的特点。愚孝风气的产生，与建构国家意识形态的需要存在着内在的关联。因此，如何创造性地回归原生儒家孝论将是关系到儒家孝文化能否真正走向世界的关键所在。

2003 年

自本年第 3 期始,编辑部调整,陈炎任主编,刘京希任副主编。

张志忠的《青春、历史与诗意的追寻和质询——评王蒙与米兰·昆德拉比较研究》、陶飞亚的《"文化侵略"源流考》、郁建兴的《社会主义市民社会的当代可能性》获本年度"《文史哲》名篇奖"。

1 月 24 日,董京泉在《文史哲》第 1 期发表《〈道德经〉新编及其论证》。

该文力图根据文本的本真意义和时代的要求,对《道德经》通行本文本结构进行合理重构。《道德经》的原始状态现已不得而知,该书在流传过程中,由于种种原因,在篇章的编连方面多有颠倒、错落之处,这就为后人把握全书脉络带来一定困难。通行本 81 章的编排乃西汉后人所为。董文参照郭店楚简本和马王堆帛书本对通行本章节重新进行了编排,将通行本 81 章改分为 84 章,打乱原来章节次序,按内容重新排列,分别归属于道论、德论、修身、治国四篇,对其中的某些重要思想精华也作了扼要点评。庞朴先生称赞董文的研究成果"大大有利于研读和检索,其于古籍整理,功莫大焉"。

马瑞芳的《〈红楼梦〉的情节线索和叙事手法》指出,贾宝玉的爱情婚姻是《红楼梦》情节主线,小说的情节主线、颠覆主流意识形态的主旨、石头主叙相依并存。围绕情节主线有三条辅线:其一,"盛筵必散"正叙性辅线,是元春、凤姐为主的家族线索;其二,穷通交替反讽性辅线,是花袭人、刘姥姥为主的社会线索;其三,演说归结小说并参与兴衰的侧衬性辅线,是贾雨村、甄士隐的双重线索。《红楼梦》的主要叙事手法是:其一,融作者全知和作者参与为一体的"石兄"叙事;其二,借戏剧之石攻小说叙事之玉;其三,变换人物视角叙事而目标始终如一。

胡新生的《西周时期三类不同性质的射礼及其演变》认为,西周金文所反映的射礼包括三类性质不同的活动,即军事性的射术训练、宗教性的射牲仪式和娱乐性的集体游艺活动。这三类射礼各自沿着不同的道路向前发展,其中与饮宴、乐舞相结合的娱乐性射礼为东周时代更加复杂规范的乡射、大射、燕射、宾射诸礼的形成奠定了基础。以往的研究者对西周射礼的性质差异未作细致分辨,有些看法如西周已没有"贯革之射",《仪礼》所记射礼属于军礼,西周存在"射鱼"之礼等等,都不尽符合史实,应予纠正。

郁建兴的《社会主义市民社会的当代可能性》在充分吸收已有研究成果的基础上,提出了市民社会与国家在社会主义取向上的良性互动的新见解。文章认为,当代中国市民社会得以兴起的最深刻根源,就是以市场为取向的经济体制改革和社会主义市场经济的发展。在今天,市民社会作为一个可欲的目标,它的达成,仍然不能离开发展市场经济这个基础。建构中国市民社会的工作，不但论证着在国家能力和市民社会同样弱小的中国实现二者之间正和博弈关系的可欲性，而且也展开着某种可行性，那就是，提高国家能力，重构国家机器，是以合理界分国家与社会的职能边界、合理确定国家的合法性基础为前提的，而有限政府并不会自动成为有效政府，国家又必须充分发挥其支持和增进市场有效运作的积极作用，以使具有自主性和多元化的社会确保统一和团结。"《文史哲》名篇奖"评委认为，该文提供了研究社会变迁的一种解释框架。文章强调把市场经济看作市民社会的主要成分，探求市民社会与社会主义结合的可能性，有助于增强市民社会概念在当代中国的解释意义。

3月1日，《文史哲》编辑部召开山东大学人文社会科学各科专家学者座谈会，就新形势下《文史哲》的办刊方针、发展方向及如何保持、提高学术品位征求专家学者的意见。

主编陈炎介绍了《文史哲》未来发展的基本思路，袁世硕、乔幼梅、周来祥、路遥、张克礼、冯浩菲、钱曾怡、孟祥才、郭继德等老先生和苏位智、王建民、臧旭恒、王学典等青年学者先后发言，提出了很多建设性意见。

3月24日，《文史哲》第2期编发了一组"当代新儒家点评"，**参与愈来愈热的国学大讨论。**

参加笔谈的包括张学智的《包打天下与莫若两行》、李宗桂的

《当代新儒学发展的若干难题》、颜炳罡的《以梁、熊、牟为例看当代新儒家"反"、"孤"、"狂"的三重品格》、陈卫平的《儒学能否成为"活水"》、蔡德贵的《当代新儒家向多元融和型转化的必然性》。"编者按"说：国学泰斗张岱年先生在中国人民大学孔子研究院成立大会上发表的讲话说，尊孔的时代已经过去了，批孔的时代也已经过去了，现在是对孔子思想进行综合创新的时代了。在这样一个时代，人们自然很关心对当代新儒家的看法，自然很关心对他们功过的评价，自然很关心对他们研究的动向。当代新儒家对传统文化特别是儒学的现代转化到底起了多大的作用，他们能复兴儒学吗？当代新儒家的价值观今天如何在市场经济中发挥作用，发挥怎样的作用？法学界提出，中国作为混合型体制的国家，其明显缺陷是政治管理机制与经济运行方式缺乏高度和谐，利益关系不能得到圆满调节，权力与金钱的交易机会相对较多。在这种体制下，建立严密的制度监控权力运作机制，使掌权者无法贪赃自肥，当然具有特别重要的意义。而儒家的"存天理，灭人欲"会不会起一定的扼制作用？这些也是人们想知道答案的问题。出于这样一种考虑，本刊特组织了一组稿件，对当代新儒家进行点评。

本期还刊登了沈颂金的《论古史辨的评价及其相关问题——林甘泉先生访问记》，林甘泉对"古史辨"评价这一学术界的焦点问题谈了自己的看法，认为新中国成立以后对"古史辨"没有客观公正的评价，这与当时的政治气氛有关，但总的来说评价还是比较积极的。胡绳1957年说"古史辨"的"疑古精神是当时反封建思潮的一个侧面"，1993年又说顾颉刚是"马克思主义的朋友"，评价很高。"古史辨"在思想启蒙方面有积极意义，是思想解放的一个环节，这一点应该充分肯定。"古史辨"所受到的诟病是说它把古史砍掉几千年，这其实是误解。说它是"民族虚无主义"也不对。"古史辨"疑古所疑的主要是三皇五帝的古史系统，并不是对一切古史都怀疑。"古史辨"之前已有疑古，之后也应该有疑古精神。不能把信古、疑古、释古截然分开和绝对化，中国古代史研究也不是这三个阶段的问题。"走出疑古时代"的提法不合适。

傅有德在本期发表了《东方与西方之间：犹太哲学及其对中国哲学的意义》，文章认为，犹太哲学既不同于西方的理性主义哲学，也不同于中国古代的直觉主义哲学。它代表了一种新型的思维方式，是一条介于东方哲学与西方哲学之间的"亦东亦西"的思想之路。犹太哲学不仅在形式上利用西方哲学的理性主义思维方式来解释自己的传统，而且做到了在内容上与西方哲学的融合与统一。犹太哲学对中国哲学的意义在于，它认定了中国现代哲学发展的方向，表明中西哲学会通的道路是可行的；中国现代哲学没有做到在形式和内容两个方面与西方哲学的真正融合，犹太哲学为未来提供了一个可供参考的范例；作为一种宗教哲学，犹太哲学提醒未来的中国哲学应关注宗教信仰因素。

5月24日，《文史哲》第3期刊登一组文章，纪念华岗诞辰100周年。

包括林默涵的《纪念华岗百年诞辰》、李希凡的《华岗校长与"百家争鸣"》、乔幼梅的《华岗与山东大学的以文史见长》、史若平的《为真理而献身的英勇战士》等文章。

自本期始，开设"文化自觉与社会发展"、"宪政国家与公民社会"、"与名家对话"等栏目，意在开展平等的理论争鸣。本期"文化自觉与社会发展"专栏发表了费孝通的《文化自觉的思想来源与现实意义》、张岂之的《文化自觉与社会发展的四重关系》、乐黛云的《文化自觉与文明冲突》、成中英的《文化自觉与文明挑战》、阎纯德的《文化自觉与人类和平》、冯天瑜的《文化自觉与中华智慧》等文章。

冯浩菲的《孔子"愚民"辨》认为，由于对《论语·泰伯》篇"子曰民可使由之不可使知之"一句的理解不同，自东汉以来，一派学者认为孔子有愚民思想，另一派却认为没有愚民思想，两者针锋相对，延续至今。作者通过对孔子的身世、经历、终生事业、相关言行及先秦学者的理解等进行综合考察与分析，认为前一种看法是错误的，而后一种是正确的，即孔子没有愚民思想。

本期还发表了方辉的《岳石文化衰落原因蠡测》。岳石文化的衰落是海岱地区考古研究中一个非常引人注目的现象，以往的研究者多从战争和洪水两个方面寻找衰落的原因。方文通过对相关考古遗存的分析，并结合近年来环境考古研究的新成果，得出了如下结论：造成岳石文化衰退的真正原因，很可能是发生于距今 4000 年前后，并延续了数百年之久的气候干冷期的到来。气候的突变使得以稻作农业为基础的海岱地区（尤其是东南部）的食物供应严重不足，其直接后果是人口的大量减少。表现在考古学上，便是始于龙山文化晚期，并一直延续到岳石文化时期的聚落数量的明显减少和文化整体发展水平的衰退。

7月24日,《文史哲》第4期刊发"大辛庄甲骨文与商代考古"笔谈,率先刊登了有关大辛庄考古发现的许多重要材料。

2003年3月,由山东大学等单位主持发掘的济南历城大辛庄遗址出土了商代甲骨文,引起学术界乃至社会上的广泛关注。4月7日,山东大学历史文化学院和东方考古研究中心邀请国内部分知名学者召开座谈会,对大辛庄甲骨文及有关问题进行专题讨论。多数学者认为,大辛庄甲骨文是迄今为止殷墟之外发现的唯一的商代卜辞,它的出土,在甲骨学史上具有界标意义。因此,这一次的笔谈具有重要的学术史价值。参加这次笔谈的文章多达10篇,为学术期刊所罕有,反映了《文史哲》杂志的学术魄力。这10篇论文分别是方辉的《大辛庄甲骨文的几个问题》、李学勤的《大辛庄甲骨卜辞的初步考察》、朱凤瀚的《大辛庄龟腹甲刻辞刍议》、徐鸿修的《大辛庄甲骨文考释》、王恩田的《大辛庄甲骨文与夷人文化》、李伯谦的《大辛庄甲骨文与商王朝对东方的经营》、王巍的《大辛庄遗址与山东地区商文化》、栾丰实的《大辛庄商代遗址及其综合研究的意义》、徐基的《大辛庄遗址及其出土刻辞甲骨的研究价值》、于海广的《大辛庄出土刻辞卜骨之管见》。

仲伟民在这一期发表了《从知识史的视角看明清之际的"西学东渐"》,认为对明清之际西学影响的评价,分歧的焦点在于,西方先进的科技知识是否真正传入了中国,它与19世纪中国的近代化过程有没有直接的关联。文章从知识史的角度对这一问题进行了考察。作者认为,15至18世纪,中西知识差距表现在天文学、地理学、数学等自然科学及人文社会科学各领域。知识的巨大差距导致中西之间缺乏沟通的桥梁和对话的基础，加之传教士特殊的身份和使命，也决定了不可能指望他们传入系统的西方近代科学知识。因此，明清之际西学对中国的影响是有限的，与中国的近代化没有直接的关联。

陈来在本期发表了《王船山〈论语〉诠释中的理气观》，指出船山对理气的说法不少同于朱子，但船山不像朱子那样往往用实体化的理解或说法处理有关理的问题，在这一点上，船山与元明时代理学关于"理"的理解的"去实体化"发展是一致的。而船山理气观与朱子学的不同处，更多地在于船山运用其理气不离的观点对许多具体问题的讨论，在这些讨论中可明显看到，凡朱子学表现出重理轻气的地方船山必强调气，凡朱子学言气离理的地方船山则注重理，凡朱子学的说法中容易把理气变成各自独立的二物之处，船山必定强调理气合一。故船山理气观的要点应归结为理气互体，理气合一。

本期还编发了一组"法理学研究转向问题"笔谈，发表了谢晖的《法理学：从宏大叙事到微观论证》、陈金钊的《法律解释学的转向》、胡玉鸿的《法学研究的模式转换》、周世中的《从"主义"到"问题"》等文章。

9月24日，江林昌在《文史哲》第5期发表《眉县新出青铜器与西周王室世系、年代学及相关问题》。

文章认为，2003年1月陕西眉县杨家村出土的27件铜器，其铭文具有极其珍贵的史料价值。按铜器铭文内容与器形，可分为3

组8篇,并应与1985年在杨家村发现的另一组青铜器作综合考察。这些资料叙述了单氏家族8代世系与西周王朝12代世系的对应关系及相关史事,其中的12位周王与《史记·周本纪》所述西周王室12位列王的次序与称名完全一致,将1976年出土的史墙盘所未列的西周王室后半世系全部补上,从出土文献的角度第一次全面印证了《史记·周本纪》等书面文献的可靠性。同时,还为西周年代学研究提供了新的考古依据,证明了夏商周断代工程所列"西周年表"的基本框架可以成立。另外,还有助于对西周历史文化有关问题的辨误。

刘蓉发表了《论〈穆天子传〉的史料价值》。文章指出,因为对《穆天子传》成书年代及真伪的不同看法,该书的史料价值从明清以来便颇有争议。近代学者中,顾实以历法立论,认为《穆天子传》用周正,自当为周书;顾颉刚以战国形势和中西交通立论,认为该书成于战国。以北方气候的实际情况而言,顾实持论极为坚实。顾颉刚对战国中西交通的推论则与事实不符。借助传统文献与金文研究成果,可知战国说者对《穆天子传》为西周文献的几处主要质疑均不能成立。历法之外,《穆天子传》中"毛班"见于铭文;"穆满"为美称亦有金文可确证;《穆天子传》中称穆王为"天子",更与《诗经》《逸周书》及众多彝器铭文相合。因此,《穆天子传》为西周文献,具有极高史料价值,是无可怀疑的。

陈平原也发表了《"都市诗人"张岱的为人与为文》。作者认为,"都市诗人"张岱是中国散文史上的大家。他的散文所表现出的"空灵之气",只可意会而难以言传。他的"自叙"文体,可谓是"自嘲"的艺术,"自嘲"中仍有对自我"真性情"的坚持与夸耀,并非如有的论者所说有"忏悔"之意。作为文明象征的都市生活及其艺术表现,应引起我们足够的重视,而张岱对于民俗文化和都市风情的理解与把握胜过史书与方志。张岱文章之妙,还在于有所寄托,他将"一肚皮不平之气"和"书史、山水、机械"等糅合在一起,形成了独特的艺术风格。张岱散文看似平淡,实则有绚烂作底;他擅长在散文中写人,注重细节,三言两语足以传世,这种笔墨功夫,源于《世说新语》,又得益于张岱"好说书,好梨园"。

陶飞亚的《"文化侵略"源流考》从学术史与思想史的角度对"文化侵略"这一概念进行了系统的清理。文章指出,20世纪初,西方在华宗教文化活动的持续扩张引起国人的忧虑。在20世纪20年代的"非基"运动中,瞿秋白等人把西方这种活动概括为"文化侵略",深刻揭露其服务于帝国主义对华侵略的一面,成为反帝话语中的利器。不过,是否使用这一提法来针对西方在华文化事业并不是一成不变的,它明显受国际形势及国共两党对外政策取向的影响。在实际影响的层面上,"文化侵略"提法颠覆了新文化运动以来对西方文化的单纯肯定倾向,唤起国人对外来文化渗透的警惕和反抗,也迫使这些宗教文化事业实行一定程度的改革。但这个基于反帝斗争需要的提法,一度泛化为人们集体记忆中对近代西方在华文化事业的全面认识,则影响和限制了此后相当一个时期的中西文化交流。"《文史哲》名篇奖"评委认为,该文关于"文化侵略"这个概念不单单是一个学术分析的工具,它更是历史研究的对象的观点,可以让人们更准确地从学术史角度对此问题进行探讨,而且可以更深刻地从现实出发来思考这个问题。

11月24日,张志忠在《文史哲》第6期发表《青春、历史与诗意的追寻和质询——王蒙与米兰·昆德拉比较研究》。

该文以比较文学中的平行研究方法和美国心理学家埃里克森的认同性危机理论,对中国作家王蒙和捷克作家米兰·昆德拉进行了比较研究。作者认为,两位作家都是在50年代初期,以独立思考的姿态,直面现实,叩问青春,写出风格独特的作品。其后,在青春困惑和认同性危机的缠绕下,两位作家分别对青春—革命—抒情诗—爱情等相互关联的一组人生重要命题加以大规模的书写和质询,却引出了各自不同的结论。在艺术风格上,王蒙的诗情近似于"主观诗人",自我色彩较浓,昆德拉的诗情则是那种"客观诗人"式的,隐藏更深,底蕴也更深。"《文史哲》名篇奖"评委认为,张志忠将二人创作的原点追溯到青春时代的认同危机,由此顺流而下,获得了对两位力量型作家独特的审美高度;而且,这种比较始终紧扣作品,不离艺术和审美的考量,非常有说服力。

曾繁仁的《老庄道家古典生态存在论审美观新说》认为,长期以来,由于人们自觉或不自觉地以西方"主客二分"的认识论思维模式来规范老庄道家存在论思想,从而得出其消极倒退的结论。其实,老庄的道家思想是一种迥异于西方认识论的生态存在论审美观。它依据"天人之际"、"冲气以和"的理论,从"道法自然"的基本观点出发,论述了"道"作为宇宙万物诞育、人类生存发展之本原,人与自然万物共源齐一以及"无为无欲"、"无用之用"、"可道常道"、"大美无言"等带有明显中国特色的理论范畴,主张一种无欲与不争的、超越普通功利与物欲的审美的态度。同时,老庄还论述了带有"生物链"思想的"天倪"观与自我修养的"心斋"、"坐忘"之道以及建立"至德之世"的生态社会理想。老庄的这些思想已经是具有比较严密体系的中国古代生态存在论审美理论形态，成为同当时生产与社会发展不完全平衡的理论高峰。

谭好哲的《走向文艺理论研究的综合创新》认为，从20世纪80年代中期起，中国文艺理论研究在多元化和多样化的基础上开始提出走向一体化理论综合与创新的要求。综合创新要求的提出既是文艺理论发展的必然结果，也受到欧、美文学理论界相关研究特别是原苏联文艺创作综合研究学派的启示。综合创新着眼于新的理论和新的学派的现代性创造，它体现于视野、观念、方法诸多方面。

郭沂的《中国社会形态的四个层面及其历史分期》认为，社会形态可分为社会经济形态、社会关系形态、社会政治形态和社会意识形态四个自下而上的层面。一般意义上的社会形态与历史分期为社会政治形态及其演变阶段，而社会经济形态、社会关系形态和社会意识形态是通过社会政治形态来影响以至决定社会基本面貌的。据此，中国自有文明以来，经历了圣权时代、王权时代、霸权时代、皇权时代和民权时代五种社会形态和相应的五个发展阶段。

2004 年

本年度《文史哲》入选首批教育部高校哲学社会科学"名刊工程"。经"名刊工程"领导小组审定，全国共有 11 家高校的学报入选，《文史哲》位列第二。

陕西师范大学图书馆根据《新华文摘》、《中国社会科学文摘》、《高等学校文科学报文摘》三大文摘刊物统计，2004 年中国高校人文社会科学学报文摘率统计排序，《文史哲》位列第二。2004 年人文社会科学期刊文摘率统计排序，《文史哲》位列第四。

葛兆光的《宋代"中国"意识的凸显——关于近世民族主义思想的一个远源》和方立天的《中国佛教慈悲理念的特质及其现代意义》获本年度"《文史哲》名篇奖"。

自第 3 期始，周广璜自山东大学出版社调任《文史哲》副主编。

1 月 24 日，葛兆光在《文史哲》第 1 期发表《宋代"中国"意识的凸显——关于近世民族主义思想的一个远源》。

该文认为，直到宋代，由于北方辽、西夏和后来金、元等异族政权的先后崛起，才真正打破了唐以前汉族中国人关于天下、中国与四夷的传统观念和想象，有了实际的敌国意识和边界意识，才有了关于"中国"有限的空间意识。这种意识不同于欧洲近代民族国家意识，它的真正形成，不仅成为宋代士人极力确立"中国"与"道统"的合法性的历史背景，而且成为近世中国民族主义的一个远源。"《文史哲》名篇奖"评委认为：以往学界大多认为"中国"意识早自先秦即已确立。其实只凭"中国"这个词的出现年代而立论，未能真正从现代意义上的民族国家意识的标准来思考。该文立论的新颖之处，恰在于从现代民族国家意识的视角来认知"中国"意识，并得出宋代"中国"意识正是近世中国民族主义的一个远源的创见性结论。

2003年10月，"中国东方地区古代社会文明化进程国际学术研讨会"在山东大学举行。为了推动这一讨论向纵深发展，本期《文史哲》组织了邵望平、郭大顺、栾丰实、宋建等人参加的"中国东方地区古代社会文明化进程"笔谈。

这一期的杂志还刊登了两篇研究梁启超的论文。台湾中正大学汪荣祖的《论梁启超史学的前后期》一文指出，现代学者大都将梁启超的史学以欧战为转折点分为前后两期，认为无论在史观与方法上，前后两期绝异。梁启超前期提倡进化史观、启蒙精神以及科学的史学，而后期则放弃进化史观，转而关注中国历史文化的特殊性。为了检视梁氏史学是否可以绝然划分为前后两期，有必要参照中外学子的研究成果，并按梁氏原著，观察现代史学走向，深入探讨梁氏史学的本质、意义及其转变。其实，欧战对梁氏的影响并不如许多人所说的那样悲观，他的史学思想固然有所改变，但也有持续。晚年他因寄身学院，有更多时间从事读书与写作，史学知识与日俱增，后期可以说是前期的进一步发展。总体而言，梁启超是中国现代史学的拓荒者，主要贡献有二：其一，引进西方的史学概念与方法；其二，凭所知之西方史学知识批判与评论中国传统史学，促使中国史学的现代化。另一篇是日本学者狭间直树写的《梁启超笔下的谭嗣同——关于〈仁学〉的刊行与梁撰〈谭嗣同传〉》。

3月24日，许嘉璐在《文史哲》第2期发表《中华文化的过去、现在和未来》。

文章认为，文化是国家和民族的标志，它可分成不同的层次和类别。中华文明丰富多彩，错综复杂。中华文化来源是多元的，商周以来，中原文化逐渐向外扩散，并吸取周边各种文化，从而成为中华文化的主体。任何文化，单凭自己的内部力量，难以有大的发展。中华文化在成长和细密化过程中各种学术异彩纷呈，并以其博大的胸怀广泛吸收异质文化。20世纪的历史，是中华民族从封闭消沉走向文化自觉的历史。民族的文化自觉决定着文化走向和建设的快慢、质量的高低。当前，应该对中华民族大家庭各民族文化遗产进行保护和抢救，鼓励发展雅文化，建设好大学校园文化，建设好地方文化。

马新在《原始家族与中国早期文明的发生》中指出，中国远古时代较为清晰的血缘关系发生于新石器时代，至文明前夜已形成了较为完备的家族体系。家族成为原始聚落中基本的社会单元与经济单位。社会分工与生产分工的家族性以及贫富分化的家族性是中国原始家族的突出特点，也是中国早期文明萌发的重要基因源，由此而形成的家族间的差异以及一个家族对另一个家族的统治与拥有则构成了最早的社会政治关系，这直接影响了中国早期文明形成的道路。

张涅的《春秋兵学对于先秦哲学思想的贡献》认为，以《孙子兵法》为代表的春秋兵学对于先秦哲学思想的形成与发展有着巨大的贡献。它在军事实践中重视特殊性的对象、时空条件、目标意义和组织形式，揭示了对立统一和控制反控制的本质关系，奠定了汉民族的功利理性精神。其中有关军队组织建设的思想和实践直接开启了先秦法家的政治路线，有关作战谋略的认识又是先秦术家的思想渊源。《孙子兵法》对于战争性质、形式等的界定和阐述，还是先秦思辨哲学的初阶。它的军事理性与墨家重视平等互利、和平共处的生活理性，《周易》重视发展变易的历史理性各有特点。它的功利精神与孔子继承传统而来的道德信仰构成了中国文化的两大源头。

本期还发表了一组"西方知识论"笔谈，参加笔谈的包括俞吾金《从传统知识论到生存实践论》、江怡《论作为一种形而上学的知识论》、陈嘉明《知识论研究的问题与实质》、傅永军《后现代知识观与社会批判方法的知识学意义》等。

4月23日，《文史哲》编辑部在上海市委党校举行"《文史哲》南方作者座谈会"。

来自上海、浙江、福建、江苏等地的50余位专家学者出席了会议。大家出于对《文史哲》的热爱，畅所欲言，就刊物的发展等问题提出自己的真知灼见，并提供了一些高质量的学术论文。

5月24日，曹道衡在《文史哲》第3期发表《黄淮流域和中古学术文化》。

文章考察了黄淮流域对中华学术文化的贡献，指出，在中古学术文化史上，大多数重要人物的籍贯在黄淮流域一带。三国到东晋南朝时期重要的学术、政治人物多出于这个地区。东晋一代，南迁的黄淮流域的士家大族把持着政坛和学术文化界。南朝以后，这一区域人士在政坛、文化艺术界的影响逐渐下降。黄淮流域在中古学术文化史上的兴盛，有其传统和经济上的原因。春秋战国以来，这一区域的文化就处于领先地位，即使两汉的政治文化中心在长安，但活跃于政界、文化界的重要人物，仍多出于这一地区。当时黄淮一带经济繁荣，人才辈出，门阀制度也维护着黄淮流域高门的文化地位。

从本期开始，分两期连载了"重新解读梁启超"的笔谈，以期立足于新世纪背景，站在学术前沿，从不同角度对梁启超进行重新解读，进而在新的语境下研究近代中国的百年嬗变。参加笔谈的包括李喜所的《现代化视野下的梁启超研究》、耿云志的《梁启超的世界主义和个性主义》、班玮的《梁启超与福泽谕吉》、黄嫣梨的《梁启超与近代妇女解放》、侯杰等人的《近百年来不同语境下的梁启超研究》、郭世佑的《梁启超："激进—保守"模式的盲区》、李里峰的《新史学语境中的梁启超研究：再现、阐释与表述》、肖承罡的《从地域文化层面解读梁启超学术的平民色彩》、黄克武的《略论梁启超研究的新动向》等。

7月24日,《文史哲》第4期新设特色栏目"人文前沿"。

开设此栏的目的,是在古老的人文学术领域注入富有时代气息的学术新风。其特色在于,以跨学科的研究方法和视野,对人文性重大前沿学术问题,展开专题讨论,并配发"评论人语",对专题讨论作出点评,得到学术界普遍关注。首期推出的是"基因与文化",编发了孔宪铎的《基因与人性——生命科学与社会学理论的分析》以及赵敦华的《文化与基因有无联系?——现代达尔文主义进军社会领域的思想轨迹》。二者都力图打通人文学科和生物学科之间的隔阂。

本期还发表了安作璋、唐志勇的《傅斯年与齐鲁文化研究》。文章说,傅斯年是齐鲁文化研究的开拓者、奠基人。他对这个课题的研究,提出了几乎涵盖齐鲁文化各个方面的问题,其中主要是关于齐鲁文化渊源的研究、对齐鲁学派的评析、齐鲁文献的考证以及齐鲁文化历史地位的评估等。他不仅在这些方面取得了一系列开创性的研究成果,而且提出了比较科学的思路和方法,这些都给后来的齐鲁文化研究者以重要的启迪和借鉴。

方立天发表了《中国佛教慈悲理念的特质及其现代意义》。方文指出,慈悲理念的哲学基础是"缘起论",慈悲思想的含义简言之为'与乐拔苦',其善行要点为布施、不杀生,其神格形象为阿弥陀佛、观音菩萨、地藏菩萨,其内在的本质为解脱众生、成就佛果。慈悲理念的现代意义是，有助于国民素质的提升，有助于维护世界和平和人类安全，有助于生态平衡与经济可持续发展。"《文史哲》名篇奖"评委认为，此文"好在它冲破传统的'左'的藩篱，对作为佛教核心理念的慈悲范畴实事求是地作了全面、深入、准确的论述，不仅在这个领域的研究方面有重大理论意义，同时对当代社会的发展也具有重大的现实意义"。

9月24日，周宪在《文史哲》第5期发表《图像技术与美学观念》。

作者认为，技术进步对文化的影响相当深刻。从手工模仿，到照相复制，再到数字图像技术，图像技术的进步导致了三种不同的视觉文化形态，相应地构成了模仿文化、复制文化和虚拟文化。技术的发展导致图像符号与现实关系经历了深刻变化，进而导致了美学观念的演变。模仿论是一种理性主义的美学观，它肯定实在世界的中心地位和艺术家的艺术表现以及艺术符号可以真实地再现实在世界。机械复制削平了传统美学观中的一切等级和依赖关系，将模仿物与被模仿物置于同一的无差别地位，所以现代主义以一种全然有别于传统现实主义的形态出现。虚拟技术消解了虚拟与真实的界限，虚拟文化将艺术家的写实能力彻底去魅了，极大地提升了想象力，使之超越了传统模仿原则的局限。

阎纯德的《从"传统"到"现代"：汉学形态的历史演进》认为，汉学是以中国文化为原料，经过异质文化的智慧加工而形成的一种文化，它既是外国化了的中国文化，又是中国化了的外国文化。在汉学发展史上，传统汉学（Sinology）和现代汉学（Chinesestudies）是两种汉学形态：传统汉学从18世纪起以法国为中心，崇尚于中国古代文献和文化经典研究，侧重于哲学、宗教、历史、文学、语言等人文学科的探讨；而现代汉学则兴显于美国，以现实为中心，以实用为原则，侧重于社会科学研究，包括政治、社会、经济、科学技术、军事、教育等一切领域，重视正在演进、发展着的信息资源。以上这两种汉学形态既在演进中不断丰富发展着自己，又在日趋融合中创造着能够融通两种模式的汉学形态，这就是21世纪汉学发展的前景。

11月24日，王晴佳、格奥尔格·G.伊格尔斯在《文史哲》第6期发表《历史的重构与史学的转折——一个跨文化的考察》。

文章指出，所谓史学中的转折点，指的是那些在某一历史时期、某一文化内产生了深远影响的历史观念和历史意识的根本性变化，这些转折点事实上也无不在史学史上发挥了跨文化的作用，历史文本也因而得以重构。1970年代末以来，我们已经目睹了诸多书写史学史时取用全球视角和比较方法的可贵尝试，历史学的范畴据之大为拓展，非西方史学也受到了越来越广泛的重视。而当今后现代主义对以科学史学和国家历史为典范的现代职业历史学的巨大挑战，极有可能为又一次重大的史学转折点铺下基石。

余敦康在《先秦诸子哲学对宗教传统的继承与转化》中指出，雅斯贝斯的轴心期理论着重指出了人类精神的觉醒是在希腊、印度和中国这三个地区同时发生的。由于这种觉醒，三个地区的文化以精神自由的原则取代了古代文明的实体性原则，形成了哲学的突破。

肖金明的《政治文明论纲——基调、体系与方法》认为，政治文明研究应当强调政治学方法与宪法学方法结合的重要性，尤其需要体现政治学视野和宪法学逻辑的有机结合。在政治学视野和宪法学逻辑相结合的层面上，可以建构政治文明建设的基本框架：民主政治——党的领导与稳健的政党制度——有序的政治参与和发展着的公民政治权利——有效的分权体制及其保障着的国家权力与公民权利相互关系——宪法与宪政。在民主宪政即宪法政治的框架内，实现党的领导、人民当家做主和依法治国的有机结合和辩证统一，是建设社会主义政治文明的必经之路。

2005 年

2月，山东省人大常委会副主任朱正昌再任山东大学党委书记。

本年，《文史哲》获得第三届"国家期刊奖"提名奖。

据中南财经大学图书馆期刊信息检索中心消息，《文史哲》2005年度被转载文章122篇次，在全国综合性社会科学类期刊中，被三大文摘期刊转载篇次均居首位。

沈长云的《说"夏族"——兼及夏文化研究中一些亟待解决的认识问题》获本年度《文史哲》名篇奖。

1月24日，德国波恩大学汉学系教授沃尔夫冈·顾彬在《文史哲》第1期发表《误读的正面意义》，对"东方主义"进行回应。

该文诘问道，有些中国人和中国学者，有一种坚定的信念，以为欧洲人和汉学家不可能理解中国，他们免不了用东方的思想方式歪曲和误解中国。可是，中国学者难道不曾误读欧洲吗？中国有理由要求欧洲人按照中国方式来解释中国吗？欧洲学者出于政治正确性的考虑，屈从于中国建议的解释中国的中国方式，果真有助于文化之间的互相理解吗？误读全然是消极的吗？

本期还刊发了一组"中国古代哲学的地域性研究"笔谈。"编者按"说：中国是一个疆域辽阔、民族众多的统一大国。先秦时期诸子学说的出现，标志着中国古代哲学的诞生与兴起。众多学科的研究成果表明，从春秋到战国，中国大体形成了若干个具有各自特征的文化区域，先秦诸子的形成与这些地域性的文化传统有着紧密的联系。这种地域性传统贯穿在其后中国古代哲学发展的全部历程之中，两汉至隋唐如此，宋元明清表现更为突出，就是中国近代哲学也还是摆脱不了地域传统的影响。因此，研究中国古代哲学的地域性传统是一个十分有意义的课题。参加笔谈的有陈卫平的《略论中国古代哲学的地域性传统》、方克立的《"湘学精神"与"湖南人精神"》、牟钟鉴的《齐鲁文化之特色与贡献》、李维武的《湖北地区的心学传统及其意义》、蔡方鹿的《巴蜀哲学之特色》、李振纲的《燕赵文化的历史传承和精神特质》等。

另外，本期还组织了"唐宋时期社会经济变迁"笔谈，就唐宋时期的土地制度、商品经济、经济制度、制度变迁等问题展开讨论，以期推动对唐宋时期社会变迁的研究。参加笔谈的包括杨际平的《唐宋土地制度的承继与变化》、林文勋的《商品经济：唐宋社会变革的根本力量》、黄纯艳的《经济制度变迁与唐宋变革》、谢元鲁的《唐宋制度变迁：平等与效率的历史转换》等。

3月24日，《文史哲》第2期推出专文对居于学术前沿的"身体史"研究进行探讨。

一篇是侯杰、姜海龙的《身体史研究刍议》。文章认为，就目前中国史学界而言，"身体史"研究尚处于起步阶段，而拓展和深化该项研究似应从以下五个层面展开，分别是：身体器官史的研究、器官功能史的研究、生命关怀史的研究、身体视角史的研究、综合身体史的研究。另一篇是赵之昂的《肤觉比喻与审美意识》，该文从"身体"的一种感觉——肤觉出发，认为在文学审美意识中，人的"肤觉"、"肤觉经验"以及在此基础之上形成的肤觉比喻具有空间的、情感的、无意识的诗性特征；肤觉在某些方面已成为当今社会意识发展的主潮之一，而关注这一古老而又年轻的感觉，无论是从人类学的角度还是现实社会发展的角度都有一定的意义。《文史哲》刊载两文，希望能搭建一个讨论平台，推动"身体史"及相关学术问题的研究。

5月24日，《文史哲》第3期刊登由张立文、俞吾金、郭齐勇参加的"重写中国哲学"三人谈。

"编者按"说：近百年来，中国哲学的研究，存在着一种依傍、移植、临摹西方哲学或西方哲学的某家、某派理论的倾向。有学者认为，这是对中国哲学的史料"梳妆打扮"、"削足适履"去填充西方哲学的表格或框架。这样做的结果，使中国哲学的主体性丧失了，中国哲学成为西方哲学在中国的发展史。因此，提出"重写中国哲学"的问题，希望能够建构一种真正纯粹的、用本民族话语来叙说的"中国哲学"。在笔谈中，张立文提出了"超越中国哲学的合法性问题"的主张，俞吾金认为"没有新的哲学观，便不可能有新的中国哲学史"。郭齐勇则指出"中华文明中的哲学智慧绝不亚于西方，需要我们在与西方哲学的比照、对话中，超越西方哲学的体系、框架、范畴的束缚，确立起我们这个族群的哲学智慧与哲学思维的自主性或主体性"。

沈长云在本期发表了《说"夏族"——兼及夏文化研究中一些亟待解决的认识问题》。该文运用"考古资料和文献资料互印"的方法，把什么是"夏族"这一从未见有人认真讨论过，然而却是十分重要的问题进行了概念性清理。作者认为，作为夏文化创造者的"夏族"，是构成夏代国家主体的夏的"内服"氏族成员的统称，它包括与夏后氏同姓的诸姒姓氏族及其姻亲氏族。它们一开始都围绕在夏王所由产生的夏后氏周围，分布在古河济之间及其附近。今河南偃师二里头遗址的第三期文化层具有都邑性质，只是表明夏王朝在其发展后期一度将势力伸展至河洛地区并在此建立一个新的政治中心。目前考古学界一些学者在二里头文化与夏文化之间画上等号的做法，是让人难以理解的，因为一个已经进入文明的王朝的居民绝不会由一个单纯的族系组成。本年度"《文史哲》名篇奖"评审意见认为，该文"以严密的逻辑论证，对论题作了比较圆满的解决，是学术论文完整解决一个学术问题的很好的典范。而且，该文'强调夏文化探寻的重点不应放在豫西或晋南地区，而应放到以濮阳为中心的古河济地区'的观点，对主流学术有强劲的冲击力，为夏文化研究的深入发展提供了新的思路"。

这一期的杂志上，还集中刊发了几篇有关傅斯年的文章，包括潘光哲的《傅斯年与吴晗》、王戎笙的《傅斯年与郭沫若》、翁有为的《求真乎？经世乎？——傅斯年与钱穆学术思想之比较》、欧阳哲生的《傅斯年学术思想与史语所初期研究工作》等。

7月24日，美国著名历史学家格奥尔格·G.伊格尔斯在《文史哲》第4期发表《近十五年西方历史学的新发展》。

该文一如既往将史学史置入社会史的框架之内来思考。在作者看来，有两大外在因素影响了近15年历史学的走向。一是"冷战的结束所造成的世界场景的重大变化"，使得宗教、种族、文化和传统诸因素被激活，近15年来的历史研究从而越来越朝着"更加强调文化因素"的方向倾斜。二是"全球化"浪潮所导致的"多样的现代性"趋势的存在，使得"全球性层面"上的历史研究初露端倪。在作者看来，一种以"全球化"为背景、以"全球史"为归宿的大规模综合研究的趋势业已出现。

刘大钧的《帛〈易〉源流蠡测》也是本期重点介绍的文章。该文认为，今本《周易》为王弼所传东汉费直古文易本，考之竹简本，今本与竹本大体相似，证明了今本确为古文《易》本无疑。而帛本《周易》应为汉初田何所传今文《易》本。理由有二：一、从时间上说，帛本经传的抄写时间应在文帝或文帝之前，基本可界定在高祖至吕后执政的20余年间，这符合汉初传《易》"本于田何一家"的史书记载；二、从学术归属上看，帛《易》以"乖"代"睽"、以"礼"代"履"作卦名，显然受到《序卦》"睽者，乖也"、"履者，礼也"的影响，此与汉初田何一系"训诂举大谊"的学风也很相似。田何所传今文《易》本，包括"今义"和"古义"两方面，"今义"指以"德行""仁义"谈《易》的内容，"古义"

指以占筮及阴阳灾变谈《易》的内容。帛书经文卦序与京房《易》八宫卦序的密切关系，及帛本《易传》中大量孔子论阴阳五行、占筮梦兆的语句，都反映了马王堆帛本《易》可能为史籍所载田何弟子周王孙所持"古义"的传抄本。

9月24日，《文史哲》第5期刊文探讨了全球公民社会与全球治理。

本期刊发了郁建兴、周俊的《全球公民社会：一个概念性考察》及陶文昭的《全球公民社会的作用及其变革》，对全球公民社会组织所从事的活动、发展历程以及它在促进治理、善治和全球民主治理中发挥着什么样的作用进行了论述。

为"纪念臧克家诞辰100周年"，本期发表了题为"传统、时代与诗歌创作"的笔谈，包括丁尔纲的《臧克家的文学史意义》、孙基林的《臧克家笔下的乡村意象》、蒋登科的《时代洪流中的艺术选择》、李掖平的《为时代和劳苦民众歌与哭》等文章。丁尔纲认为臧克家承前启后，是中国特色新诗的新起点的奠基者和开路人；孙基林则从诗人经验与记忆的创作论角度，采用比较文学研究的方法，论说了诗人臧克家的乡村情结和诗作的乡村意象；蒋登科的文章从创作动力的角度，指出了诗人两种鲜明的表现姿态，即批判与顺应；李掖平教授则揭示了20世纪30年代中国现实语境与臧克家诗歌的本质联系及其艺术的写实价值。

11月24日，栾丰实在《文史哲》第6期发表《海岱地区史前时期稻作农业的产生、发展和扩散》。

作者认为，地处黄淮下游的海岱地区，新石器时代偏早时期是以种植粟类作物为主的旱作农业区。随着与南方地区文化交流的增强，至迟在北辛文化时期稻作已传入海岱地区，然后循着东、西两路由南向北不断地扩散和发展。到龙山文化时期，海岱地区的南部和东部沿海一带，已经形成了一定规模的稻作农业经济。以东部沿海地区为基点，稻作农业还渡海传播和扩散到了辽东半岛和朝鲜半岛地区，并进一步向日本列岛扩散和发展。

陈朝云的《夏商周中原文明对淮河流域古代社会文明化进程的影响》指出，中原夏文化对淮河流域上中游地区存在着直接、强烈的文化影响，又间接影响到豫西、鲁东、皖北。代夏的商文化的冲击使东夷、淮夷文化的格局与内容都发生了很大变化，东夷文化部分地与商文化融合，鲁南、苏北地区成为商文化的波及地区，淮夷文化成为商文化的地方类型。周文化不但影响了淮河流域古代文化的面貌，而且在很大程度上改变了淮河流域古代居民的结构和成分。从地理上看，夏商周中原文明的浸润由西而东递减，土著文化因素递增；从社会层次上看，对中原王朝礼制文明的接受程度则由社会上层而下层递减。淮河流域古代文明在发展过程中吸收和融合了夏商周古代文明的多种因素，从而为淮河流域古代文明的发展奠定了坚实的基础。

2006 年

3月，编辑部人事调整，王学典接任主编。

葛兆光的《道统、系谱与历史——关于中国思想史脉络的来源与确立》以及杨春梅的《去向堪忧的中国古典学——"走出疑古时代"述评》获本年度"名篇奖"。

1月24日，《文史哲》第1期刊登一组"民间信仰与中国社会研究"笔谈。

本期刊发了姜生的《民间信仰与大型宗教的递变关系及能量交换》、金泽的《民间信仰的聚散现象初探》、郑志明的《关于"民间信仰"、"民间宗教"与"新兴宗教"之我见》、孙江的《教派书写与反教派书写》等文章。该组笔谈反映了山东大学历史文化学院承担的教育部社科重大课题攻关项目"民间信仰与中国社会研究"的部分成果。

杨守森在本期发表《文学批评的四重境界》。文章认为，依据内容构成，文学批评大致可分为复述归纳、体悟阐释、分析评判、提升创造四种基本形态,依次相对应的是传播文学信息、丰富作品内容、探讨创作规律、开拓思想空间四重境界。复述归纳式,也许还算不上真正的文学批评;体悟阐释式,也因缺乏深入分析而批评意味不足;达至第三重境界的分析评判,才更具文学批评的本性;而最高境界则是思想空间的开拓与创造。正是依据四重境界,可进一步看出中国现当代文学批评的不足:大多批评文章,达到的尚是低层次的第一或第二重境界,与之相关,在近百年来的中国文学批评史上,我们还找不出一位像刘勰、巴赫金、赛义德那样具有独立思想创造的批评家,能够达到第三重境界的批评家也不多见。一位批评家,要达至第三重境界,必须具备广博的专业理论与深邃细腻的文学眼光;要达至第四重境界,需要的则是元理论的反思能力与超文学的批评视野。

本期还刊登了一组"现实社会主义认识四人谈",发表了奚广庆的《东方社会研究和现实社会主义》、包心鉴的《社会主义和谐社会:以人为本的价值取向》、秦宣的《平等与效率:社会主义的两大价值目标》、王建民的《社会主义研究的科学性有待加强——以按劳分配理论的研究为例》。

3月24日,《文史哲》第2期新设"疑古与释古"专栏,并以此为阵地对笼罩学界的"走出疑古"思潮和声势浩大的"夏商周断代工程"发动了大规模的学术讨论和学术批评。

"走出疑古时代"的口号最先由著名学者李学勤提出。早在1982年,李学勤就在《人文杂志》专刊"先秦史论文集"发表了

《重新估价中国古代文明》,提出"现在对中国古代文明的估价是不够的,应该把考古学的成果和文献的科学研究更好地结合起来,对中国古代文明作出实事求是的重新估价"。1992 年,李学勤在北京语言学院组织的座谈会上发表演讲,公开举起了"走出疑古时代"的大旗。李学勤认为,"从晚清以来的疑古思潮基本上是进步的,从思想来说是冲决网罗,有很大进步意义,是要肯定的","可是它也有副作用","它对古书搞了很多'冤假错案'","在现在的条件下,走出'疑古'的时代,不但是必要的,而且也是可能的了","我们要讲理论,也要讲方法。我们把文献研究和考古研究结合起来,这是'疑古'时代所不能做到的。充分运用这样的方法,将能开拓出古代历史、文化研究的新局面,对整个中国古代文明作出重新估价"。这篇演讲发表在《中国文化》1992 年第 7 期上,标题就是《走出"疑古时代"》。该文"编者按"强调说:此文"痛感疑古思潮在当今学术研究中产生的负面作用,于是以大量例证指出,考古发现可以证明相当多古籍记载不可轻易否定,我们应从疑古思潮笼罩的阴影下走出来,真正进入释古时代"。于是,"走出疑古时代"、"进入释古时代"的口号正式喊出。1995 年,李学勤出版论文集《走出疑古时代》,很快风行于学界。其后,伴随作者相关著述的广泛传播,"走出疑古时代"迅速成为一股强大的思想潮流席卷学术界和思想界,如排山倒海般波及历史、哲学、考古、古文字、古文献等众多领域,成为 20 世纪 90 年代以来最具号召力的学术主张。以"走出疑古"的思路撰写的学术著作和论文如雨后春笋。借新出简帛反思古书之机,由"疑古"向后倒转,跳回到"信古",盲目信从古书和古书中所载古史传说,试图借"古来如此"和"事实素地"等观念，肯定包括"三皇五帝"谱系在内的传统古史观，已经成为风潮。

在"走出疑古"的推动下，"夏商周断代工程"横空出世。1995年秋，国家科委（今科技部）主任宋健邀请在北京的部分学者召开了一个座谈会，会上宋健提出并与大家讨论建立夏商周断代工程这一设想。1995年底国务院召开会议，成立了夏商周断代工程领导小组，由国家科委、自然科学基金会、科学院、社科院、国家教委（今教育部）、国家文物局、中国科协共七个单位的负责人组成，并聘请历史学家李学勤、碳－14专家仇士华、考古学家李伯谦、天文学家席泽宗作为工程的首席科学家。1996年5月16日，国务院召开会议正式宣布夏商周断代工程启动。宋健在会上作了《超越疑古，走出迷茫》的讲话，讲话也特别突出对"疑古"一派的不满。工程的总目标是制定一份有科学依据的夏商周三代年表。具体目标是：1.西周共和元年（公元前841年）以前各王，提出比较准确的年代。2.商代后期武丁以下各王，提出比较准确的年代。3.商代前期，提出比较详细的年代框架。4.夏代，提出基本的年代框架。这一"宏伟"工程被列为"九五"国家重点科技攻关项目，也是我国有史以来规模最大的一次多学科交叉联合攻关的系统工程，参加者有200人之众。2000年9月15日，该工程通过国家验收。2000年11月9日正式公布了《夏商周年表》。该年表把中国的历史纪年向前延伸了1200多年，推定以周武王讨伐商纣王为标识的商周分界为公元前1046年，并明确了公元前841年以前西周十王的具体在位年代；推定夏商分界年代为公元前1600年，并明确了商武王以下十二王的在位年代，对于商代前期的历史给出基本的年代框架；

推定夏代始年为公元前2070年，也相应提出了夏代基本的年代框架。《夏商周断代工程1996—2000年阶段成果报告（简本）》也在2000年由世界图书出版公司出版。

实际上，无论是"走出疑古时代"还是"夏商周断代工程"，都把矛头指向了对中国历史学产生革命性影响、由顾颉刚发动的"古史辨"疑古运动。无法从方法、理论还是成果上，曾经在中国史学"化经为史"转型中开榛辟莽、前驱先路的"古史辨"都受到了"走出疑古"派全盘否定甚至是公开地奚落。而顾颉刚又是中国现代史学的标志性人物，对他的否定即意味着对一个具有巨大解释力的学术范型的否定。因此，如何评价"古史辨"派，如何论定顾颉刚"疑古"学派的学术价值，不仅关系到如何重新评价中国文明，更关系到中国古史研究的未来去向。置身于21世纪的中国古史学来到了需要抉择的岔路口上。

"夏商周断代工程"初步成果公布后，受到海内外学术界的尖锐批评与强烈质疑。海外学者在正式学术会议上对"夏商周断代工程"的方法和结论进行了猛烈抨击，斯坦福大学的David Nivison教授甚至在《纽约时报》上预言"国际学术界将把工程报告撕成碎片"。与国外相比，国内对"夏商周断代工程"的批评多是零星的，且多在网络媒体进行，和声势浩大的"走出疑古"相比，声音相当微弱。特别是对风行十数年的"走出疑古"及其所竭力否定的"疑古"的内涵和来龙去脉，一直没有很系统的学术分析和解剖。正如媒体所言："面对'疑古'和'走出疑古'这样一个世纪性纠结纷争，在今天特别需要一种冷静和理智，抛开成见，摒弃中国现代学术史上屡见不鲜的那种'论战'模式，秉承学术自由的精神，以宽容的胸襟和对学术高度的责任感，实事求是，以学论学，使中国学术界摆脱每每以激烈'论战'始，以不了了之终的恶性循环，从此能够健康发展。在此方面，学术期刊肩负着特别重要的使命。"

这就是《文史哲》开设"疑古与释古"专栏，探究"疑古"和"走出疑古"这一重大学术冲突的背景。

该栏目发表的首篇重头文章是杨春梅的《去向堪忧的中国古典学——"走出疑古时代"述评》。该文长达4万余言，对"走出疑古时代"口号的内涵和来龙去脉、所发生的影响及其利弊得失等问题予以全面系统的分析总结，并将"走出疑古"置于现代学术的框架中进行评价，指出了"走出疑古"论的种种偏谬和矛盾。文章认为，自1992年李学勤提出"走出疑古时代"，"走出疑古"已经成为一种思潮，对学术界和整个社会产生了广泛而深刻的影响，围绕古书、古史的考释及方法、规范等问题，"疑古"与"走出疑古"已是狭路相逢，短兵相接。这已经不只是两者之间的纠纷，更是关系到中国学术未来走向的重大问题。文章揭示了一个古史研究的关键所在，即"科学无穷证据有穷"问题，认为中国史学需要什么样的理论和方法，已经到了不能再回避的时候了。科学必须讲求"证据"，但当证据之求和"证据"的解释陷入僵局时，概念和逻辑的合理性问题、学术的原则和规范问题便自然显现出其至关重要的意义，而这恰恰是学界一向忽略的属于理论范畴的问题。中国学术界必须改变鄙薄理论的风习，必须有一些人肯在科学的基础上，进一步深入到非"证据"所能穷尽的理论领域，让这里开满真正的理论之花。在"名篇奖"评选中，评审专家认为该文"气势宏大，视界开阔，论证深入，是近年学术史研究领域一篇很有影响的力作"，

"尤其是文章提出了一个令学界思考的大问题,就是应当如何认识未来中国学术发展的方向,发人深思"。本期"特约评论人"也称"这是一篇凝结着对古典学命运忧思的呕心沥血之作"。

其后,《文史哲》又连续发表重头文章,将"疑古"和"信古"的辩论推向高潮。

《文史哲》杂志对"走出疑古时代"、"夏商周断代工程"发动公开的大规模的学术质疑引起了文化界、学术界的普遍关注。2006年8月30日,在知识界享有盛誉的《中华读书报》刊登记者祝晓风的文章《"走出疑古时代"遭遇大规模学术质疑》,对《文史哲》发动的这一重大学术事件进行了详细的报道和高度的评价。文章说:"久负盛名的老牌学术期刊《文史哲》,于2006年第2期创设'疑古与释古'专栏,已连续三期对近年来在史学界极具影响力的'走出疑古时代'提出学术讨论,对'走出疑古时代'口号的内涵和来龙去脉、所发生的影响及其利弊得失等问题予以全面系统的分析总结,并将'走出疑古'置于现代学术的框架中进行评价。这些文章被包括《新华文摘》、《中国社会科学文摘》在内的各大学术期刊转载,受到学界广泛关注。主流学术期刊针对某一学术话题,展开如此大规模的、系统的学术讨论与学术批评,近年来在学术界实在罕见。而针对近年来在学术界影响巨大的'走出疑古时代'提出如此篇幅的、系统的正面批评,可以说是首次。"

同一天的《中华读书报》还登载了《一桩聚讼八十余年的学术公案再起波澜——〈文史哲〉杂志连续载文探讨"走出疑古"问题》,对《文史哲》杂志发动这一大规模学术批评的学术背景进行了更为详细的报道。

上海学者曾军将"'走出疑古时代'遭受质疑"列为2006年人文学术界六个重大事件之一，与"马克思主义的当代价值"、"王富仁的'新国学'"、"《文学概论》教材与文学理论的基本问题"等学术话题和文化事件并列，共同组成2006年的文化镜像和学术奇观。(《文化镜像与学术奇观——2006年度人文学术热点透视》，《社会科学》2007年第1期）该文在介绍了《文史哲》组织的这场引人注目的学术批评之后指出："这场'疑古'与'释古'之争虽然只涉及上古史研究，但是其意义却明显地超出了这一狭窄的学科领域。从大的文化学术背景上来看，李学勤提出的'走出疑古时代'以及相应的'重新估价中国古代文明'、'对古书的第二次反思'和'重写文学史'命题其实正是上个世纪80年代人文学术发展的文化镜像。正因为如此，对'走出疑古时代'的质疑'最足以让学界警醒的，是作者提出了"科学无穷证据有穷"的问题。''我们和国际学坛的差距，不在材料搜集的寡少，而在于理论资源的稀缺与匮乏，输出"材料"进口"理论"的局面也早该相应结束了'。"

由《文史哲》引起的这场关系重大的讨论迅速向学术界扩散，一些著名学者纷纷站出来对这一场坦率且不苟且的讨论给予热烈的回应，从而将"疑古"与"走出疑古"的争论推向新高潮。2006年底，著名国学大师饶宗颐在接受《羊城晚报》记者采访时，面对记者"上个世纪90年代前后，中国夏商周断代工程首席科学家李学勤，他写了一篇《走出疑古时代》的文章，对'疑古'观提出质疑，在内地学界引起一场论战。您对这事怎么看？"这一提问时，饶先生答道："这件事情我知道，近代中国100年的学术史都在我的脑袋里。我跟学勤是老朋友，他的《走出疑古时代》我也看了,他批评'疑古',我觉得比较激烈了一点。因为怀疑精神基本上是做学问的一个条件,学术上没有什么事情是不能怀疑的。我最欣赏季羡林讲我的学问时,有一句话:'他最能发现问题,最能提出问题。'我觉得他这句话最中我的心意。'走出疑古时代'?'疑古'是没有时代的,疑古可以延长到很久,因为古代很多东西我们弄不清楚,人家讲得不对我们就要怀疑,文献记载不清楚,矛盾太多了。我个人认为,我今天还在疑古,因为很多古代的问题不是一下可以解决的,今天出了很多新东西,但也出了很多新问题,有些问题远远没有解决。现在到处都是这样,不是中国才这样。当然没有旧材料就没有办法解释新材料,可是旧材料有太多矛盾,如何把它理清楚?永远也理不清楚。我的立场是这样子。"(《饶宗颐:大隐于市一鸿儒》,载《羊城晚报》2006年12月11日)稍后,著名学者李零在接受《南方周末》记者采访时也表示:"汉学家和宋学家都尊孔,唯一打破这个僵局的就是'五四'。'五四'的一个重要遗产就是疑古运动。尽管顾颉刚先生那么推崇崔东壁,但是他指出,崔东壁不敢疑孔,他敢。"(《他是一条丧家狗——李零读孔子》,载《南方周末》2007年5月16日)自"走出疑古"讨论发生后一直对此保持缄默、因而被认为是"中间派"的李零,也为形势所"逼"表明了立场。著名考古学家林沄先生也著文参战,他在《史学集刊》2007年第3期发表《真该走出疑古时代吗?——对当前中国古典学取向的看法》,对"走出疑古时代"的口号提出了严厉批评,并断言:"从古史辨派开创了疑古时代之后,中国的古典学,实际上就逐步进入了疑古和释古并重的古史重建时期。这种重建是以对史料的严格审查为基础,把古文献和考古资料融会贯通而进行的。因此无须另立一个释古时代，或另称考古时代。由于这个古史重建时期永远要保持对文献史料严格审查的精神，所以提'走出疑古时代'是完全没有必要的，甚至可以说是一种代表信古回潮的错误导向。我们根本无须走出疑古时代，而应该在信古时代寿终正寝后，还要继续坚持疑古、释古并重的方针，来重建真实的中国古史。""只有在更多的有识之士的普遍关心下，才能使我们重建古史的事业不走上歪路。这才对得起祖宗，也对得起后代。"

《文史哲》发起的这场新世纪以来学术领域少有的讨论的意义绝不在于门派之争，更不在于学术水平高低的较量，它实际上反映的是学术共同体内部要求转换已经陷入困境、走向迷茫的上古史研究未来方向的要求和努力。兹事体大，从这一意义上说，《文史哲》发动这样一场事关古史重建、事关重构中华文明路径的大是大非问题的学术大讨论，必将在学术史上产生久远而广泛的影响。这一点已经得到了学界的承认。正如《文汇读书周报》2007年7月27日一篇文章所言："中国古典学向何处去？或许永远不会有一个统一的标准答案。通过商榷讨论，在一些大是大非的原则问题上取得共识，应该还是可以期待的目标。而已有的讨论表明，中国学术界正在对古典学发展过程中出现的一些方向性失误进行反思纠正，古典学正在各方面的努力中向着健康正确的方向调整。"（《走出疑古时代："中国古典学"面临重新定向吗——"走出疑古时代"大讨论进入一个新阶段》）

本期其他方面的文章也值得注意。周来祥的《和·中和·中——再论中国传统文化的和谐精神及其审美特征》认为，"和"、"中和"、"中"等词语、概念的历史发展清楚地表明，和谐观念、中和精神是我国传统文化的核心范畴和主导精神，我国古代哲学是主客体结合的关系本体论，我国古代文化是本体论与方法论、知识论与价值论、认识与践行、自然与人文素朴统一的文化，是追求人与社会、人与自然、人与自身和谐统一的文化。从中和、和谐这一本质的规定看，中国的哲学是一种美的哲学，中国传统文化是一种审美文化。

陈来的《走向真正的世界文化——全球化时代的多元普遍性》提出，从中国古代哲学的"理—势"观念出发，对全球化应采取"理势兼顾"的态度，在参与中发挥东方的力量，促使其向更合理的方向发展。在文化关系方面，必须一改西方中心的文化理论，发扬中国的"和而不同"思想，确立"多元普遍性"的观念，以作为处理文化关系与文明对话的基本原则。

5月24日，张富祥在《文史哲》第3期发表《"走出疑古"的困惑——从"夏商周"断代工程的失误谈起》，对"夏商周断代工程"的"研究理路"和"泛科学论证"的弊端进行检讨和反思。

该文认为，当下古史年代学研究可行的路径，仍应是在古文献"文本"的基础上多方联络和考证，力求将已有的年代系统调整到能够为大多数学者所接受的水平上。夏商周断代工程不由此途，而将主要精力放到非文字史料的调查和取证上，所得结果大都不可据。工程所提倡的多学科方法带有泛科学化的倾向，由此导致年代学论证上的一系列失误。这些失误表明，作为工程的指导理念，"走出疑古时代"的主张以及"超越疑古，走出迷茫"的提法，在理论上和实践上都是不妥当的。

在国学方面，刊登了葛兆光的《道统、系谱与历史——关于中国思想史脉络的来源与确立》，文章认为，古代中国思想史的叙事脉络，大体来自三个不同的"系谱"，它们仿佛考古中的三个"堆积层"，分别是：（一）古代中国的"道统"，（二）近代日本"支那哲学史"与现代西方"哲学史"框架下的中国思想清理，（三）20世纪30年代以后逐渐形成的马克思主义哲学史和思想史叙事。这三重叙事方式，在一种很有意思的结合下，确立了直至如今的中国思想史基本脉络，并且越俎代庖地充当了思想世界的"历史"。在这一思想史叙事逐渐脉络化背后，有一种发掘精神资源和思想传统，为当代重新树立"统绪"的意图。但是，这样的叙事脉络忽略了古代思想世界具体的历史环境、政治刺激和社会生活，也使得中国思想史常常出现后设的有意凸现或者无意删削，并且由于脉络化而线索变得很单一。因此，新思想史研究，应当回到历史场景，而在思想史与知识史、社会史和政治史之间，也不必人为地画地为牢。"《文史哲》名篇奖"评审专家给予该文以很高的评价，认为"作者以清醒的反省意识批评了百年来中国思想史与哲学史的简单化的趋向，其研究方法、问题意识都有突出的特点，确能发人之所未发"。

7月24日，《文史哲》第4期"疑古与释古"栏目刊登西山尚志对日本著名汉学家池田知久的访谈《出土资料研究同样需要"古史辨"派的科学精神——池田知久访谈录》。

访谈中，池田教授结合中国及日本古典学研究的历史和现状，就古史辨派的学术理路与学术成就、出土文献的价值认定与研究方法等给予了比较系统的评定和论说。池田知久特别强调三点："第一，出土资料不可能成为否定疑古思想的理由，考古发现只会修正若干古史辨派的结论，而不能从根本上动摇其科学基础。第二，从根本上讲，'疑古'并不只是某一时代的产物，也不只是一时的思潮，而是一种贯通古今、不分国别的科学精神。出土资料研究也完全需要疑古派学者的研究方法和科学精神。第三，我们现在所作的出土资料研究其实也是疑古派所做工作的一部分，是他们的工作在新时代的延伸。我们必须沿着古史辨所开辟的道路继续走下去。"这些观点有利于澄清人们对"疑古"的误解。

曾繁仁的《中国古代"天人合一"思想与当代生态文化建设》认为，作为中华传统文化之精髓的"天人合一"思想所包含的古典生态智慧具有极为重要的当代价值。从作为其源头的《周易》分析，它包含"太极化生"、"生生为易"、"天人合德"、"厚德载物"与"大乐同和"等极有价值的生态智慧内涵，成为当代生态文化建设的重要资源。

本期发表的冯天瑜《历史分期命名标准刍议》认为，在给历史段落命名时，应"制名以指实"、"循旧以造新"、"中外义通约"、"形与义切合"。秦以下两千年命名"封建社会"，名实错位，形义脱节，亦与外来义相左，而称之"宗法地主专制社会"较为名实相符。这一观点引起了学术界的极大争论，成为其后几年有关中国社会形态争论的焦点。

9月24日,李洪岩在《文史哲》第 5 期发表《中国古代史学文本的理论与实践》。

该文对中国古代史学文本中客观主义和文学化之间的张力进行了分析。作者指出,中国古代史学文本理论具有客观主义的特质,史学文本写作实践却表现出反客观主义的文学化情形,由此而形成理论与实践的二元对立,并延展到近代史学,构成考察整个中国史学脉络的一个线索。史学文本中的文学化现象表现在许多方面,具有必然性和认识论上的某些理据,时常造成历史认知的变形。反文学的史学文本思想则缺乏历史认识论的澄明,甚至成为悖论,但客观主义的史学文本书写规则并未因此而失效。将古今之文本理论与史学实践结合起来,参照后现代主义史学思潮予以观照,对史学观念颇多警示与警醒作用。后现代主义逼使客观主义深刻地反躬自省,然而,无论史学文本具有多么强烈的诗性结构,"历史真实"的概念却依然可以成立,史学文本所表现出的客观性、公正性和科学性,都无从抹煞。将后现代主义中"异化的力量""解构"掉,吸取其"合理内核",历史学将变得更加自信。

台湾学者黄俊杰的《21 世纪孟子学研究的新展望》从内在理路出发分析了孟子学研究的未来走向。作者认为,未来的孟子学研究必须"内""外"兼顾,得其全貌。三个可能的研究新方向是:孟子思想中的身心关系论与修养工夫论;东亚孟子学的发展及其思想的同调与异趣;全球化时代孟子思想的普世价值。

这一期还发表了李扬眉的《"疑古"学说"破坏"意义的再估量——"东周以上无史"论平议》。该文从学术史上厘清了广为流传的"东周以上无史"背后蕴藏的逻辑关系，认为"东周以上无史"实质上是一个历史知识论而非本体论范畴内的命题，持这一观点的人认为应予推翻的并不是东周以上实际发生的历史，只是传世文献，尤其是权威经典中有关上古史的叙述——由于现存有关东周、夏商甚至于更早时期的历史记载，天然地缺乏"直接的史料"，也就是无法"拿证据来"。既无法"拿证据来"，这些记载便自然失掉了成为真确的历史知识的基本条件。因此，"东周以上无史"实际上是一个被"证据"法则逼出来的结论。在当时普遍不信任传统典籍和历史记载的前提下，又因为实证主义史学家以探求"真实"为最终目的，严格恪守"有几分证据，说几分话"的戒律，始终无法对漫长的上古历史形成全面的把握，出土材料也同样不能从根本上解决这一问题。在作者看来，上古史重建工作必须冲破材料及证据的局限，建立在相关理论的基础之上。

10月21日至22日，《文史哲》编辑部与山东大学文史哲研究院、中华书局、《历史研究》编辑部联合举办的"上古史重建的新路向暨《古史辨》第一册出版80周年国际学术研讨会"在山东大学召开。

50多位来自海内外不同学科不同领域的有代表性的学者，如谢维扬、廖名春、陈淳、张富祥、吴锐等出席了本次会议，并就"走出疑古"影响下的中国古典学究竟是否"堪忧"，"堪忧"的是什么？"走出疑古"的"困惑"究竟何在？疑古、考古与释古的关系如何？等焦点问题展开了激烈的论辩。努力为分歧各方搭建起一个坚实的平台，以推动学术交流，促进学术发展，是这次会议的宗旨。

这次会议因议题的重大和辩论的坦率开放在学界引起广泛关注。2007年7月27日的《文汇读书周报》认为："这次会议最引人注目的特点，是'疑古'和'走出疑古'两派同台唱戏，展开了近几十年来的首次正面交锋。"（《"中国古典学"面临重新定向吗？》）2006年11月28日和12月12日，《光明日报》辟出大块篇幅分两期刊载了谢维扬、廖明春、张富祥、江林昌、陈淳在这次会议上的对话——《走出"疑古"还是将"疑古"进行到底》。2007年1月10日的《中华读书报》发表了杨春梅撰写的长篇会议侧记——《为"顾颉刚年"做个标点》。杨文也认为"这次会议最为引人注目的特点是'两派学人聚集在一起，同堂对话，交锋辩难'"，"将对纪念对象持不同评价的两派学者请到一起交流对话，这在当今中国学界实属罕见，值得大书而特书。不同学科及分歧双方学者间的交流对话不仅赋予这次会议很高的学术含量，而且收获颇为丰厚"，"大家尽管意见不同，甚至分歧很大，但是彼此都能直言不讳，坦诚相见，这也是贯穿整个会议的一个特点"。青年学者李锐在《学灯》（网刊）发表的《"上古史重建的新路向暨〈古史辨〉第一册出版八十周年国际学术研讨会"侧记》也认为"此次会议确实具有重大的意义"，"主办方筹办此次会议，有许多创举"。文章认为："此次会议第一次让有不同意见的学者们坐在了一起，围绕上古史重建的新路向，'疑古'学说论衡，文献研究与'疑古'学说，'古史辨'与20世纪中国史学等主题，彼此交流，认真地讨论有关问题，这是非常有益的。本次会议对于今后史学的发展，必将起到有力的推动作用。"

11月24日，陈斯鹏在《文史哲》第6期《楚帛书甲篇的神话构成、性质及其神话学意义》，试图打破中国汉民族没有创世神话的陈说。

该文指出，根据最新文字考释成果分析，楚帛书甲篇神话是一个脉络清晰的有机整体，它所描述的是整个宇宙的形成及其秩序的确立过程，概括起来主要包含三大阶段，即：天地开辟及宇宙秩序的初步确立—宇宙秩序的破坏及其重整和巩固—宇宙秩序的精密化，是一个包括了原创世和再创世的完整创世神话，其中创世神雹、女填，即伏羲、女娲。楚帛书神话作为现存先秦时代唯一完整的创世神话记录，具有重要的意义。它与近世民族调查所得的西南苗瑶或中原汉人所传伏羲女娲神话，在类型学上存在着明显的差异，后者很可能是受到以印度文化为中介的西亚洪水遗民神话影响的结果。

陈炎的《酒神与日神的文化新解》对酒神与日神精神深处隐藏的文化动机进行了解剖。文章认为，酒神与日神精神是从同一现实生活中分裂出来的两种彼此对立的宗教情绪。前者是肉体的沉醉，表现为一种纵欲的对感性生活、肉体存在的忘乎所以的肯定；后者是精神的沉醉，表现为一种禁欲的对精神世界、宇宙本原的不顾一切的追求。从社会历史的角度上看，前者体现了母系社会的流风余韵，代表了受到文明压抑的女性群体对男权社会等级秩序的一种反动；后者则体现了父系社会的秩序与法则，代表了占统治地位的男性群体对既有文明的捍卫与维护。从精神分析学的角度看，前者是遭受压抑的文明人尽情宣泄感性欲望、释放原始快感的理由和借口；后者则是这种被压抑的心理能量变相升华的手段和渠道。于是，通过这两种宗教崇拜仪式，在古希腊人的心理结构中，感性与理性、肉体与灵魂、经验与超验之间彻底分裂了。进而言之，这一分裂对西方社会的文化结构和社会结构都曾产生过至深至远的影响。

2007 年

本年度"《文史哲》名篇奖"空缺。

1月24日,《文史哲》第1期刊登文章纪念著名诗人臧克家诞辰102周年。

编辑部约请臧克家的家人撰写了两篇纪念文章,分别是臧克家之子臧乐源写的《臧克家与毛泽东》,以及臧克家儿媳乔植英撰写的《臧克家与作家王希坚、王愿坚》,两篇文章分别从臧克家与毛泽东、与作家们的交往等不同侧面披露了许多鲜为人知的文学史料,披露了臧克家与毛泽东交往的详细过程以及领袖诗词思想对老诗人创作心理的影响。

本期刊发了彭国良《一个流行了八十余年的伪命题——对张荫麟"默证"说的重新审视》,对张荫麟的"默证"说提出质疑。文章认为,自张荫麟提出"默证"适用之限度问题,用以批判顾颉刚对尧舜禹问题的考证,80多年来从未有人质疑。然而事实上,所谓"默证适用之限度"是有其特定的认识论背景的,是一个永远不能达到的限度。默证适用之限度问题是一个伪命题。顾颉刚论辩古史时对默证的应用，诚然是中国上古史"文献无征"情况下的无奈选择，但也因此获得了新的天地，开辟了史学新视野。相比之下，以不能自立之"默证适用之限度"为考史准绳，却难免自缚于逻辑陷阱之中。

该文发表后引起争议，宁镇疆在《学术月刊》2010年第7期发表《"层累"说之"默证"问题再讨论》，与彭文进行商榷。宁文认为彭文对张荫麟批评"默证"的理解是不准确的，其驳张荫麟之"默证"和"限度"，亦因多涉抽象玄思和枝蔓而流于"清议"，因此并不能推翻张荫麟对"默证"的批评。

3月24日，谢维扬在《文史哲》第2期发表《古书成书和流传情况研究的进展与古史史料学概念》。

文章认为，顾颉刚所编《古史辨》第一册出版，对于中国近代学术，包括近代意义上的中国古史研究的形成和发展具有积极的历史影响。从某种意义上来看，《古史辨》所从事和倡导的"疑古"工作的主要目标和内容，是试图为建立近代意义上的中国古史研究寻求合格的史料学基础。但主要由于客观历史条件的限制，"古史辨"学者们当年对古书成书和流传情况的复杂性尚不能有充分的了解，因而在对古书真伪、成书年代、作者，乃至其中某些特定内容的史料价值以及各宗古书资料之间关系等问题的研究中存在着简单化的缺陷。在近年来学者们对中国古史史料学基础问题的研究中，最值得重视的领域之一，是对于新出土文献的研究。在大量新出土文献资料研究的基础上，我们将有可能获得某些较之以往更合理的古史史料学概念，建立现代古史史料学概念的整个工作也才会有实质性的进展。

5月24日，何中华在《文史哲》第3期发表《近年来国内哲学研究状况检讨——一个有限的观察和评论》。

作者认为，目前国内哲学研究在总体上仍呈现为中国哲学、西方哲学、马克思主义哲学三足鼎立之势。它们各自争论的最主要问题，归纳起来，不外乎中国哲学的合法性辩护、西方哲学的本土化、马克思主义哲学的创造性诠释等问题。近年来取得的研究成果间或有某些原创性成分，个别的甚至堪同国际水准相媲美，但总的来说不宜估计过高。研究现状中最引人注目者乃是一系列悖谬现象：哲学的自觉与哲学的自我迷失、哲学的创造冲动与哲学的底气不足、哲学的通达与哲学的自闭、哲学的繁荣与哲学的贫乏等等。如何"哲学地""思"乃是全部问题的症结和关键。面向未来，我们面临的难题是如何使"说"哲学（外在的、对象化的、旁观式的）变成"做"哲学（内在的、体认式的）。它的恰当解决，乃是中国哲学研究逐步走向成熟的前提。

张士闪的《从参与民族国家建构到返归乡土语境》对20世纪的中国乡民艺术进行了考察。作者指出，从20世纪初到1970年代，在"民族国家"意识的导引下，乡民艺术经历了一个被抽象化、工具化与符号化的过程，其政治价值得到充分开发，其主体意识则长期处于被遮蔽状态。1980年代以降，众多学者试图在阐释中使乡民艺术返归乡土语境，多维度的解蔽努力使得这一研究领域重新焕发生机。

范学辉在这一期杂志上发表了《宋人本朝军政体制论争试探》。文章指出，以强干弱枝、将从中御和以文制武三大原则为主要内容的宋代军政体制，主旨在于防范武将，其对军队战斗力的负面影响是明显的，在宋与辽、夏、金等战争中更多有具体表现。作为历史当事者的宋人，也多有论争、批评和改革的倡议。但出于对武将的成见，防范武将的思路在朝野上下居于主导地位，始终是宋代政治生活的基本语境和主流话语之一，遂导致多数改革倡议或流于空谈，或收效寥寥，陷入"急则谋之，缓则忘之"的恶性循环。宋对外"积弱"的被动格局也始终未能改变。

7月24日，《文史哲》第4期发表特约记者曹峰对著名学者裘锡圭先生的采访《"古史辨"派、"二重证据法"及其相关问题》。

裘锡圭认为，"古史辨"派在对上古史认识的大方向上是正确的，在古书辨伪方面则有许多地方需要纠正；对于疑古思想和学说应持继承与批判相结合的态度。20世纪70年代以后虽然涌现了大批出土文献，但就出土文献研究而言，传世典籍以及历代学者对传世典籍的研究仍然是基础。目前中国古典学，包括出土文献研究领域存在的问题主要不在缺乏理论或方法，而在研究者往往缺乏科学的态度。必须大力提倡一切以学术为依归的、实事求是的研究态度，提倡学术道德、学术良心。

本期还发表了方立天的《佛教生态哲学与现代生态意识》，指出佛教是一个以超越人类本位的立场和追求精神解脱为价值取向的宗教文化体系，其中蕴含着丰富的生态哲学思想。佛教缘起论为人类与自然的互相依恃、互利耦合提供哲学基础，佛教宇宙图式论为生态共同体理念提供参照，佛教因果报应论符合生态循环的基本要求，佛教普遍平等观则直接论证了生态平衡原理，至于佛教环境伦理，实践表明是有利于生态建设的。阐扬和演绎佛教生态哲学思想，有助于提高人们的现代生态意识，推动中国生态现代化的进展。

9月24日，曹峰在《文史哲》第5期发表《出土文献可以改写思想史吗？》。

文章指出，由于20世纪70年代以来与中国古代思想史研究相关之出土资料大量问世，"出土文献将改写中国思想史"的说法一度频繁见诸报刊。作者认为，出土文献的确为改写中国思想史创造了条件，提供了可能性，但由于出土文献自身的局限性以及出土文献研究的复杂性，使其所能发挥的作用受到限制，不经过长期的、艰苦的文本整理和复原，不能轻易用出土文献来改写中国思想史。出土文献和传世文献的研究方法有相通之处，不应轻易否定传统的研究思路和方法。"二重证据法"是一个不言自明的前提，没有多少可以指导具体研究的方法论成分。对"二重证据法"的过度推崇，滋长了轻率、粗糙的学风，导致了研究方法的简单化。该文对一时间甚嚣尘上的"出土文献将改写中国思想史"的盲目乐观兜头泼了一盆冷水，豁朗暴露了这一学术主张无法摆脱的实践困境，因而受到普遍关注。

2006年4月17日，美国学者萧凤霞、包弼德、韩明士、宋怡明、丁荷生以及中国学者郑振满、刘平、孙卫国、梁洪生、王明珂、林玮嫔、顾坤惠（后三位是中国台湾地区的学者）等在哈佛燕京图书馆举行了一场历史学与人类学的跨学科对话。该对话围绕着当代中国历史学的发展、什么是历史人类学、历史人类学的由来、中国历史人类学状况以及中国台湾地区的人类学研究等主题展开，本期杂志刊登的《区域·结构·秩序——历史学与人类学的对话》就是这次对话的内容。

本期还发表了跃进的《新世纪中国文学研究的主要趋向》。文章认为，新世纪中国文学研究向何处发展，马克思主义文艺理论的中国化成为当前关注的核心问题。学科的疆界，本来是中国文学研究现代化的进程中逐渐划分出来的，这一进程的深化，实现了与国际学术界同步接轨的最初目标，同时也逐渐显现出一些值得反思的问题。对文学研究诸多问题的回归与超越，一方面是对过去专业划分过细的弊端有所反思，强调综合研究的重要，另一方面又有一种回归传统、回归文学经典、强化个案研究的倾向。而最终的目标，是尽早步入文学研究中国化的历史进程。

11月24日，吴锐在《文史哲》第6期发表《"禹是一条虫"再研究》，对"禹是一条虫"这一学术公案重新进行解读。

文章说，1923年，顾颉刚根据《说文》"禹，虫也"，猜测"禹或是九鼎上铸的一种动物"，引起轩然大波，有人将作为动物之名的"虫"偷换为蠕虫加以讽刺。其实虫为动物总名，顾先生的假说已触及了用图腾解释族系祖先。1937年，古史辨派健将之一童书业提出的"禹为句龙"是朝顾氏假说的正确发展，顾先生晚年也仍然坚持"禹为动物"。从金文字形来看，"禹"就是蛇的象形，确属"虫"。禹父"鲧"，又作"鲸"，实为"玄鱼"二字的合写，"玄鱼"等于"天鱼"，意谓神圣的鱼族。甲骨文中存在没有释读出的"天鱼"、"大鱼"合文，意思等于"玄鱼"。早在仰韶文化大量出现的"蒙面人"神秘主义纹饰，其中"蒙面人"和鱼的组合，寓意即"天鱼"。受崇拜的鱼、龙、龟，长期被先民视为一物。当前学术界寄希望于从豫西或晋南寻找最早的夏文化，而夏文化的渊源可能在西部渭水流域。

陈周旺在《从启蒙到革命：中国浪漫主义的嬗变》中指出，中国浪漫主义从一开始就介入了中国的思想启蒙，启蒙理性与浪漫主义无边无际的情感之间的张力，在中国现代思想中并不存在。中国浪漫主义唤醒了自我，但是这个自我是情感性的自我。这个情感性的自我将客观世界的一切都视为黑暗的，当作浪漫主义的素材，与世界保持着若即若离的关系；这种关系投射在政治上，浪漫主义放弃了对客观世界的政治判断，它在政治上的表现是同情与轻蔑，拒绝介入任何具体事务。浪漫主义在大革命年代发生了分化，其中一部分浪漫主义作家自觉融入革命潮流，将浪漫主义的情感性自我与革命激情相糅合，直至被后者取代。

2008 年

5月3日至4日,"《文史哲》杂志人文高端论坛"之一:"中国文论遗产的继承与重构"学术研讨会在山东大学召开。

11月,著名法学家徐显明调任山东大学校长。

李纪祥的《〈太史公书〉由"子"入"史"考》和刘笑敢的《道家式责任感与人际和谐》获本年度"《文史哲》名篇奖"。

1月24日,李伯重在《文史哲》第1期发表《回顾与展望:中国社会经济史学百年沧桑》。

文章指出,我国的经济史学的前身是传统的"食货之学",但是作为一个学科,却是在西方近代社会科学传入以后出现的。它迄今已经历了萌芽、形成、转型和发展阶段,并在此演变过程中形成了自己的学术传统,即1949年以前居于主流地位的历史主义史学传统、1949年以后确立的马克思主义史学传统以及1978年以后形成的多元化史学传统。这三个传统都是我国的经济史学的宝贵财富,也是其"中国特色"之所在。而中国经济史学未来的发展方向，应当是既珍视自己的传统，又积极投入国际化的进程，在此基础上，建立一种既有中国特色又融入国际学术主流的经济史学。

3月24日，《文史哲》第2期刊文纪念《共产党宣言》发表160周年。

高放的《"全世界无产者，联合起来！"74种中译文考证评析》指出，百余年来，"全世界无产者，联合起来！"这个伟大战略和口号，有过72种中译文。把不同译文的考证资料细加整理和比较评析，可以看出马克思主义在我国的传播过程和强大影响力，并能从中体悟到应该如何准确理解马克思主义，切实运用马克思主义。在当今新时代，把这一炼句改译为"所有国家劳动者，联合起来！"既忠实于原著，有利于准确、深入地理解马克思主义的精神实质，又有利于联合全世界所有国家的全体劳动者，最终实现人类的解放，更有利于促进全世界所有国家长期和平共处，共同维护世界和平、发展与合作，构建和谐社会与和谐世界，增进人类福祉。

何中华的《人的存在的现象学之历史叙事——马克思哲学语境中的〈共产党宣言〉》认为，只有把《共产党宣言》置于马克思的哲学语境中加以解读，才能深刻地领会其背后所隐含着的丰富内涵。在哲学层面上，《宣言》所揭示的归根结底不过是一部建立在实践这一原初基础上的人类学本体论悖论的展现史，是对人的存在的二重化的历史地"现象"的哲学把握。《宣言》的总体命意，可谓是马克思关于人的存在的现象学思想及其简明表征。它主要体现在"阶级对立"的两极化趋势、审视历史的双重尺度、人的存在与本质的分裂及统一同人的存在的历史展现的本然联系之中。

台湾佛光大学历史学系李纪祥所作《〈太史公书〉由"子"入"史"考》也发表在这一期杂志上。文章对《史记》一书"子"入"史"的演变过程进行了密实的考辨，认为《太史公书》本非"史书"，亦无今日《史记》之名。"史记"一词在先秦时期原指"史官之记"，后始成为《太史公书》之专称。而《太史公书》转为《史记》专名化之过程，实亦即《太史公书》在属性认知上逐渐史书化之过程。司马迁之《太史公书》亦由私人家言的"子书"而逐渐演变为所谓"史书"，并被称之为"史记"与《史记》。在本年度《文史哲》"名篇奖"评选中，评委一致认为，该文是一篇在史学领域特别是《史记》研究领域给人以推陈出新之感且有扎实功底的好文章。长期以来《史记》作为纪传体史书的开山之作，其史书性质不容置疑。这样的认识似乎自古已然，没有讨论的余地。但李文对行之已久的认知观念提出了质疑，认为《史记》的真实面貌原为子书而非史书，其由"子"入"史"经历了一个漫长而复杂的历史过程，并对之作了详细的、令人信服的考察和论证。论题具有原创性，其结论可以补充学界对《史记》性质认识上的缺失。

汤一介的《西方哲学冲击下的中国现代哲学》认为，百多年来，在西方哲学的冲击下，中国哲学逐渐由传统走向现代，从而建立了现代型的中国哲学。在21世纪，人类社会进入全球化时代，中国现代哲学应如何发展？这是中国哲学家和哲学工作者要认真考虑的问题。从历史和现实两个角度思考这个问题，中国现代哲学应该沿着这三个路向"接着讲"：接着中国传统哲学讲，接着在西方影响大的哲学流派讲，接着马克思主义哲学讲。

5月3日至4日,"《文史哲》杂志人文高端论坛"之一:"中国文论遗产的继承与重构"学术研讨会在山东大学召开。

曹顺庆、左东岭、陈伯海、高小康、王先霈、胡晓明、李建中、黄霖、韩经太、赵敏俐、李壮鹰、钱志熙、杨守森、崔茂新、戚良德、沈立岩、王小舒、张义宾、祁海文等来自全国各地和山东大学的20余位学者参加了会议。会议认为,中国文化的未来发展必须作出战略性、方向性调整,重建中国文论之路在于中国文论的中国化。与会学者就相关问题展开了激烈的论辩。"《文史哲》杂志人文高端论坛"由《文史哲》编辑部策划主办,以小规模、高层次、大动作为特点,以人文学术的焦点、前沿问题为中心,通过系列探讨,旨在引领学术风尚,推动学术发展,推进文史哲领域重大学术问题的解决。

5月24日,陈淳在《文史哲》第3期发表《安阳小屯考古研究的回顾与反思——纪念殷墟发掘八十周年》。

文章认为,安阳小屯殷墟发掘是中国现代考古学之肇始。这一领域研究的传统途径主要从甲骨、墓葬和城址入手,侧重于同文献学和编年学密切相关的年代学以及史实考证,并根据苏联的五阶段社会进化模式将殷商时期厘定为奴隶社会。新进展则从考古学材料和文字记载中进行全方位的信息提炼,内容涉及环境与经济、聚落形态、甲骨学、宗教信仰、手工业专门化、青铜器研究、国家特点、社会性质和理论阐释等方面。就中国上古史重建的现状来说,将考古发现比附文献记载或简单对号入座的做法，已经无法胜任重建上古史的任务，甚至最终会将这项研究引入一条聚讼纷纭、毫无结果的死胡同。在21世纪社会发展和学科发展的形势下，中国考古学和古史研究需要放眼世界，破除"天下国"的心态，了解和吸收国际学术研究的最新进展，努力重建21世纪水准的中国上古史。

陈峰在《趋新反入旧：傅斯年、史语所与西方史学潮流》中指出，20世纪前期的世界史学正处于传统史学向新史学过渡的前夜。以兰克为代表的传统史学危机四起，针锋相对的批评质疑之声遍布欧美各国，新史学的崛起已不可遏制。达到巅峰的欧洲汉学也非语文考据派一枝独秀，同样孕育着变革的因素。法国汉学内部分化出以葛兰言为首的社会学派，主张社会科学化的美国中国学也正处在上升时期。成立于1928年、由傅斯年领导的史语所，虽苦心孤诣孜孜以求接轨国际新潮，却误引兰克史学为同道，追步欧洲汉学，阴差阳错地融入西方传统史学之末流。西方实证主义史学的些许影响也未能使傅斯年摆脱兰克史学的支配。当时学术界努力趋新求变，但对新史学与兰克史学的学术时差缺乏明确意识。傅斯年及史语所受此制约，面对西方史学的新旧潮流取舍失当，以致走上一条与现代学术趋向逆行的不归路。

7月24日，《文史哲》第4期新设"中国社会形态问题"专栏，引起学术界普遍关注。

自2006年冯天瑜著《"封建"考论》出版后，沉寂有年的中国社会形态问题再次引起学术界的关注。《文史哲》杂志积极介入这一重大学术问题的讨论，特辟出专栏推动讨论的深入。

首期刊登了荣剑《论中国"封建主义"问题——对中国前现代社会性质和发展的重新认识与评价》。文章认为，对"封建主义"的重新论述，并不是仅仅对这个长期以来未被质疑的概念的使用范围进行重新界定，或对中国社会的历史分期及所谓的"中国封建社会长期延续"等问题进行重新论述，而是从这个问题出发，通过对中国历史进程中封建主义和中央集权专制主义的历史悖论及其原因的探讨，用马克思的历史观和历史价值观，重新对中国前现代社会的性质和发展作新的认识与评价。

杨泽波在本期发表了《再论儒学何以具有宗教作用》，认为儒学不是典型的宗教，却有着宗教作用，其原因在于儒学有两个重要的特点，其一是"上通天道，至为超越"，其二是"当下呈现，鞭策有力"。前者决定了儒学不是一般的伦理教条，后者决定了儒学不是一般的空头理论。儒学的这两个特点是通过仁性来实现的，从这个意义上来看，学界一般所说的儒家的道德代宗教其实是仁性代宗教。我们说儒学不是宗教却有宗教作用，并不是嫌其不够格，需要进一步将其上升为宗教，恰恰相反，儒学从学理上看要高于一般的宗教。

9月24日，《文史哲》第5期发表曹顺庆、王庆的《中国文学理论的话语重建》和陈伯海的《"原创性"自何而来——当代中国文论话语构建之我思》，对中国文论研究展开探讨。

前者对中国文论的"失语"状态进行了猛烈的批评，在作者看来,"古代文论现代转换"大讨论十年来取得了诸多成果,但这些努力还没有根本改变中国文论的"失语"状态,因此,需要重新检讨中国文论的发展方向。重建中国文论要调整方向,就要回到"失语"的根源——中国文论话语规则上来。中国古代文论固有的两个话语规则:一是以"道"为核心的意义生成和话语言说方式;二是儒家"依经立义"的意义建构方式和"解经"话语模式。"失语"是由于中西异质而不是古今异质造成的,只有掌握了中国古代文论话语规则,才能立足于中国文论的异质性,以我为主融化西方,重建中国文学理论。陈伯海的文章则认为,当代中国文论构建上原创性不足之弊,反映着社会转型过程中话语转型的滞后现象。克服这一弊病,不能单靠"学习西方"或"回归传统",而应致力于外来资源与本民族生活实践及思想文化传统的结合。具体说来,便是要立足当代,活用资源,让古今中外不同的话语系统走出各自的封界,面向当代中国人的生存状况与生命体验开放其自身,进而引发彼此之间的思想碰撞与话语对释,以实现双向超越和综合创新,这也是一条创建民族新文化的必由之路。

本期还发表了一组"汶川地震:人文思考与重建对策"笔谈,发表了何中华的《灾难引发的思考》,张强、张欢的《巨灾中的决策困境:非常态下公共政策供需矛盾分析》、胡鞍钢的《灾后重建的主要目标和基本思路》、甘险峰的《中国新闻改革在路上——汶川地震新闻报道探析》等文章。"编者按"说:2008年5月12日的四川汶川地震,是整个中华民族遭遇的一场特大灾难,也提供了一次重新理解自然、审视生命、反省人生的契机。

11 月 24 日，香港中文大学哲学系刘笑敢在《文史哲》第 6 期发表《道家式责任感与人际和谐》。

该文试图从"道家式责任感"这一概念出发来挖掘道家思想对人类社会和谐发展所蕴藏的价值资源，思考古代的老子思想对现代社会可能产生的积极意义和启示。作者认为，道家式责任感最重要的特点在于关切的对象性，在于对百姓万物"辅"而不"为"的基本方法，其背后体现了对一切生存个体的尊重和关切。文章系统论述了"道家式责任感"的根据与内容，以及"道家式责任感"的特点。在本年度"《文史哲》名篇奖"评选中，多数评委认为，该文在中心论点上有创新性，冲破了传统上从消极方面去理解老子无为思想的窠臼，以辩证思维的眼光，独辟蹊径，揭示了无为思想的独特的积极意义，无疑给国内的老子研究增添了新的观点。文章不仅体现出了作者的学术功力，更重要的是，对改变那种轻率地给古代某种思想冠以"现代价值"的研究方法，有所启迪和帮助。

张分田在《儒家的民本思想与帝制的根本法则》中提出，民本思想是中华帝制的根本法则。主要事实有：儒家经典具有"国家宪章"属性；君主制度与君权以"天立君为民"作为本原性依据；政治程式多以民本思想命题为理论依据；礼乐制度通常用"以民为本"作为饰词；"设官为民"是官僚制度的基本原理，通晓民本思想是取士选官的标准之一；帝王、储君教育制度以民本思想为重要内容等。

常玉芝的《由商代的"帝"看所谓"黄帝"》认为，早在 20 世纪 20 年代，顾颉刚、胡适就指出秦以前的"帝"是指天神"上帝","黄帝"是西北秦民族的天神，而不是指人帝。在商代甲骨文和金文中有许多"帝"字，总结这些"帝"字的用法可分为三种：一是作祭祀动词是指禘祭；二是作名词是指天神上帝；三是作庙号表明商王不称"帝"。由此看来，既然三千年前的商王朝，"帝"仍是指天神上帝，商王都不称帝，那么，传说生活在四五千年前的所谓黄帝，就不会是指人帝。

2009 年

5月3日至4日,"《文史哲》杂志人文高端论坛"之二:"传统与现代:中国哲学话语体系的范式转换"在山东大学举行。

12月22日,《文史哲》杂志荣获"新中国60年有影响力的期刊"称号。

1月15日,罗钢在《文史哲》第1期发表《本与末——王国维"境界说"与中国古代诗学传统关系的再思考》。

文章指出,王国维把自己提出的"境界"与中国古代的"兴趣"、"神韵"之间的关系描绘为"本"与"末"的关系,近百年来,这个观点几乎成为学术界的一种共识。实际上,王国维的"境界说"来源于以叔本华"直观说"为代表的西方美学传统,而"兴趣说"、"神韵说"植根于中国古代"比兴"的诗学原则,二者之间并不存在一种"本"与"末"的关系,王国维的"本末说"本身恰恰是近代东西方不平等文化关系的一种历史写照。

杨国荣的《何为中国哲学——关于如何理解中国哲学的若干思

考》认为，如何理解"中国哲学"与如何理解"哲学"无法分离。哲学作为智慧之思不同于特定的学科，但近代以来又获得了某种学科性。同样，对性与天道、成己与成物的无穷追问，赋予中国哲学以不同于具体知识领域的深沉内涵，而当这种追问被纳入作为现代知识谱系之一的哲学史并成为其考察对象时，它同时也被赋予了某种学科的形式。作为历史中的哲学，中国哲学既表现为在历史演化过程中逐渐凝结的不同哲学系统，并相应地呈现为可以在历史中加以把握、考察的对象，又是在历史过程之中不断形成、延续的智慧长河；前者使之具有既成性，后者则赋予它以生成性。就中、西哲学的关系而言，中西之辩不仅是空间性、地域性的问题，而且更内在地隐含着时间性、历史性的内涵。中国哲学在当代的延续与近代以前的不同在于：它同时也是中国哲学不断参与、融入世界哲学的过程。

宁可的《中国封建社会的专制主义中央集权制度》对中国的专制主义中央集权制度的形成原因、特点、发展变化及其对中国历史的作用进行了考察。认为中国专制主义中央集权制度始于战国，成于秦汉，取代了西周的奴隶制贵族政治一直延续到清，成为中国历史的一个特点。其基本特征是国家把一切政治权力集中到皇帝和他统率的各级官僚机构手上。其演化过程是从秦汉的三公九卿制到唐以后的三省六部制，总的趋势是日益强化，日益僵化，也显现了循环往复式的皇权与相权的矛盾和中央集权与地方分权的矛盾。专制主义中央集权制度的形成是战国时生产力发展和地主经济的需要，到明清，它成了生产力与新生产关系发展的桎梏，而又无法与无力因时变更，终于被历史摈弃。

3月15日,许嘉璐在《文史哲》第2期发表《深研元典振兴道家》。

文章提出,道家对中华文化、对人类最大的贡献就在于建立了以"道"为核心的一整套世界观、人生观、伦理观的价值体系,并且成为中华文化的脊骨。道家的核心教义和信仰,集中地涵蕴在《道德经》这短短的五千文中。《道德经》言简意赅、博大精深。论道、讲经,首先就应该从这部伟大的元典开始。中国道教要振兴,提高对道教经典和教义的研究水平,既需要与儒学、佛教交流、"对话",相融共生,也需要走出国门,和各种宗教进行交流切磋。道教要为促进社会和谐做出更大贡献,除了发挥宫观的作用外,修道之人还应该走进社会。佛门讲经,玄门论道,这是宗教自身生存和发展的需要,是建设社会主义和谐社会的需要,也是共同建立适合人类未来发展需要的伦理观、世界观,促进世界和谐的需要。

应《文史哲》杂志的邀约,利用世界著名建设性后现代思想家、美国著名生态经济学家、中美后现代发展研究院院长柯布博士(John B.Cobb,Jr.)参加中央编译局和中美后现代发展研究院在美国克莱蒙举办的"马克思主义与生态文明国际学术研讨会"的机会,美国《世界文化论坛》报主编樊美筠博士专门采访了柯布博士。访谈的内容《现代经济理论的失败:建设性后现代思想家看全球金融危机》就发表在本期杂志上。在访谈中,柯布博士从建设性后现代主义视角对2008年这场金融危机进行了诊断,指出此次金融危机实际上宣告了现代西方经济理论特别是风靡一时的新自由主义经济学的失败,因为它是建立在现代机械哲学和个人主义之上的。他明确预言:"美国作为世界经济中心的日子正在飞快地走向终结。"并向世人发出了预警:"美国在不久的将来会成为危险的敌人",至少"它不会是一个很可靠的朋友"。

李梅发表了《"身份化"、"艺术化"与"象法天地"——中国古代服饰的美学特征及深层原因》。文章认为,中国古代"国"、"家"一体,"法"、"礼"合一的社会结构特点,对服饰提出了"身份化"的要求,使服饰成为道德的象征、行为的约束、表情达意的工具;中国古代以艺术与工艺相互渗透的"泛艺术"为主要特征的文化结构,对服饰提出了"艺术化"的要求,使中国古代服饰突出了平面化、流线美的审美特征,发展了平面剪裁的服装制作方法;中国古代重结构、重功能的"阴阳"思维模式,使服饰受"天人合一"哲学观影响,通过类比与自然、人事之间建立起某种对应关系,"象法天地"成为服饰形制、颜色选择等的重要原则,在这一原则指导下,"上衣下裳"成为天尊地卑的宇宙秩序及君尊臣卑的象征,而天道定数、天圆地方、阴阳五行等观念都在服饰的形制、颜色上得到了体现。

5月3日至4日,"《文史哲》杂志人文高端论坛"之二:"传统与现代:中国哲学话语体系的范式转换"在山东大学举行。

本次研讨会的目的,在于将中国哲学界的关注焦点转向对重建中国哲学话语体系的建设性思考。研讨会主要围绕如何"言说"中国哲学与中国思想、如何评价百年来中国哲学的发展两个问题展开。与会学者对中国思想的"言说"方式,即经历了两千多年的"汉话汉说"以及20世纪初开始的"汉话胡说"进行了反思。并就如何评价百年来中国哲学的发展展开了激烈的交锋。百年来引进西方概念解释中国古代思想，对于中国哲学研究究竟是灾难性的破坏，还是建设性的发展，这一问题成为会议论争的焦点。一些学者认为"汉话胡说"对于中国古代哲学概念来说，既是重构，同时又造成了传统意义的迷失，另外一些学者则主张"中学""西化"不仅是一个用西方概念理解中国哲学，同时也是用中国概念解释西方哲学的双向过程，"汉话胡说"乃是中国哲学的进一步发展，而当代中国哲学已经超越了简单的化约论阶段。还有学者指出，对于西方概念不能简单地拿来就用，不能在中国哲学研究中不考虑西方概念的传统与理论背景而简单加以"附会"的现象。学者们认为，中国哲学根本不可能也没有必要回到"汉说"阶段，"汉话胡说"也没有什么不好，关键是能否"说"好，只要能说得好，"胡说"、"汉说"均可以；今天根本无法离开西方哲学谈中国哲学，既不能完全"胡说"，也不能完全"汉说"，而是要中西会通、整合"胡""汉"两说而为一个新的哲学形态。

庞朴、陈来、张汝伦、杨国荣、丁冠之、陈炎、景海峰、陈少明、胡伟希、陈卫平、吴根友、丁为祥、杜保瑞、宗树人、何中华、苗润田、颜炳罡、沈顺福、田辰山、王中江等来自13所高校的20位中国哲学研究领域的专家出席了研讨会。

5月15日，日本著名学者斯波义信在《文史哲》第3期发表《商业在唐宋变革中的作用》。

斯波义信认为，现代以来，宋代因其在中国经济发展史上所具有的关键性和突破性而受到重视。此外,唐宋时期的经济变化还呈现出明显的地区差异。交通运输的主要方式——水路系统进一步扩大,为各地农村及城市经济的扩展提供了基础,区域劳动分工得以建立,从而极大地提高了贸易量和贸易额。这一时期的商人设计出新的商业惯例、制度安排和合伙方式来拓展其贸易活动。另一个商业上的突破则是长江流域市场的扩大。政府所制定的有关市场组织与程序的规则开始松动,商业状况逐渐依赖于更高水平的私人交易与商业交换,交易场所的形成更趋自由,商业贸易进一步渗入农村地区。

陈立柱的《考古资料如何证说古文献的成书时代?——以〈《禹贡》"九州"的考古学研究〉为例》对著名考古学家邹衡曾引起巨大反响的《〈禹贡〉"九州"的考古学研究》一文提出批评,认为从检视该文的主要观点与方法可以看出,作者混淆了考古学上的人文地理区系与历史上的行政区划、文化交流上的密切关系与行政统治上的从属关系两对概念之间的本质区别,方法上也多有牵强附会与主观臆断之处,尤其是将考古发现中的某些物事不作论证就直接比附、指实为文献记载中的物事。因此该文没有证成《禹贡》"九州篇"蓝本成书于西周之前的观点,反而彰显了考古学古史研究目前情况下存在的一些问题。

7月15日,郭延礼在《文史哲》第 4 期发表《20 世纪初中国女性文学四大作家群体考论》。

文章认为,20 世纪第一个 20 年,随着中国近代社会的进步,西学东渐,女权运动蓬勃发展,与此同时,女子教育、女性报刊茁壮成长,在这种历史文化背景下,女性文学也取得了突出的成就,出现了四大作家群体:即女性小说家群、女性翻译文学家群、女性政论文学家群和南社女性作家群,并具有新的特点:一是创造主体由闺秀嬗变为第一代知识女性;二是文体选择主体意识的强化;三是审美范围的扩大、思想意蕴的深化和艺术上对西方小说的模拟。

袁林的《中国传统史学的宗教职能及其对自身的影响》指出,与西方古典史学相比,中国古代史学家似乎更强调"史"的终极裁判权力。在中国传统史家的观念中,始终存在一"史权"的观念,认为"史"不仅代表着公正,代表着最高道义的裁决,而且体现着一种能够"贬天子,退诸侯","与天与君并",制衡君主威权的力量。这种史权的观念,一方面来自"巫史合一"的早期史官的文化形态,另一方面则来自历史理性下对于"不朽"的理解和价值追求。这种对史的权威的强调,除了构成中国古代史家自律的责任意识外,也透露出在那个时代,"史权"与"君权"之间,即"道"与"势"之间存在着某种紧张。而一部中国传统史学史,在一定意义上,也展现为一部专制政治与"史权"此长彼消的历史。

刘培的《论南宋初期辞赋的世俗情调》认为,通过对南宋初期辞赋的研究,可以发现当时的文人在逐渐摆脱精神的自闭,走向广阔的现实世界,但是他们并没有回归淑世精神,而是走向了世俗化,走向了庸俗和妩媚。南宋初期辞赋的世俗化倾向源于其时文人人生态度的趋向庸俗,是恶劣的政治环境、偏安的心理、享乐的风气、对科举的过分看重以及学术思想的趋向世俗等因素造就了士人们庸俗的灵魂,从而也造就了辞赋的世俗化倾向。

9月15日,许嘉璐在《文史哲》第5期发表《卸下镣铐跳舞——中国哲学需要一场革命》。

文章指出,近百年来,中国的哲学逐渐成了西方哲学的奴仆和"名牌产品"并不高明的仿造者,至今还在受着西方传统的束缚之苦。即使致力于开掘中国传统哲学,也是"带着镣铐跳舞",追求本来并不存在的"超越"、"绝对",事事处处二分,致使西方观念深入到学术领域的各个方面,并且普及到了社会、学校和家庭生活的角角落落,从而使为数不少的中国人逐渐迷失了本性。现在欧洲中心论将要、也许已经正在被文化多元论所代替,非欧洲的哲学应该有话语权。中国哲学是否能以平等的身份立于多元世界之中,一方面决定于国外学术思想的变革,另一方面则在于中国学术界自身,在于我们能否日益准确地、严密地阐释、论证、弘扬自己的文化遗产,能否用以指出中国人的人生和社会的路向。因此,我们必须试用一种以中国为中心、中国固有的视角,这种视角仔细地选取一些具有特定文化意义的决定因素,以及这些因素据以表达的语汇。哲学研究者,特别是中国哲学研究者,一定要掌握训诂学的基本原理并且能熟练地把它运用到解读中国古代文献的实践中去,要切实加强语文的训诂学和哲学的解释学的沟通,尽快建设跨文化的阐释学。中国学术应卸下束缚自身的镣铐起舞,以崭新的姿态迎接不同文化对话的明天。

景海峰在这一期发表了《2008:中国哲学研究的范式变化与前景探索》。文章通过对2008年几个较为重要的哲学问题的述评,总结了近年来的中国哲学研究的两个显著变化:一是"大哲学"意识的浮现与提升，试图打破哲学二级学科的框限，在中哲、西哲和马哲之间找到对话与沟通的孔道，以共同面对当前的世界格局和中国文化的新处境；二是中国哲学研究的本土化转向，特别是对以往过分依赖于西方的研究范式及方法的深刻反省和努力调整，使得学界之立场与态度、取径与方法，以及问题意识和学问关注等等，均在悄然地发生着改变。

11月15日，李治安在《文史哲》第6期发表《两个南北朝与中古以来的历史发展线索》。

文章认为，两个南北朝所造成的南、北方隔离与差异，直接影响到中古以来的历史发展。恰恰是在唐宋变革前后，历史发展的线索是呈现南、北复合状态而非单一。这是深入探究考察中近古历史时应该予以格外注意的。第一个南北朝、隋及唐前期的历史是循着"南朝"、"北朝"两条并行的线索来发展演化的。隋及唐前期基本实行的是"北朝"制度，而后又在统一国度内实施了"南朝"线索与"北朝"线索的整合。到中唐以后整合完毕，国家整体上向"南朝化"过渡。第二个南北朝及其并行发展的两条线索，都确凿存在。南宋承袭唐宋变革成果，它所代表的南朝线索充当主流，辽夏金元反映的北朝线索也作用显赫。二者并存交融，先后经历元朝、明前期以北制为主导及明中叶为南制主导的三次整合，明后期最终汇合为一，此乃宋元明清历史的基本脉络和走势。

谢桃坊的《古史辨派在国学运动中的意义》指出，古史辨派的工作是国学运动中整理国故的一个重要组成部分，是在新的国学观念的引导下进行的，对旧的国粹观念起到了巨大的破坏作用。古史辨派采用国学研究方法——中国传统考据学与科学方法相结合，以细密的考证方式探讨中国文献与历史上细小的学术问题，扫除国学研究中的"因袭和谬妄"，使国学运动的意义充分显现。

陈少明的《哲学与论证——兼及中国哲学的方法论问题》呼吁，哲学研究要从哲学史进入哲学。哲学史论述包含不同层次的论证，如文献考证、文字训诂、史料校核，以及文本释读。上述任何类型的问题，只要作者对之进行判断或给出自己的观点，都需要进行论证，但这些问题大部分与思想无关。哲学论证是要对文本的思路进行分析，分析论题的意义、逻辑的有效性、思想的深度或原创性、表达拒绝或接受的理据。没有这样的工作，只是对古人的言论简单归类，并将其放到现代人熟悉的哲学范畴下，无论是述者还是读者，都不会有哲学上的收益。重复所谓的哲学原理，只是做乏味的概念体操而已。教科书式的哲学史，不可能展示各种思想资源的全部哲学思考，不要把哲学史研究压缩成教科书一种单一的论述模式。更多的专题研究，更贴近生活经验的思想分析，更有论辩精神的探讨，会更有力地召唤哲学的精神力量。

2010 年

5月2日至3日,"《文史哲》杂志人文高端论坛"之三:"秦至清末:中国社会形态问题"学术研讨会在山东大学举行。

1月5日,《文史哲》第1期刊登一组"中国哲学:话语体系与未来走向"笔谈。

包括陈来的《中国哲学话语的近代转变》、刘笑敢的《简论中国哲学的身份、角色与功能》、杨国荣的《认同与承认:中国哲学的个性品格与普遍意义》、颜炳罡的《世纪中国哲学研究话语体系范式转换之得失及未来走向》等。所选文章,除刘笑敢外,主要采自各位作者在"文史哲杂志人文高端论坛之二:中国哲学话语体系的范式转换"会议上的发言。

葛兆光的《从"西域"到"东海"——一个新历史世界的形成、方法及问题》展示了研究中外关系新视角。文章认为,"西域"作为文化交会的空间主要是在中古。蒙元之后,"东海"似乎渐渐取代"西域",成为元明以后中外更重要的交流空间。"西域"之学的兴起，曾经给国际学界带来了若干变化：它把以王朝疆域为基础的中国史改变为东洋史或亚洲史；使宗教、语言、民族、文化的冲突与融合，成为重要的研究焦点；文献资料范围巨大扩张，使语言成为重要的研究工具，民俗调查和遗址考古，也成为发现新材料的必然途径。和"西域"研究相比，由于曾经共享文化传统，研究重心又在"近世"，所以，在"东海"研究中似乎还有若干值得注意的问题：西域研究需要关注"合"，而东海研究则需重视"分"，研究者如何超越国家疆域，形成"东海"这个历史世界，如何面对历史记忆与感情纠葛，以及如何面对现实国家与政治立场的牵制，等等。

方辉的《论我国早期国家阶段青铜礼器系统的形成》对青铜器在国家形成过程中的作用进行了深入的探讨。该文认为，龙山时代至二里头时代的精英阶层从陶质、漆质和玉石质等既有礼器组合中寻求模仿对象和创新资源，最终在二里头文化后期即夏代晚期形成了以爵、盉、觚、戈、钺、牌、铃等为基本器形的青铜礼乐器组合。商礼对于夏礼的"损益"，既体现在铜鼎、铜鬲等新的器物种类的使用创新方面，也表现在对于多种既有玉质、陶质礼器的扬弃上。夏商时期的铜礼器，被精英阶层赋予了"协于上下，以承天体"的神圣礼仪功能，从而成为政教合一情势下精英阶层的强有力的统治工具。至少从龙山时代中晚期开始，青铜器制作工艺和匠人集团便为精英阶层所直接控制。作为我国古代文明特质之一的铜礼器，在国家的形成过程中起到了无可替代的作用。

3月5日，袁传璋在《文史哲》第2期发表《〈项羽不死于乌江考〉研究方法平议》，对冯其庸所作《项羽不死于乌江考》一文进行全面质疑。

"红学"名家冯其庸在上海《中华文史论丛》2007年第二辑发表《项羽不死于乌江考》，根据《史记·项羽本纪》"太史公曰"称"项羽身死东城"，否定《史记·项羽本纪》所载项羽乌江自刎的记叙，提出"项羽是死于东城而不是死于乌江"的新观点，对两千年来从无疑义的定说进行了颠覆。此论一出，立即在学术界引发强烈反响。有人公开称赞其"发展了王国维的双重论证法"，2007年8月25日的《中国文化报》也整版重刊冯文，并在"编者按"中嘉许冯文"意义重大"。2007年9月11日，《光明日报》也刊发署名评论，号召"广大学者"学习冯文所体现出来的"大家学术风范"。

冯文引起了学术界尤其是《史记》研究界的强烈质疑，袁传璋《〈项羽不死于乌江考〉研究方法平议》即对冯文进行全面驳正。

袁文认为，冯文在古典文本解读方面，存在对《史记》史法的误会、句法的不明、训诂的缺失；研究方法上，征引古籍或移花接木，或以意增删，且常以想象替代考实；野外考察道听途说，以假作真，其"结论"纯属凭虚造说。并逐条对冯文的立论依据进行了反驳。文章最后指出：冯文既没有真正读通《史记·项羽本纪》原文文本，又拿不出任何值得一顾的其他根据，就轻议司马迁亲手著录的项羽乌江自刎的文字，自以为是唐以后民间传说的羼入，居然还"考出项羽乌江自刎之说，源于元杂剧"，恐怕有失谨慎。

2010年5月19日，《中华读书报》在头版发表了该报记者方文国撰写的《〈文史哲〉刊文挑战冯其庸"项羽不死于乌江"有新说》，对这一学术争鸣进行了报道。

这一期还发表了吴承学、沙红兵的《中国古代文学的经典与反经典》，文章认为，经典的形成和长期发生影响，离不开经典的自身价值品质、时代的审美风尚、主要作家与批评家的阐释，乃至于政治要求、类书和选本的塑造等。这些因素的不断组合、变化，也导致了反经典的出现。反经典使经典的地位动摇，也可能对经典起到必要的补充和激发作用。经典与反经典还可以在更高的层次上达到辩证统一。反经典之"反"通常不是激烈的颠覆，这与"五四"新文化运动的极端反经典形成对照。今天，对古代文学的经典与反经典的反思，需要同时考虑到古代与现代两个不同的"传统"，借助于经典以及经典的阐释，才能真正将"传统"与"现代"贯通起来，这也使得经典与反经典成为一个当代文化的问题。该文主要的目的是批评"五四"以来越走越远的否定一切的"反经典"，以及古典文学研究领域愈演愈烈的全盘西化。

3月8日，《文史哲》前主编丁冠之先生逝世，享年78岁。

3月，《文史哲》杂志与商务印书馆合作出版的"《文史哲》丛刊"开始陆续出版。

这套丛书涵括了历年来《文史哲》杂志刊登文章的精华，堪称现代中国学术的缩影。包括《国家与社会：构建怎样的公域秩序？》、《儒学：历史、思想与信仰》、《早期中国的政治与文明》、《门阀、庄园与政治：中古社会变迁研究》、《"疑古"与"走出疑古"》、《考据与思辨：百年中国学术反思》、《中国古代文学：作家、作品与思潮》、《文学与社会：明清小说名著探微》、《文学：走向现代的履印》、《文学：批评与审美》、《知识论与后形而上学：西方哲学新趋向》、《〈文史哲〉与中国人文学术编年（1951—2011）》、《继绝开新——作者读者编者回忆〈文史哲〉》等。

5月2日至3日，"《文史哲》杂志人文高端论坛"之三："秦至清末：中国社会形态问题"学术研讨会在山东大学举行。

研讨会紧紧围绕秦至清末社会形态性质，提出"究竟何种概念方能把握秦至清末的本质特征"这一问题，从政治、文化、经济等因素出发进行了深入研讨，并就一些关键问题达成重要共识。山东大学终身教授庞朴，武汉大学冯天瑜，清华大学李伯重、秦晖、汪晖、仲伟民，北京大学张希清、何怀宏，中国社会科学院王和，南开大学李治安，上海师范大学萧功秦，中山大学荣剑，河南大学李振宏，复旦大学李若晖，苏州科技学院叶文宪，山东大学张金光、孟祥才等20多位国内学术界和思想界专家学者与会。

经过为期两天的研讨，专家们对秦至清末的社会形态基本形成了如下重要共识：在秦至清这一漫长的历史时期，与现代社会不同，权力因素和文化因素的作用要大于经济因素。与会学者着重把"国家权力"和"文化"的概念引入了社会形态的研究和命名当中，认为自秦商鞅变法之后，国家权力就成为中国古代的决定性因素；不是社会塑造国家权力，而是国家权力塑造了整个社会。从秦至清末中国古代社会这一真正的历史基因出发，学者们各抒己见，提出了用诸如"皇权社会"、"帝制时代"、"帝国农民社会"、"郡县制时代"、"选举社会"等多个命名来取代"封建社会"的主张。这次会议是20世纪50年代《文史哲》发起的中国古史分期大讨论的继续，代表着《文史哲》杂志继续在言说和诠释中国古史这一新学术运动中发挥更加积极引领作用的努力。

《文史哲》组织的这场"中国社会形态问题"大讨论引起了海内外学术界的极大关注。《光明日报》理论部与《学术月刊》编辑部两家权威机构联合推出的"2010年度中国十大学术热点"中，由《文史哲》发起的这场事关"中国古代历史发展道路的讨论"位列其中。两家媒体认为，如何命名从秦王朝到清王朝的中国社会形态，直接关系到对这一社会的整体理解、描述和分析，关系到如何从全球文明史的高度来重新把握和复原中国文化的独特发展之路。学者们讨论的内容从以前被强调的经济关系和阶级关系扩展到国家权力和文化，在此基础上提出了一些新的认识，并用新的概念定义这个历史时期。史学界关于中国古代历史发展道路的讨论，对于中国史学工作者提出原创性的解释模式和概念有着积极意义。(《2010年度中国十大学术热点》，载《光明日报》2011年1月11日)《文汇读书周报》也以接近整版篇幅对出席会议的学者的观点进行了详尽报道。(姜萌：《究竟如何为秦至清末的"社会形态"命名？——〈文史哲〉杂志第三次"人文高端论坛"侧记》，载《文汇读书周报》2010年7月16日)《中华读书报》、日本著名汉学刊物《东方》等报刊均跟踪进行了详尽的报道。

5月5日，美国哥伦比亚大学约瑟夫·拉兹在《文史哲》第3期发表《世界秩序中的个体权利》。

文章认为，个体权利在新兴世界秩序中占据重要地位。从四项有关权利的自明之理可以看到，权利对于权利人的价值是权利得以成立的根据，公正、高效及可靠的人权实施机构是人权得以确立的必要条件。权利通过课他人以义务而获得保护，但权利人可以放弃或中止其权利的行使。在国际舞台上讨论和追求的个体权利始终都是人权。人权的重要贡献在于它确认了所有人的价值，并将权利从强者手中分配到每个人手上。但"人权具有共识普遍性"的主张缺乏对文化多元性和其他目标之合法性的敏感性，这使得现在的人权实践存在一些困难与危险。

本期还发表了其他论文。

齐延平的《论古希腊哲学中人权基质的孕育》探讨了人权思想在西方的起源问题，指出社会历史背景的独特性和哲学创立者的兴趣个性缔造了希腊哲学的开放包容性、非宗教理性精神和演绎思辨路径，由之确立了理念/实在二元并立哲学图式，推演出了对立与对抗主义技术路线，并展开了人本主义的人学探索，从而为人权基质的孕育提供了世界观支撑、方法论支持和人学基础，为人权诞生所需的对抗意识、自由人观念和人权批判精神的成长提供了必要空间并开辟了哲学道路。

陈明的《孔孟仁说异同论》辨析了孔孟仁说在言说与论证方式上的诸多不同，指出仁是孔子思想体系的基础性概念，孔子以孝为仁的基础，以仁为成己的标志，以圣为成物之极致，孔子之仁本质上是一种行动的理论，具有特定的社会文化规定性；而孟子以天为其思想体系的基础性概念，将孔子生生不息的生命之天转换成道德化、概念化的义理之天，将孔子关乎尊敬父兄之仁改造成一种普遍绝对的道德情感或本能，并以天作为仁的形上学源头，使仁由"欲"的成果变为"思"的对象，从而把人与仁由孔子处所呈现的生命及其实现的实践关系转换成为心与性的修养关系。孔子以人为本，从道德情感（亲情）言仁，孟子以天为本，从道德理性（心性）言仁，分辨孔孟仁说的不同，对我们重振儒学的努力具有理论意义，对于我们的生活具有实际意义。

7月5日，吴宗杰、胡美馨在《文史哲》第4期发表《超越表征：中国话语的诠释传统及其当下观照》。

文章认为，多年以来，在中西文化交流中，西方人以表征语言来解释中国，且成为中国人理解自身文化的范式，遮盖了中国文化的本初内涵。中国话语具有突出的诠释传统，它超越表征语言的局限，通过微言、微意的叙事风格，开辟出大量让人们在行动中领悟世界的解读空间，对语言中的人为价值判断保持高度警惕并加以消解。这种微言大义式的言说方式在中国话语的现代化过程中逐渐削弱，但仍然对中国当下话语实践产生重大影响。在跨文化沟通和国际政治对话中，这一特征既表现出中国话语的力量，又是许多误解的根源。因此，从跨文化的角度，从中国古代经典入手解读中国诠释性话语的来由，指出它对当下的影响，厘清它与种种现代人构建的中国表征话语之间的界限，具有重要的意义。揭橥"中国话语具有突出的诠释传统",可以超越表征语言的局限,这是此文的价值所在。

张希清的《唐宋进士科取舍依据的演变》指出,从隋唐五代到北宋初期,进士科取舍的依据经历了从"公荐"、"公卷"加"程文"到"禁公荐"、"罢公卷"、"一切以程文为去留"的演变过程,这也就是从"以程文考试成绩为主"到"一切以程文为去留"的演变。这一演变经历了四百多年的时间,是通过对朝臣"请托"、知举官徇私滥取"重行朝典"和完备以封弥(糊名)、誊录为代表的一整套贡举考试制度来完成的。"一切以程文为去留"虽然有一定的偶然性,但它比较好地体现了"公开考试、平等竞争、择优录用"的原则。可以说,这一演变是历史的必然选择,它不但在中国古代历史上具有重要意义,而且在我们今天也具有借鉴的价值。

社会史研究也是本期的一个重点,孙江的《在中国发现宗教——日本关于中国民间信仰结社的研究》以及路遥的《中国传统社会民间信仰之考察》都是此方面力作。

9月5日,张金光在《文史哲》第5期发表《关于中国古代(周至清)社会形态问题的新思维》。

作者认为,以往学界用以表述中国古代社会的诸多概念和范畴,如"五种生产方式"说等,基本都来自西方学术话语体系,唯独缺少产生于中国自身的理论话语体系,而在理论模式的建构方面尤为贫乏。事实上,全部中国历史的进程是以国家权力为中心运转的,国家权力决定并塑造了中国社会历史的基本面貌;中国国家的核心权力是土地国家所有权。作者摒除五种生产方式的束缚,将周至清间社会形态依次划分为四个递进相续的时期:邑社时代(西周春秋)、官社时代(战国秦)、半官社时代(汉唐间)、国家个体小农时代(宋清间)。作者提出,关于中国的研究,应力求走出西方历史中心论以及西方学术话语体系笼罩之困境,深入中国历史实践,通过大量的实证分析,作出符合中国历史实际的理论模式建构。

其后,在前两年的基础上,《文史哲》杂志又连续集中发表探索中国古代社会形态的重要论文,组织了近年来对这一问题最大规模的学术讨论,大大推进了学术界对中国社会形态问题的认识。

本期还发表了韩高年的《"祀谱"、"世系"与史诗——对〈诗经〉"史诗"诗体源流及演述方式、文化场域的考察》。文章指出,近来学界对史诗的研究日趋热烈,但讨论的重点主要集中在边疆地区民族史诗文本的整理和演述过程的描述上。因为人类学方法的引入,使史诗研究有可能成为一种专门的学问。利用出土文献材料,对《诗经》"史诗"诗体的来源,华夏族史诗与边疆民族史诗发展的不平衡性等问题进行探讨,可以看出先秦文献中所说的"帝系"、"系世"即是讽诵于祭祀仪式的口头史诗的文字形态的"节缩本",它们最初不具备合乐演唱的条件,只是口头史诗表演者的"提示本"。甲骨刻辞中的"祀谱"也是此类。《诗经》中的周族史诗只撮述故事梗概的文本特点是在接受了节缩后的"提示本"的基础上形成的。导致这一结果的原因是中国早期史官书写传统的早熟。在书写传统的过滤下,大量的口传史诗湮没在文本定型的背后,这也是上古时期华夏地区族群史诗流传较少的深层原因。

陈伯海的《"肉身"也能"证道"——论审美活动中的身心关

系》指出，在西方哲学与审美传统中，身体主体遭到忽视，一直是个突出的问题。实际上，审美主体乃是身心合一的身体，这是审美活动得以顺利开展的必要前提。身体要从事审美，必须给自身开发出一个具有自我超越性能的"形上"维度，方能使自己从生存与实践的主体转化为审美主体。这一自我超越的取向由身体本身的有限性与无限性的矛盾统一而产生，其最终根据即在于身体作为个体生命的"独在"及其与外在世界"共在"的双重性存在方式。身体的"形上"维度又是同其他方面的内涵相结合的，当它以自我超越的性能进入审美领域，便同时亦将其固有的生物学与社会学机能一并带了进去，这一整体机能的作用让审美体验的生成与发展有了保证，并使审美的生命感发能落实于人的行为方式，进而沟通了审美与现实人生的联系。时下"身体美学"的倡扬有助于提升人们对身体审美功能的重视，但一味突出官能享受和欲望满足，用感官娱乐涵盖审美，则容易导致割裂身心关系，消解审美应有的超越性能。

周广璜的《"融会异同，混合古今"——庾信用典艺术发覆》认为，庾信作品最突出的特点就是大量用典，其用典艺术之高妙，达到了炉火纯青的地步。庾信用典的方法主要有明用、暗用、正用、反用、虚用、活用、化用、借用、正反合用、虚实合用等等，尤善于采用避实就虚之法，即使正用、明用典故，由于他高超的表达艺术，也给人飘逸流利之感。

11月5日，何怀宏在《文史哲》第6期发表《"选举社会"的概念——秦汉至晚清社会形态命名初探》，对秦至清的中国社会形态进行了探索，并将这一时期的中国社会命名为"选举社会"。

文章认为，有别于现代民主选举制度的中国古代选举制度，经历了从西汉到晚清、从察举到科举两千多年的发展。这一发展趋势使政治权力、经济财富和社会地位与名望这些在传统社会中结为一体的主要社会资源的分配，基本上是通过选拔来实现，终于使中国的社会形态从西周至春秋的"世袭社会"转变为一种"选举社会"，亦即从一种封闭的等级制社会转变为一种流动的等级制社会。尤其在宋以后，"士大夫多出草野"，统治阶级的再生产发生了一种根本的转变，这种转变也深刻影响到整个社会的观瞻，以及个人和家族想要上升的途径选择。正是基于此，用"选举社会"的概念来解释从秦汉至晚清的社会结构的演变看来是有相当多证据支持的，比较符合历史的真相和历史上的人们对自身所处社会的理解。另外，比较起其他解释这一历史时期的概念，例如侧重经济社会的"封建社会"概念和侧重政治上层的"官僚帝国社会"的概念，这一概念看来也更有说服力，因为它从主要社会资源的分配决定着社会结构的观察角度，沟通了政治与社会、上层与下层。同时，"选举社会"这个概念还是一个最能显示中国历史文明所独具的特色的一个解释性概念。

张汝伦的《批判哲学的形而上学动机》认为，一个基本的动机发动了康德的哲学革命，贯穿了康德的"三大批判"，渗透于他的体系的方方面面，这一基本动机，就是形而上学的动机。离开这个动机，就无法全面正确地理解康德的批判哲学。从康德把"确立人的权利"作为他的哲学的根本目的后，他就是把他的哲学作为广义的实践哲学或实践形而上学来追求的。我们可以说，形而上学的动机，确切地说，实践形而上学的动机，贯穿了整个批判哲学。

高迎刚的《"失语症"论争的回顾与反思——兼论中国当代文论的现实处境与发展策略》对当前文论研究的症结进行了分析，认为中国当代文论研究中的"失语症"之说主要有两种含义：一指中国传统文论失去了生存空间，一指中国当代文论失去了"言说的对象"。后者显然更为准确地揭示了我国当代文论的现实处境。当代文论需要打破理论研究与文艺批评之间的隔阂，从文艺实践和文艺批评中寻找文学理论发展的动力和资源，如此方有可能建立一个真正具有生命力的当代中国文论体系。

2011 年

3月18日,《文史哲》荣获"第二届中国出版政府奖期刊奖",成为中国高等学校人文社会科学学术期刊唯一获此殊荣的刊物。

5月5日,"《文史哲》创刊60周年庆典"在山东大学举行。其间,举行了"《文史哲》杂志人文高端论坛"之四:"反省与展望:中国人文研究的再出发"学术研讨会。

1月5日,李若晖在《文史哲》第1期发表《郡县制时代——由权力建构与社会控制论秦至清的社会性质》,对秦至清的中国社会形态进行了探索,并将这一时期的中国社会命名为"郡县制时代"。

文章认为,秦至清的中国社会虽也曾陵谷沧桑,却与此前的周代迥然有别。秦以后的社会规范为"法",周代的社会规范为"礼"。因此探索秦至清两千年间中国社会结构的锁钥即是周秦之变。礼是以共同意志纳上下于一体来建构国家权力,于是礼法之别即在于强制力的有无。强制力以违背意志为前提,必须有被违背的意志之外的另一意志存在,并由该意志来执行对于被违背意志之违背。而且该意志还必须同时掌握强制力。在当时的历史环境下，具备这两个条件的人只能是君主，亦即"君生法"。这一新的人为社会规范必须将整个社会重新组织，承担这一重任的政治制度便是郡县制。作为法之保障的强制力由军队提供，因而保障君主对于国家武力的独占与独制的军爵制便成为商鞅变法获得成功的关键。由此，皇权得以直接支配全国的土地和人口，平民组成的军队确保了专制权力下的全民身份平等，流官制使得官吏的权力来源不再是自己的宗族祖先而是君主授权。由此，最高权力与个体臣民之间的一切中间力量被扫荡殆尽，从而缔造出一个强大到极点的君主，一个萎缩到极点的社会，以及一个个沉默到极点的奴仆化个体。

这一期的《文史哲》还刊发了陈来、曾枣庄、李开军、张金龙等人的论文。

陈来的《20世纪儒学的学术研究及其意义》认为，以现代儒学的观点来看，中华民族的复兴即是中国文化的复兴，中国文化的复兴主要是儒家思想的复兴，而儒家思想的复兴，最根本的用力之处是学术建设。从而，学术建设成为20世纪儒学的根本使命，学术儒学也成为这个时代儒学发展的特色。20世纪新儒家，大多以精治中国哲学史或儒学思想史为其学术基础，应当不是偶然的，表明这个时代面临西方哲学的冲击和现代文化的挑战，只有在学术上、理论上对儒学进行梳理和重建，才能立身于哲学思想的场域，得到论辩对方的尊重，与其他思想系统形成合理的互动；也才能说服知识分子，取信于社会大众，改良文化氛围，为儒学的全面复兴打下坚实的基础。

曾枣庄的《儒学十题》对愈演愈烈的儒学热提出反向思考。作者认为，20世纪两次全盘否定孔子，否定儒学是错误的。从20世纪80年代起，开始重新评价孔子和儒学，这对弘扬传统文化很有意义。但近年来的有些提法，似乎都有褒扬过度之嫌。在"儒学热"的当下，正确认识孔子是相当必要的，孔孟之道未必是中国文化的"规矩准绳"，而儒者中亦有"君子儒"、"小人儒"之分，中国历代帝王从未真正"独尊儒术"，历代的法家人物亦多以儒学为招牌，篡权夺位者亦多以儒学粉饰，凡此种种，需要实事求是地认识历史上的儒学和儒者，实事求是地直面"中国需要儒学吗"等问题。文章写道，如果把中国古代文化比喻为灿烂的星空，那么，儒家文化则是一颗明亮闪烁的巨星，但它绝不是星空本身。儒家文化在中国传统文化中，在经、史、子、集四部图书中占有重要地位，但它仍只是"百家争鸣"中的一家。儒家学说与中国古代各种学说一样，都既有其"合理"的内核，也有历史的局限。需要弘扬的是整个中国传统优秀文化，而不仅仅是儒家文化；需要提倡"百家争鸣"，而不是独尊某术。

青年学者李开军的《陈宝箴"赐死"考谬——与刘梦溪、邓小军两先生商榷》对刘梦溪和邓小军的相关论文提出商榷。认为刘梦溪、邓小军以陈三立诗歌及相关史料"考实"的慈禧"赐死"陈宝箴之说，因其考证过程中的种种讹误，不足凭信。文章通过细针密缕的讨论证明，不论是官私文献记载还是陈三立本人的诗文表述，支持的都是陈三立在《先府君行状》中所说的陈宝箴"以微疾卒"。作者特别对刘、邓二人的研究方法提出批评，认为刘、邓二人对陈三立诗歌的分析，自是守陈寅恪所开创之以诗证史、诗史互证之方法，欲"循陈寅恪提出的释证古籍需结合古典与今典的诠释学原则，破解散原布下的重重迷障"。但"以诗证史"这种方法也十分危险，若不能正确理解诗面之意并娴熟于今典，不但"迷障"破解不了，反而会陷入"迷障"之中，甚至可能制造新的"迷障"。作者认为，唯有陈寅恪这样诗词修养很高、又对史籍史事烂熟于胸、且具"了解之同情"之人，才能在古典、今典中如庖丁解牛，游刃有余，目视神行，左右逢源，时而出人意表，却又"不逾矩"，不牵强。愚钝如我辈，还是小心从事为好，更不可持先入之见，牵强粉饰，致污古人。

张金龙的《高欢家世族属真伪考辨》指出，当代学者对史籍所载高欢家世族属颇多质疑，并提出三种可能性：本鲜卑是楼氏改姓高氏者；本塞上鲜卑或汉人久居塞上而鲜卑化者；本高丽高氏入居中原者。不管属于哪种情况，在高欢显贵之后伪冒河北大族勃海高氏则无疑义。作者认为，否定、怀疑史籍所载高欢家世族属的看法并无确凿的证据，其推测经不起推敲。根据《晋书》有关记载可以断定，高欢先世确为勃海高氏，而非高丽高氏。唐初史家以"非颍川元从，异丰沛故人"比喻高欢与勃海高氏出身的高乾的关系，但这并不意味着其认为高欢必与高乾非同族出身，也就不能证明高欢不出于勃海高氏。北魏文成帝《南巡碑》提供的信息否定了高欢先世由鲜卑是楼氏所改的推断，进一步印证了《魏书》对高欢先世事迹的记载。《魏书》及《北史》(《北齐书》)关于高欢家世族属的记载是可信的，高欢为西晋末年北徙幽州—平州的勃海高隐六世孙，为4、5世纪之交归附北魏的后燕官吏高湖曾孙，为献文帝时期罪徙怀朔镇的高谧之孙。而高欢母系血统中几乎全为鲜卑基因，加上北镇胡族社会环境的影响，到高欢崛起之时，就民族性而论，高氏已然成为一鲜卑家族,陈寅恪提出的"北齐最高统治者皇室高氏为汉人而鲜卑化者"是最为通达的看法。

3月5日,《文史哲》第2期刊登著名历史学家余英时先生为《文史哲》创刊60周年所作的题词。

题词写道:"孟子曰:观水有术,必观其澜。《文史哲》杂志自问世以来即波澜壮阔,一展卷而数十年人文思潮之起伏尽收眼底。"

还有一些享誉学林的中外著名学者为《文史哲》创刊六十周年纪念题词祝贺。李泽厚先生的题词是:"我第一篇学术文章《论康有为的〈大同书〉》,经任继愈老师介绍,发表在贵刊一九五五年第二期。以后也续有发表。愿借此机会感谢贵刊。祝贺贵刊六十周年大庆,并表达我对任老师的怀念。"季羡林先生的题词是:"继绝开新。"国学大师章太炎唯一在世弟子姚奠中先生的题词是:"贯通文史哲,为国学精神所在。"成中英先生的题词是:"文明化成。"何兹全先生的题词是:"嘉惠学林。"裘锡圭先生的题词是:"谨向六十年来为推进我国人文学科的发展作出重大贡献的《文史哲》致以衷心的敬意。"宁可先生的题词是:"爱智璀璨,文质交辉。"日本中国学会会长、大东文化大学教授、东京大学名誉教授池田知久先生的题词是:"《文史哲》这份学术杂志,在20世纪,对海外从事汉学研究的学者和青年学生而言,是憧憬的对象、指路的明灯。这部杂志给予我们的鼓舞和鼓励、抚慰和喜悦,是怎么形容都不为过的。"冯天瑜先生的题词是:"地势坤,君子以厚德载物。"美国著名汉学家康达维教授的题词是:"值《文史哲》创刊六十周年之际，我表示热烈祝贺！我自 1962 年开始学习中文以来，就开始阅读这份学术期刊。我认为这是一份世界最好的中国研究期刊之一。我祝愿《文史哲》蒸蒸日上！"袁行霈先生的题词是："渊综广博，清通简要。"

在这一期的杂志上，姜生的《汉画孔子见老子与汉代道教仪式》对困扰学术界多年的"孔子见老子图"提出新解。文章指出，以往学界对汉墓画像中孔子见老子图的解释，往往执著于历史上关于孔子见老子的故事文本，忽略了汉代道教经典和仪式文本的存在及其直接解释意义。当时老子已是道教中极崇高的"太上老君"，其神格仅次于西王母；孔子率众弟子拜见老君，乃"得道受书"，证明其命"上属九天君"，不经北酆鬼官之考谪，成为仙界地位较高的真人。汉墓中孔子见老子画像须于宗教视野获得合理解释。其所表达的是，在地下的世界，死者将和孔子及其弟子们一样，往拜老君得道受书，将免鬼官之谪；而"凡得道受书者，皆朝王母于昆仑之阙"，乃成仙。这就是汉代道教关于死者在冥界转变成仙的仪式逻辑。作者指出，孔子见老子图乃是汉代道教墓葬仪式的重要组成部分。

韩国成均馆大学教授李承律的《上博楚简〈鬼神之明〉鬼神论与墨家世界观研究》则利用出土文献，对墨家思想史上《鬼神之明》的思想特征、文献性质和作者、所属学派等问题进行了探讨，并对学术界争论多年的墨家思想中绝原因提出自己的看法。作者认为，上博楚简《鬼神之明》的主题和讨论的核心在于鬼神的"明知能力"。从方法论看，是从鬼神赏罚论的观点论证鬼神明知的问题。关于鬼神明知论，《鬼神之明》的基本立场是兼有部分肯定、部分否定的"折中立场"。这与今本《墨子》所见关于鬼神明知及赏罚能力的三种立场,即完全肯定、完全否定、怀疑三种立场不同,是《鬼神之明》特有的。同时,若将墨家思想大略分为三个阶段,中期到末期的墨家世界观以天、鬼、人三层世界观为特征,即以天上世界、鬼神世界、人间世界三层结构来认识世界。三层世界观将关于天与鬼神的个人宗教信仰、三利思想、国家统治论、天人相关论全部包容在内,成为墨家思想的根基。但是到了墨家末期,墨家内部出现了对鬼神明知及赏罚能力深表怀疑的情况,但这种怀疑的立场被墨子的解释所消除。不同的是,《鬼神之明》并非只是单纯怀疑,还鲜明地提出了"鬼神不明"这种新的学说。如果墨家内部已承认鬼神不明,这就说明,个人层面上的宗教信仰、中期之后学派层面上的墨家几乎所有的理论,国家层面上基于尊天事鬼的统治论及天人相关论,就有可能从根本上发生动摇。所以《鬼神之明》虽是战国时期由墨家一派形成的文献,但今本《墨子》被编纂时,必然要排除《鬼神之明》。这样也就从理论上为墨家为何从秦汉之际的历史舞台上突然消失,提供了一个原因。

秦晖、彭波的《近世佃农的独立性实证研究》纠正近代以来研究中国佃农独立性问题多从理论出发,"真正从实际调查材料出发所进行的实证还是比较少而且薄弱的"偏弊,试图依据近代以来对中国地主与佃农之间关系的各种实际观察和调查资料,对中国近世佃农的独立性进行实证的定量分析。并借此对过去不同的研究观点进行验证。文章认为,近世中国佃农对于地主的依附性是有的,但同时也可以看出是比较微弱的。这种微弱的依附性的存在,一是经济上的依附性,是佃户由于生产上的资本缺乏和生活资料不足所造成的,二是知识上的欠缺,不得不在很多社会生活中依赖地主。但是,这种依附性在某种程度上是对政府社会职能缺失的一种补充。

本期《文史哲》还刊登了一组"史学宪政史"论文,在学术界首倡从史学的角度来研究宪政的发展。包括顾銮斋的《西方传统文化中的"同意"因子及其传播与交融》、陈可风的《〈十二表法〉——罗马共和宪政的基石》,以及陈日华的《宪政的纵向维度:中古晚期英国地方自治制度》。编辑部为这组论文加的"编者按"说:宪政史著述理应给予必要的分类。其中,以史学方法撰写的宪政史可以称为"史学宪政史"。这里提出这一概念,意在表明用史学方法与用法学、政治学、经济学方法研究宪政史之不同。史学宪政史的指归是在充分占有原始资料、档案资料、深研原著的基础上,阐明宪政史的研究对象,进而客观揭示或如实描述宪政发展过程,为制度设计提供理论依据。

3月18日,《文史哲》荣获"第二届中国出版政府奖期刊奖",成为中国高等学校人文社会科学学术期刊唯一获此殊荣的刊物。

在"中国出版政府奖"首次设立的"期刊奖"的评选中,《文史哲》杂志凭借其公认的办刊质量、鲜明的古典人文特色和广泛的社会与学术影响力,荣获"第二届中国出版政府奖期刊奖"。此次荣获这一奖项的社科类期刊共10家,全部是各领域各系统的顶尖或最具代表性的杂志。如思想理论类的《求是》、综合性社会科学类的《中国社会科学》、文摘类的《新华文摘》、畅销读物类的《读者》、时事政治类的《瞭望》、文学类的《收获》等。业界认为,

《文史哲》此次获奖，实际是以"政府奖"的形式将《文史哲》在学界、特别是在学报界的应有地位明确下来。

"中国出版政府奖"是国家设立的新闻出版行业的最高奖项，2007年首次开评，每三年评选一次。该奖项旨在表彰和奖励新闻出版界做出突出贡献的优秀出版物、出版单位和个人。第二届中国出版政府奖评奖范围是2007、2008、2009三年出版的经过市场和读者检验的优秀出版物及其出版单位和先进人物。自第二届开始，增设"中国出版政府奖期刊奖"奖项。

5月5日，"《文史哲》创刊六十周年纪念专号"出版，推出一批著名学者的精品之作。

许嘉璐的《小学与儒学》是作者在"山东大学儒学高等研究院成立"学术报告会上的讲演稿。文章对研究儒学之要津进行了阐发，认为欲弘扬传统，即需阅读典籍；欲阅读典籍，即需掌握"小学"，尤其是训诂。不读典籍，不讲训诂而谈文化，乃是在架空中楼阁。训诂为解释而生，典籍之内涵为训诂之本，不可舍本逐末，应当本末兼顾。所以，研究儒学，既要训诂明，也需要"经"义明。而"经"义是训诂所需语境的一部分，二者是相互依赖、相互促进的关系，应该做到训诂和义理兼顾。在此基础上，要努力实践，认真体验。就学术总体而言，要提倡四"不"精神——不忘学术之根，不弃为人之本，不轻古人之教，不拒"正业"之知，亦即顾炎武所说的"博学以文，行己有耻"。

庞朴的《说"仁"》梳理了儒家最基本的范畴"仁"字的演化

过程，并对其背后隐藏的思想变迁进行了考察。作者指出，"仁"字的变迁启示我们：对字形的误解，可以直接波及对字义的把握；而准确理清文字的演化轨迹，或将大有助于思想历史的探寻。

裘锡圭的《老子与尼采》对跨越东西方不同时空的两位著名哲学家的思想进行了比较研究。作者认为，老子与尼采的思想异中有同、同中有异：他们都处于社会发生重大变化、传统主流思想遭到强烈怀疑的时代，都反对传统，否定很多传统价值观念，然而否定传统之后走向何方？尼采要前进，老子却要后退；尼采肯定刚强、勇敢，谴责怯懦，老子则肯定柔弱、退缩，贬抑刚强、勇敢。老子把无目的、无欲望的道看作决定世界的存在和运动的根本力量，尼采则把有目的、有欲望的"权力意志"看作类似的力量，但他们所给出的宇宙运动模式都是循环不止的，不同之处在于尼采充分肯定生命的价值，面向"生"的视角与他积极的人生观相应，老子面向死的视角与消极的人生观相对，侧重万物的回返于道。尼采不受传统束缚而勇往直前的创新精神，具有很强的感染力，老子消极的人生观，在总体上我们无法接受，但是老子对立面转化、反对战争等思想，直到今天仍可指导我们的行为。

李学勤的《高青陈庄引簋及其历史背景》对山东高青陈庄墓葬群出土的引簋铭文进行了解读。文章指出，山东高青陈庄墓葬群出土的引簋铭文，记载了周王任命引管理齐国军队，授权其作战，引奉命后聚合人众，取得战斗胜利，俘获兵器的内容。其时代在西周中期后段，其记事可与师旋簋、师衰簋、史密簋的铭文结合起来考察。对研究西周中期周王朝和齐国的关系，以及齐国历史具有重要价值。

葛兆光的《什么才是"中国的"思想史？》对中国思想史研究的"中国性"进行了讨论。文章指出，近年来中国学术界有一个特殊的现象，即在西方学界思想史研究领域普遍渐渐衰落时，在中国，思想史研究却充满活力，在异于整个中国学术研究追求"预流"的同时，又呈现出近年来中国学术的趋向。中国思想史研究领域的产生背景、内容界定、本身定义、影响因素、重要观念等方面的特殊的"中国性"，显然不太能够现成地套用欧洲思想史或日本思想史的概念和思路，它需要在中国历史的语境中，给予真切的理解和说明。当然，思想史研究要奠定它的"中国性"，重要的是如何确立它切合中国思想传统的问题意识、分析框架、概念工具和评价立场等。特别重要的，还是中国思想史研究者能否在历史讨论中保持对现实的针对性，能否在传统观念的梳理中诊断当下的思想问题，完成历史与现实的对接。

台湾大学中国文学系教授郑吉雄的《论戴震与章学诚的学术因缘——"理"与"道"的新诠》认为，从学术因缘的角度看，章学诚的思想不止是戴震思想的对立，也是一种延续发展。戴震在经学研究中突显了文化的意识，认为"礼"源起于人伦日用，从"礼"的典章制度中言"理"，与宋儒争"天理"的解释权。但戴震大概始料未及，他毕生未尝给予过敬意的、一位冲撞他的年轻人章学诚，已在不知不觉之中吸收了他的思想，在他逝世十余年之后，建构了一套和他极相近的思想观念。学诚将戴震深研的"礼"，转化为其"六经皆史"说的典章制度；同时撷采戴震"礼"为"人心所同然"之义，推衍为"道"即人伦日用的思想。他们都注意到经史文献所记载的内容背后的一种人伦、社群、文化的自然力量。

台湾大学历史系特聘教授黄俊杰的《东亚儒家传统中的人文精神》认为，相对于希腊罗马传统与犹太基督宗教传统中的人文精神而言，东亚儒家传统中的人文精神有其不同风貌。东亚儒家的人文主义固然方面甚多，但最重要的核心价值就是"人之可完美性"，相信人生而具有内在的善苗，只要善加培育就可以优入圣域，成圣成贤。东亚儒家所坚持的"人之可完美性"的信念，与犹太基督宗教的"原罪"或"人之堕落性"的信仰，构成鲜明的对比。东亚儒家的"人观"有其远古文明的背景。作为东亚文明中心的中华文明并没有出现具有主导性的"创世神话"，所以出现一种"有机体"式的宇宙观或"联系性的人为宇宙论"或"联系性思维方式"，而为东亚各地儒家思想家在不同程度之内分享。

胡新生的《周代拜礼的演进》对周代拜礼进行了考察。文章指出，周代的拜手、稽首、拜手稽首、再拜稽首等拜礼，其形成和时兴有先后早晚之分。西周时期流行的最高礼节是相对简单的拜手稽首；春秋时期演变为更繁复的再拜稽首；到春秋战国之际，礼仪活动中又出现了"升成拜"即在堂下堂上重复进行的再拜稽首之礼。周代拜礼由简趋繁不断升级，是君臣关系和尊卑意识的发展在礼仪领域的反映。理清从拜手稽首到再拜稽首、"升成拜"的演变脉络，可以为相关文献的历史断代提供一条新的标准。

池田知久的《津田左右吉与中国、亚洲》从多角度讨论津田的中国思想史研究中存在的反"亚洲主义"或"亚洲并非一体"的主张。认为其主张虽以"包括印度、中国，甚至包括日本之意义上的东洋文化，理应不存在"的形式表现出来，实际上是有体系的、具备复杂内容和结构的思想。就是说，津田"亚洲并非一体"的主张之思想基础，在于对战前"亚洲主义"、"大东亚共荣圈"的批判，对战后新的"亚洲一体"思想和运动，即对亚洲社会主义之期待的危机感。这种批判和危机感的背后，反映出津田关于同时代东方各地区（亚洲、东洋）文化、社会停滞的认识。

郭延礼的《中国近代文学的历史地位——兼论中国文学的近代化》针对近年来文学界有意消解近代文学的倾向，从五个方面力辩中国近代文学作为一个独立学科的必然性、必要性和合理性。作者认为，中国近代文学是中国文学史发展中一个重要的阶段，它具有独立的历史地位和无可替代的价值。消解近代文学的意向，极不利于全部中国文学史的深入研究和中国文学史学的建构。中国文学近代化的过程，从某种意义上说，也就是中国文学学习西方，以及在西方文化的撞击下中国文学求新求变的过程。因此，80年的近代文学（1840—1919年），既不是古代文学的继续和尾声，也不是现代文学的前奏和背景，它有其独立的历史地位。

王运熙的《〈文心雕龙〉批评当代不良文风的矛头指向》认为，刘宋颜延之、谢灵运、鲍照三家作品，从艺术特色讲，均具有富丽、新奇特点，因各有偏重，其流弊造成刘宋两大不良文风：一过于追求辞藻富美，产生繁冗、纤密之病，以颜、谢为代表；二过度追求词句新奇，偏离雅正，以鲍照为代表。其影响至南齐犹存。南齐以沈约、谢朓为代表的诗赋作家在创作中仍然追求富丽、新奇，且受颜、谢、鲍，尤其是后两家影响颇深，所以无法避免地延续了刘宋的不良文风。刘勰写作《文心雕龙》，主要目的就是矫正这类不良文风，使作文取法经典，以归于正道。

罗宗强的《政策、思潮与文学思想倾向——关于明代台阁文学